企业常青的二十二堂课

管理创新与组织效能

丘 磐◎著

22 Lessons to Build and
Maintain a Competitive Enterprise through
Innovation and Organizational Effectiveness

经济管理出版社
ECONOMY & MANAGEMENT PUBLISHING HOUSE

图书在版编目（CIP）数据

企业常青的二十二堂课：管理创新与组织效能/丘磐著.—北京：经济管理出版社，2020.8

ISBN 978 – 7 – 5096 – 7305 – 8

Ⅰ.①企… Ⅱ.①丘… Ⅲ.①企业管理 Ⅳ.①F272

中国版本图书馆 CIP 数据核字（2020）第 139134 号

组稿编辑：申桂萍
责任编辑：高　娅
责任印制：任爱清
责任校对：陈　颖

出版发行：经济管理出版社
　　　　　（北京市海淀区北蜂窝 8 号中雅大厦 A 座 11 层　100038）
网　　　址：www. E – mp. com. cn
电　　　话：（010）51915602
印　　　刷：北京晨旭印刷厂
经　　　销：新华书店
开　　　本：720mm×1000mm/16
印　　　张：19
字　　　数：341 千字
版　　　次：2020 年 8 月第 1 版　　2020 年 8 月第 1 次印刷
书　　　号：ISBN 978 – 7 – 5096 – 7305 – 8
定　　　价：58.00 元

再版前言

自从《企业常青的十七堂课——管理创新与效能》于 2017 年 2 月出版以来，一是在全国各地实体书店渠道销售，二是在淘宝、天猫、京东、当当等网络平台销售，三是伴随着我在全国各地授课，各地学员获取我现场签名的方式，使这本书流向读者。

这三年多来，由于读者的认可，该书不断再次印刷：刚开始出版社编辑老师没有把握，担心销售问题，只印了三千册，后来很快售罄，至今已经是第四次加印，销量超过了一万册，而且还仍然保持一定的市场热度。

一本讲企业通用管理的书，能够在市场上取得这样的业绩，非常不易。这种书不是"网红"书，是属于那种典型的"重要不紧急"的书，如果它的质量好，一定是一本慢热的书。现在回过头来看，的确是一本慢热而且经得起时间考验的企业管理学著作。

令我感动的有三件事：一是没有见过我听过我授课的，偶然在图书馆和书店发现这本书的读者，他们通过我在书中留下的微信二维码与我联系，谈他们阅读这本书的感想。很多赞誉之词我就不说了，他们意见比较一致的就是，这本书"非常好看"，不像在读一本枯燥的教科书，而是看得津津有味，吸引他们继续看下去，本书非常好理解，例子非常贴近生活和企业实际。看到他们的这些话语，作为作者真的让我高兴了好几天。书是给读者看的，如果读者都看不下去，那真是作者最大的失败。相反地，现在我就是成功的作者了，因此欢欣鼓舞。二是我培训的学员单位，有几家大企业，在我为他们中高层管理人员授课时，他们早已在网上采购了这本书，中层干部人手一本。据我所知，有三家企业一次性采购了 100 本以上，给他们的管理层人员阅读。三是我退休的学校，在我离开教学岗位以后，这门我开的选修课还继续保留，我们学校非常有才华的博士接下了这门课，使其后继有人。相信后面的老师，一定是长江后浪推前浪，能够把这门课程发扬光大。

这本书出版后已经过去了三年，由于社会处于巨大变迁时期和技术的爆炸性发展，这三年中企业管理的各种新业态层出不穷，其不断催生着新经验和新理论。企业管理实践的确已经远远地走在了理论的前面。这时回过头来再看这本书，有些话语真是感到不吐不快，有些文字也有需要修正的必要。是接着再次印刷，还是出本书的第二版，这个问题已迫在眉睫。

为我出书的深圳野文投资文字传媒董事长余来文博士，极力建议我再版，他认为图书再版二三次，一定会成为精品，人的一生能留下一两件笔墨精品在世上，也是一件极其有意义的事情。受到他的鼓舞，经过仔细思考，我从 2019 年初开始着手该书的再版事宜。从思考到动笔大概几个月的时间，真正动笔写作是在 2019 年 4 月初。本书原来五篇共十七章（因此称为十七堂课），基本框架没有变化，但是在目前的每一篇中，各加了一章，现在的体量为五篇二十二章。

第一篇"企业制度化管理——科学管理创新"原文五章，现在加了第六章——高端制造业发展与企业精细化管理。笔者认为，在中国目前仍然还没有成为一个技术大国、制造强国之前，中国的发展必须依靠制造业，而且必须依靠高端制造业。而日本高端制造业在全世界范围内仅次于美国，在整体制造能力方面强于美国。特别是日本在声光电组合方面和零部件制造方面均位于世界第一。在这一章里，笔者详尽论述了日本高端制造业是如何由"职人精神"、精益生产和精细化管理三大支柱支撑的。

第二篇"管理的科学化——管理科学之创新"原文是三章，现在加了一章，新的总排序是第十章——大数据下的管理科学。本章中笔者指出，大数据与管理科学在企业管理中的应用基因相同，但是大数据不同于传统数据。目前数字化开发在企业管理科学方面的应用主要集中于三个方面：一是对外部市场变化的准确把握；二是对企业内部日常生产要素的正确决策和最佳状态的运营；三是通过信息化的不断投入，以便获取新的生产要素（例如，通过大数据投入，使企业数据业务本身成为企业的新业态并获利）。而企业利用云、开发边缘计算是目前企业管理科学面临的风口。第十章第四节讲解的区块链技术是一个亮点，论述得非常通俗易懂。区块链是一种保障比特币交易的技术，这种技术可以应用到企业管理的很多方面。

第三篇"企业员工管理创新"原文共三章，加了一章后，新的排序是第十四章——员工幸福感与企业运营管理。笔者指出，2018 年以来，国内产业结构升级速度加快、社会老龄化到来、劳动力成本蹿升、低端产业向东南亚、南亚和

"一带一路"沿线国家转移，加之中美贸易摩擦加剧，就业不难招工难，特别是制造业等实体企业招工更难，今后将愈演愈烈。目前"90后"成为劳动人口的生力军，"00后"也进入了大学。这些跨世纪的一代和21世纪的一代，代表着中国的未来。他们对企业的感觉和对社会的感觉，是未来企业常青的基础。在这一章里，笔者给出了营造员工在企业中幸福感的现状和日本企业的经验，特别在本章的最后还附加了员工幸福感的调查问卷，供企业即时使用。

第四篇"如何提高组织效能——组织架构设计"原文三章，加了一章后，新的排序是第十八章——互联网时代的赋能组织。本章首先把第一版中有关互联网平台组织的一节删除（第一版第十四章第三节：互联网时代的新型组织架构），把其并入该章。在本章中，笔者围绕"赋能"这条主线，详尽论述了无边界组织、阿米巴组织、互联网平台组织、商业社群组织，以及共生型组织"跨领域的价值网"和其应用实例。

第五篇"企业的知识管理"原文三章，加了一章后，新的排序是第二十二章——互联网协同时代的企业知识管理。本章中笔者详述了国内外目前企业知识管理发展的趋势：知识管理应用价值从关注基础应用转移到高级应用；知识管理发展从关注"知识结构化"发展至关注"知识场景化"和"知识智能化"；知识应用终端从PC端转移至移动端。中国企业的知识管理从最初知识管理概念的推广，到知识管理的实践探索，再到知识管理的平台依靠，最终使知识管理走向了企业战略平台和创新实践。在此同时，把第一版中第十七章第三节："国内外目前流行的知识管理软件之比较"的内容进行了更新。

再版后的本书最后增添了参考文献，弥补了第一版非常遗憾的遗漏。

关于本书的名字，我这个年龄的人看过一部20世纪70年代著名的美国战争小说，叫作《第二十二条军规》。作者是约瑟夫·海勒，这本书深刻嘲讽了现代战争的荒诞性以及对传统道德的背弃，是黑色幽默的代表作。当我写完再版新增内容后，发现刚好是从十七章增加到了二十二章，真是绝了。那就借用名著的巧合，叫作《企业常青的二十二堂课——管理创新与组织效能》吧，这样既有对原书的传承，又有新内容的提示，还有名著加持，一石三鸟，何乐而不为。

本书再版内容的写作仍然秉承了第一版风格和版式，尽可能口语化、图表化，承袭本书的可读性和可视性。每章后面均有"本章要点归纳"。希望您能够在比较轻松的状态下阅读此书。

前　言

这本书我很重视，几年前就想写，但动笔几次，均难如愿。首先，有些问题和观点还吃不准，讲课可以，说过即过。变成白纸黑字，乃立此存照。其次，讲课语言多一句，少一句，说者无忌，听者自然。可是跃然纸上，大相径庭。故几次动笔，无功而返。

说起这本书的内容，已在 10 余所大学的管理学院 EDP 中心、（在职人员发展计划中心）EMBA 总裁班、（在职人员）MBA 课程班、内训班和大学管理学院大四工商管理系学生中间分别讲了 16 年和 5 年。前者面对企业家和高层企业管理人员，在完全市场化的培训领域能够持续讲 16 年，其市场价值自不待言；在大四工商管理系本科学生中这 5 年，学生评课、评教也是名列前茅。上述结果增添了我写这本书的底气。

2017 年我将达到退休年龄，从 40 岁半路出家到大学教书，到现在 59 岁，将近 20 年的我，在学校里也算"资深教授"。把讲了 16 年的"资深"成果写出来，自成一体成为著作，既是对自己的一个交代，也是自我人生的一个里程碑。因此，就在 2016 年暑假，冒出了再次动笔的念头，且非常强烈。没想到，这次动笔，思如泉涌，滔滔不绝，白纸黑字，生动深刻。想来也是这 16 年来，一直把这件事情深深埋藏在心底，终于沉淀到了临界点，得以呼之欲出。

本书首先以企业管理理论发展的三条脉络——科学管理、管理科学和行为科学为出发点，沿时间长河，展开分析，并将重点放在当前企业的应用上。其次撰写了企业组织效能和企业知识管理两大模块。全书共计五篇十七章，20 多万字。

第一篇阐述科学管理的创新问题。重点聚焦在科学管理的精细化方面（是管理的精细化，不是精细化生产），用四章的篇幅讲述工作量化、人事相符、差别工资和科学培训四大科学管理的核心问题，以及涉及的工具和方法。我到现在还认为，国内大部分中小企业在这四个问题的操作方面，距离科学管理之精细化管理差距仍然很大。

第二篇阐述管理科学的创新问题。由于计算机技术和移动互联网技术的发展，管理的科学化的大规模实践活动已经浮出水面，对任何一家中小企业（不论是制造业还是服务业）都是一个挑战与机遇。绝大多数中小企业一听 ERP 就头疼，对互联网感觉像"黑洞"，不知企业管理科学化从何入手。在这一篇里，用三章的篇幅，沿着计算机技术和移动互联网对企业管理的影响和具体成果在企业管理中应用的脉络，比较系统和全面地阐述了企业的应对和发展之策。

第三篇阐述员工管理创新问题。员工管理创新，离不开行为科学的基础理论支撑。结合当前国内经济、社会形势，本篇以三章的篇幅，对马斯洛五个层次的需求理论和赫茨伯格双因素理论，以全新的角度进行了系统、全面的诠释，并提出了许多企业解决方案和建议，这是本篇的重点。

第四篇阐述了提高组织效能问题。组织效能的提高，与组织架构紧密相关。在"结构决定功能"的理论前提下，剖析了不同的组织架构产生的不同功能，以及这些功能如何适应不同的企业工作流程。本篇以三章的篇幅，重点对直线职能式、事业部式、矩阵式等组织架构，特别是单独把销售部门的组织架构和项目的组织架构拿出来，做了详尽分析，使之成为本篇的特色。

第五篇阐述了企业知识管理问题。企业的知识管理由三部分组成：一是知识产权保护；二是企业有效吸收"有用的外显知识"；三是有效挖掘企业的"内隐知识"。本篇用三章的篇幅，比较系统、全面地展示了这三方面的内容，并提出了企业知识管理的路线图及企业知识管理的方案与工具。

从以上介绍可以看出，这五篇的体量在本书中基本均等，内容各自独立。前三篇沿企业管理理论发展脉络，后两篇属于特殊领域问题。虽然五篇各自独立，但紧紧围绕管理创新这个主题，形成了一定的系统性、逻辑性和完整性。

建议读者从头开始阅读，如果您没有时间，可以看看目录中每一章、每一节的标题，以及每章后面的"本章要点归纳"。顺便提醒一句，您如果从中间某篇看起，仍然不影响您对问题的理解，因为每一篇、每一章，甚至每一节均有较强的自身逻辑和独立性。

本书在写作过程中，尽量采用了"图表化"的原则，力图加强本书的可读性和可视性。图表和文字环环相扣，遥相呼应，希望您阅读时能够感受到作者的初心和付出的辛苦努力，使您阅读此书能够"相得益彰"。

目 录

第一篇　企业制度化管理——科学管理创新

第二篇　管理的科学化——管理科学之创新

第四篇　如何提高组织效能——组织架构设计

第五篇 企业的知识管理

第一篇　企业制度化管理

——科学管理创新

第一章 企业科学管理到底是什么含义

第一节 企业管理理论为什么没有出现在东方

我们知道世界文明最早发源于东方，埃及的金字塔、中国的古长城均有几千年的历史。形成于公元前 2 世纪与公元 1 世纪的丝绸之路，起点源于长安（今天的西安），终点沿地中海沿岸至罗马。埃及的金字塔、中国的古长城那么大的工程，当初建设的时候当然存在着很多管理问题。但是为什么当代的企业管理理论没有出现在几千年以前的东方，而是出现在一百多年前的西方呢（真正的企业管理理论出现在 1910 年，距 2017 年的今天才 107 年）？

可以想象的是，当年建金字塔的时候，有没有可能因为一块巨石没有到位，而等这块石头停工十天半个月？当然有。因为当时没有任何机械设备，石头是靠地下铺着木杠，人工把它推上来的，什么时候推上来什么时候算。中国的古长城有一个凄美的故事，就是孟姜女哭长城，其实不是哭长城，是哭倒长城，那就说明长城干了多少年，从公元前 7 世纪到明代，就有两千多年（据考证，单单明朝存在的 200 多年中，长城的修建就没有停止过）。

然而，在今天一个做鞋的工厂里，第一个工人轧鞋底，第二个工人轧鞋帮，第三个工人把鞋底和鞋帮轧在一起，这样一个生产的严密性、逻辑性、配合性是埃及的金字塔和中国的古长城无法比拟的。所以，当代的企业管理理论与三个字是密不可分的，这三个字就是"流水线"。如果没有流水线上马的话，根本不会出现当代的企业管理理论。因此，企业管理理论出现在英国工业革命传到美国，工业从小作坊生产到流水线生产阶段，这个时间点大概就是 1910 年（见图 1 - 1）。

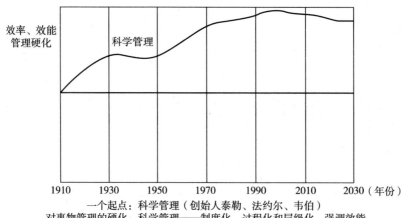

一个起点：科学管理（创始人泰勒、法约尔、韦伯）
对事物管理的硬化：科学管理——制度化、过程化和层级化，强调效能

图1-1　当代企业管理理论发展趋势

这个年代出现了一个人，叫泰勒（Tailor），他是从一个工人做到总工程师的美国人，他首先提出了企业管理要"制度化"。他认为，如果没有一套严密的制度，很难保证生产线的正常运作。同一个时期有一个比泰勒大15岁的人叫法约尔（Henri Fayol），他提出管理的五项职能、贯彻的十四项原则，以达到系统管理、实现管理目标的整个过程，因此他也是管理过程学派的鼻祖（管理过程化）。还要说明的是，有一位比泰勒大8岁的科学管理的鼻祖韦伯（Max Weber），他深入地研究了工业化对组织结构的影响，提出组织要层级化管理。他认为，生产组织要分成足够多的层级，一级管理一级，这样才能保证生产有序展开。他的理论是对泰勒和法约尔理论的一种补充，对后世的管理学家，尤其是组织理论学家有重大影响，因而在管理思想发展史上被人们称为"组织理论之父"。因此，科学管理在制度化、过程化、层级化中得以产生和完善。换句话说，**所谓的科学管理是以制度化、过程化和层级化为基础的。**

科学管理从制度化、过程化和层级化起步再往前走，走向了什么？如果问一个人他穿多大的鞋子，他通常会告诉你一个准确的号码，如41码，可是当再问他，你的脚是多少厘米，他往往答不上来。通过这个例子我们已经知道，科学管理从制度化、过程化和层级化再往前走，就是"标准化"，他那个41码就是个标准。标准化带来了"互换性"，这个互换性使大规模的制造业和大规模的服务业的出现成为可能。也就是说，如果没有标准化的话，就没有现代制造业和现代服务业。一个人的眼镜掉了一枚螺丝，不论他在哪个城市的眼镜店，拿一枚螺丝就可以塞进去，因为螺丝的直径都是一样的。现在是买一件衣服贵，还是做一件衣服贵，这个问题一般人都可以回答出来。当然是做一件衣服贵，因为你那个衣服是"非标"的。裁缝一剪刀下去，几万件衣服出来，而现在裁缝一剪刀下去，就为你这一件衣服，难道这一剪刀不应当贵一点？

第二节 精细化管理造就了日本

科学管理从制度化、过程化和层级化走向标准化，再往前走，又走向了什么？图1－1显示1970年以来，科学管理这条曲线的斜率是非常陡峭的。从20世纪80年代初期到80年代末期，在全世界的范围内有一个国家迅速崛起，是哪个国家呢，没错，就是日本。70年代末期，日本好像一夜之间冒出了一大批震惊世界的跨国公司，而且这些跨国公司都是以制造业为基础的。从重工业来讲，丸红株式会社、三菱重工；从电器方面来讲，东芝、日立、索尼、三洋；从汽车方面来讲，丰田、本田、日产、铃木、马自达；等等。以上列举的公司无一不是制造业。日本制造业的崛起，彻底打败了美国。打败美国的标志是，日本的丰田汽车跑到美国的底特律（美国的汽车城，通用汽车公司的总部），和美国人合资建厂，在美国本土生产丰田汽车，可谓欺负人欺负到了家门口。当年形容日本制造业发展的势头，有一句口号，至今如果有人说出上一句，很多人可以对出下一句。上一句：车到山前必有路，下一句：有路就有丰田车！可见当年日本制造业发展势头之锐不可当。

当年的日本，靠制造业发了大财，购买了美国精神文化的标志——好莱坞40%多的产权，法国的海滨小城尼斯（戛纳电影节颁奖典礼所在地），日本人也去买了黄金海岸。日本的各大公司都在纽约买了一栋栋写字楼，应了现在一句话就是"有钱就是任性"。

此时，美国惊呼日本的崛起，一批美国的管理学家跑到日本，总结日本制造业发展的经验，把科学管理理论从标准化管理又推向了"精细化"管理。应当客观地说，"精细化管理"的经验来源于日本，但是具有讽刺意味的是，理论基础却来自美国。戴明博士（W. Edwards Deming）是美国人，早在1950年，戴明就曾在美国讲授质量管理的课程，然而当时美国经济一片繁荣，订单应接不暇，根本没人有空去理这个直率的抽样调查专家空谈什么品牌质量。反而是1954年另一位企业管理殿堂级人物彼得·德鲁克（Peter F. Drucker）提出目标管理、绩效考核的概念，一下子就迎合了美国企业急于降低成本、提高绩效的心理，受到空前欢迎。而战后的日本积极从事重建工作，日本的企业家迫切地希望找到切实可行的办法来洗刷日本产品在国际上的耻辱。戴明的质量管理理论与此时日本的需求正好不谋而合。

日本丰田公司是最早贯彻戴明思想并受益良多的企业。戴明提出的原则——"下个流程是顾客"，是准时生产方式中最重要的阐释之一。戴明还鼓励丰田采取有系统的方法来解决质量问题，即后来的"戴明循环"（Deming Cycle），或PDCA循环（Plan－Do－Check－Act，计划—执行—检查—行动），它是持续改善的基石。

在中国，德鲁克的名声也远比戴明大好多，这是否和中国企业家追逐利润的"立竿见影"的价值观有关，尚不得而知。然而目前社会意识到的"工匠精神"，却与戴明博士的质量管理理念不谋而合。有点遗憾的是，这个"合"是在67年后。

很有意思的是，世界经济发展历史上有这样的规律，即成功者的经验都不是成功者自己总结的，成功者的经验都是失败者总结的。解释这种现象也比较容易，日本发展太快，挣钱恰当其时，根本来不及总结。而那些发展慢，又赚不到钱的人，总结赚钱的人的经验成为他们的主要工作，美国就是如此。日本的崛起引起了美国人的反思，美国的企业界人士和专家纷纷跑到日本，学习日本的企业管理经验。

除了戴明质量理论之外，还有丰田生产模式，所谓 Just in Time——敏捷制造或准时生产；质量是设计进产品的，而非检查出来的；"5S"管理（日本制造业现场管理经验，中国有人叫"6S"，那就是加了一个安全，安全的英文也是以 S 字母开头的）。

这里要说说精细化管理中"质量是设计进产品的，而非检查出来的"这一理念在全世界得到的广泛应用。笔者的手机 iPhone 6 是在美国买的，美国贴膜要 30 美元，人工好贵，我就拿回广州太平洋电脑城贴膜。贴膜的靓仔说，你手机好新，我给你贴个好膜。我说可以，你只给我贴后面不要贴前面。靓仔好奇怪，说人家都是保护屏幕，你怎么贴后面。我说前面是不会刮花的，因为前面的屏幕材料选择，它的硬度硬过了钢铁。所以当比钢铁硬的时候，是谁刮花谁呢？靓仔半信半疑给我贴了后面，我的手机使用快两年了，真的屏幕上一个划痕都没有。再如，凡是20世纪90年代以后买的手表，各位看看您的表盘，有划痕有刮花吗？没有。这就是在"质量是设计进产品的，而非检查出来的"理念下设计的产品。现在各行各业都可以，而且已经大规模应用了精细化管理的理念和工具。连农牧业都可以精细化管理，因为农牧业也可以工厂化经营运作。

【延伸阅读】

我们经常骂日本，但是我们和日本还真比不了。从明治维新以来，日本就走向了开放，走向了强盛国家之路，而当时中国女人还在裹小脚呢。在抗日战争时期，"中华民国"兵工厂生产出来的最好武器是半自动步枪"汉阳造"，而天上飞的飞机是日本人自己生产出来的。所以，尽管第二次世界大战美国给了日本两颗原子弹，它成了战败国，但是日本的工业基础还在，日本人的人文素质还在。因此在美国的庇护下，日本有了一个安全稳定的发展环境，从20世纪60年代开始强大，终于在80年代横行世界。去过日本东京和大阪的国人有没有发现，这两个城市里面街道上都没有垃圾箱。这是为什么？原来20世纪80年代，日本出现了一个恐怖分子，叫麻原彰晃。此人及其组织把沙林毒气放在东京的地铁里和街道的垃圾箱里，当时死了很多人。日本政府此后分析，如果有人把沙林毒气放在地铁里，比较容易被发现，但是放在垃圾箱里，谁没事会去翻垃圾箱呢。因此，日本政府痛定思痛，决定在大城市取消垃圾箱。那日本人是怎么处理身边垃圾的？只要注意观察，就可以发现日本人如果有随身垃圾都会放到袋子里或放在衣服的口袋里，街边商店走进去，都有一个大纸箱，可以把垃圾放进去。原来日本街边的商店都有收垃圾的功能。试想，如果在中国的大城市，街道上没有垃圾箱，整个城市是什么样子，所以我们自己要不断地提高人文素质。

第三节 美国重归老大地位：信息化与个性化

到了21世纪，美国重新崛起。我们都知道，现在日本和美国是没有办法比的。为什么？有人说是金融，金融是虚拟经济，如果没有实体经济做支撑，无法风光多久。计算机哪里来的，美国；互联网哪里来的，美国。原来美国又靠信息化打了回去。日本精密机床的精度超过了德国，没有问题。但是再精密的机器，它的运作程序和操纵也是由人操作的。人的手会抖动，人的动作会犯错误，美国人用计算机硬件和事先编好的、具有万全对策的软件，所谓专家系统来操纵精密机器，就像在日本的精密机床上安了一个美国脑袋。是身子厉害还是脑袋厉害？当然是脑袋厉害。

在上轮金融危机最严重的 2008 年 12 月，我与在中山大学读总裁班的十几位企业家一起去美国考察，其中有一站在波士顿。波士顿有一家世界著名的跨国公司，就是甲骨文公司（Oracle 的总部在加州红木滩市）。甲骨文公司是全球最大的企业级软件开发商。如果让你在你的城市找一家软件公司，你会怎么找呢，可能你会到一座大厦的一楼，看看这座大厦的指南标牌，看看软件公司在几楼。因为给你的印象软件公司不会有很多人的。可是到了号称美国第二硅谷的波士顿甲骨文公司所在地，我还是很吃惊：五栋 20 层左右的浅蓝色玻璃大楼，围着一个半圆形人工湖都是甲骨文公司范围。那天，我们是下午 3 点到的甲骨文，当时波士顿飘着大雪。我们进了其中一栋楼宇，一楼是一个很大的健身房，下午 3 点很多人在里面健身，二楼是一个架空层，是露天泳池，下着大雪有人在游泳。后来知道，那水是加热的。到了接待室，我们问接待人员的第一个问题就是：现在是上班时间，为什么那么多人在健身游泳呢？接待人员告诉我们，这些人都是程序员，一般不要求他们坐班，对他们的要求就是，每个人的程序任务清楚，怎么协调，什么时候交程序。至于在这个之前，你想在哪里工作，想什么时间工作可以自己安排。公司有很好的办公环境，可以在公司做，也可以在家里做，还可以在咖啡馆里做。试想有没有这种可能，一个软件写手正在游泳池里劈波斩浪的时候，头脑中突然闪出一段程序，马上爬起来擦干身上的水，坐在电脑上敲两行。如果让这样的人上午 8：30 上班，下午 5：30 下班，有什么意义？他坐在哪里恐怕也想不出什么程序。

因此，依据每个人的工作特点，以及他本人的特点，灵活地安排工作，给这样的人以创新的空间，更能够挖掘组织内核心员工的最大潜力。这种管理，我们称为"个性化"管理。科学管理从制度化、过程化和层级化走向标准化，从标准化走向了精细化，又从精细化走向了个性化管理。

应当说个性化管理的出现与信息化密不可分。这种个性化管理并不是像精细化管理那么普及，在美国也是如此。在我国的企业中，绝大多数企业是不可能采用个性化管理的。因为我们企业的工作，绝大多数还是属于"今天重复昨天的故事"的性质。因此，管理者还是要把企业的管理重点放在精细化管理方面。下面我们就来具体探讨一下，在我国企业里当前精细化管理的几个问题，也是当前企业管理创新的重点问题。

【本章要点归纳】

企业管理理论来源于工业流水线。工业从小作坊生产到流水线生产阶段，出现了企业管理理论。企业管理从制度化、过程化和层级化起步，走向了标准化，标准化的出现，适应和促进了大规模制造业和大规模服务业的发展。20世纪70年代末到80年代中期，日本制造业的崛起把企业管理从标准化带入了精细化管理，精细化在所有行业里都得到了广泛的认可和应用。20世纪末21世纪初，由于信息化的突破性应用，企业管理又从精细化管理走向个性化管理，以便更好地挖掘人的最大潜力。

企业管理之科学管理演变：制度化、过程化和层级化—标准化—精细化—个性化。

第二章　科学管理之精细化管理

——工作量化

第一节　没有工作量化哪来的目标管理

工作量化，是指给企业内每一个岗位的工作尽可能都有数量化的概念。工作为什么要量化，直接的原因就是为了绩效考核。在一个学校里，是学习好的同学喜欢考试？还是学习不好的同学喜欢考试？当然是学习好的同学。如果不考试怎么才能证明我下了那么大的功夫，怎么能证明我努力学习了。同样地，好员工是喜欢绩效考核的，绩效考核是与奖金挂钩的。绩效考核是为什么，是为了奖勤罚懒，最终是体现在提高效益上。因此，不论是制造业企业还是服务业企业，都应当牢记并践行这十六字方针，即"工作量化—绩效考核—奖勤罚懒—提高效益"（当然，目标管理从长远来说，还是一种激励方法，即目标激励的组成部分，这是另外一个层面的问题）。

如果一个企业把这十六字方针长期坚持下去，那我们就认为该企业已经走向了"目标管理"。目标管理这个词，是由现代管理大师彼得·F. 德鲁克（Peter F. Drucker）提出来的，德鲁克提出目标管理以后，受到了世界上绝大多数企业的认同。当代的目标管理有以下三种思路：

一是 WBS（Work Breakdown Structure），即工作结构分解，而且这种分解是自上而下的。公司的总体目标分解到部门，部门分解到班组，班组分解到每一个岗位。

二是标杆法。企业管理者不分解自己公司的目标，而是找到本行业有可比性的经营最好的企业，把这个企业的相同岗位目标直接平移，来考核企业自己，所谓找行业标杆。

三是战略方法。如果说到战略方法的话，企业管理者对每一个岗位的考核会有两类指标衡量：一类是效益类指标，可以称之为结果类指标；另一类是管理指标，可以称之为过程类指标。

在这三种目标管理的方法中，企业自上而下的分解是最常用的，而标杆法对企业的各个层级人员压力是最大的。如果一个企业的生存得到了基本解决，想谋求一个比较长远的发展，这个企业往往会采用第三种战略方法。

在你的企业里，有没有这样的事情，做这件事情的过程乱七八糟、混乱不堪，但是结果非常之好，所谓乱中取胜。这样的事情是有的，有句话说："猪在风口都会吹起来"，大概就是这个意思：因为这个行业大发展，而你恰好在行业中，大水把你冲上来了。但是巴菲特（Warren Buffett）先生说过了，当大水退去的时候，第一个裸泳者就露出了水面。因为你是没有任何适应市场核心能力的，是大水把你冲起来的，所以当大水落去，第一个死掉的企业就是你。另外，在企业里有没有这样的事情呢：做这件事情的过程完美无瑕，精益求精，但就是结果很糟糕，所谓过程完美，结果很差。当然战略方向是没有问题的，这样的事情也是有的，但那一定是小概率事件，因为那是运气问题。

我们应当牢记的是，**过程完美，结果就比较好，是大概率事件，是可以复制的，因为管理本身就是可以复制的。所以我们才说管理出效益！**管理不是管理结果出效益，而是把过程管理好了以后，出现好的结果是大概率事件出的效益。如果企业管理者知道了这个原理，对企业内一个重要的岗位，给予百分之百的效益类指标进行考核，合适吗？如果我们这样做了，给其信号就是："不管是黑猫白猫，抓住老鼠就是好猫。"这对一个长期发展的企业来说是不恰当的。

第二节　工作包真的很重要

下面我们再重点剖析一下在企业中最常用的目标管理方法，即 WBS。其实 WBS 的概念是我们借用项目管理的说法，因为这个说法在做目标管理的时候比较贴切。我们把公司的总目标逐级分解到某一个具体岗位的时候，叫"工作包"（Work Package）。工作包是有明确定义的：

- 一个不能再分解的最小业务单元。
- 一个可以交付的成果。

这两条合起来叫作工作包。为什么要强调这两点，是因为在企业基层，一项工作做得好，员工可能会抢着说，这个有我一份；一项工作没有做好，很多员工又说这个和我无关。究其原因，无非两个：一个是员工不负责；另一个是管理者管理水平不够，没有把工作分解成最小的业务单元和可以交付的成果，导致了工作与工作的互相交叉、重叠、推诿、扯皮。这不是下属的原因，是管理者的原因。例如，我们去野炊，领队分配任务让某一位带锅，当要做饭时，他把锅拿出来，可是没有锅盖。那是谁的责任，领队一般会认为：这个锅和锅盖是一个不能分解的最小业务单元，这个带锅盖的锅是一个可以交付的成果。

有人可能会说，丘老师你真是大学教授，太理论化了。在企业的现实管理过程中，有时候尽管管理者把工作分解到不能再分解的最小业务单元时，这个工作包还是和好几个岗位有关，甚至和好几个部门有关，没有办法再分解了。例如，我们考核员工甲的按时完工指标，当管理者问他你为什么不能按时完工，他说仓库领料就领晚了。当追究到仓库时，仓库说采购就采购晚了。询问采购，为什么采购晚了，采购说财务给钱就给晚了。找到财务，财务委屈地说，当时企业账面上没有钱。这样的事情在企业里是很多的，那把责任都推到员工甲身上的确不合适。

其实，在现实中，工作包有两类：一类是独立指标，只和一个岗位有关；另一类就是上面的例子，这样的指标叫作"关联指标"。关联指标在企业内是很难避免的。然而，不论是独立指标还是关联指标，我们一般都称其为"KPI"（Key Performance Indicator），即关键指标。

目标管理中的独立指标不用处理，就考核你这个岗位而已，但关联指标怎么考核呢？下面教给大家两个目标管理中经常用到的管理工具（见表2-1）。

表2-1　目标管理之责任矩阵

指标＼岗位	A	B	C	D	E
a	△	○		□	
b	◇		○	△	☆
c	○	△	□		☆
d	△5%	□15%	△5%	◇15%	○60%

注：○负责；△知会；□辅助；◇协调；☆审批。

表 2-1 中，纵轴小写的 a、b、c、d 代表关联指标，横轴大写的 A、B、C、D、E 代表涉及的岗位或者部门。然后我们人为地定义一串符号。例如：

- 圆圈表示负责。
- 三角形表示知会。
- 正方形表示辅助。
- 菱形表示协调。
- 五角星表示审批。

这样我们就可以填上去。如表 2-1 所示，关联指标 a，由 B 负责；与 A 的关系是知会关系，开工的时候要通知到 A，以便随时做出必要的反应；与 C 没有关系；与 D 是辅助关系；与 E 没有关系。b 这个关联指标，由 C 负责，与 A 是协调关系，与 B 没有关系，与 D 是知会关系；与 E 是审批关系，看来 E 是一个领导。c 这个关联指标，由 A 负责；与 B 是知会关系，与 C 是辅助关系；与 D 没有关系，与 E 是审批关系。关联指标 d，这个指标太重要了，由领导 E 亲自负责；与 A 的关系是知会的关系；与 B 的关系是辅助的关系；与 C 的关系也是知会的关系，与 D 的关系是协调的关系。请注意，d 这个指标与我们列出来的所有的岗位或部门都有关系，关联度是最大的。

我们用纵轴表示关联指标，用横轴表示涉及的岗位和部门，然后人为地定义一串符号，把它填上去，则每一个关联指标与各个岗位和部门的关系，在这张图上表达得一清二楚。这张图叫作"责任矩阵"，责任矩阵在目标管理中是经常用到的工具。对于企业或部门的重大任务，这种图应当挂在办公室的墙上，管理者本人和被管理者看到这张图都是对他们工作的有力敦促。

也许有人会说，你把定义的符号填进相应的格子里不就可以了吗，为什么最后一个关联指标 d 有一排百分比数字呢？其实这些数字是为绩效考核而设的。举例来说，d 这个关联指标，E 是负责的，E 要承担 60% 的责任；A 是知会关系，要承担 5% 的责任；B 是辅助关系，要承担 15% 的责任；C 是知会关系，要承担 5% 的责任；D 是协调关系，要承担 15% 的责任，五项相加是 100%。讲到这里我们就非常清楚了，那些数字是在目标下达之前，由管理者召集相关部门和岗位人员开会，达成的共识，是为了绩效考核。

也就是说，如果是关联指标，只有做到这种程度才可以考核，否则不具备考核的基本条件。在企业的绩效管理中，企业家经常见到为指标问题各部门岗位吵得一塌糊涂，公说公有理、婆说婆有理的现象。而且他们各自说的确实有一定道理，结果最后大家不欢而散，领导也没有办法，最后放弃这个指标。其实并不是指标有问题，而是处理关联指标的方法有问题。

当然，实事求是地说，即使关联指标做到责任矩阵表 2 - 1 的样子，绩效考核仍然是比较麻烦的事情。所以我们的原则是，做目标管理的时候，尽可能地选择独立指标。如果非要关联指标才能说明绩效的话，那必须做到表 2 - 1 责任矩阵关联指标 d 的样子。

在企业的现实管理过程中，对 a、b、c、d 这四项关联指标一定是有时间要求的，而且管理者也希望在完成这四项指标的过程中，资源能够有效配备与合理分布。责任矩阵是没有办法满足上述要求的。管理者要用到的第二个工具就是"横道图"〔又称为甘特图，是美国人甘特（Henry Laurence Gantt）率先设计和应用的，见表 2 - 2〕。

我们把关联指标 a、b、c、d 作为纵轴，把时间作为横轴，在表 2 - 2 中就看得清楚了，对这四项指标的时间要求，其实它的意义还远不止如此。美国人甘特发明的用几条横道表示时间，已经有 130 多年的历史，这几条横道至少表明了三层意思：

- 横道图表明了对任务的时间要求。
- 横道图表明了任务之间的逻辑关系（如 a 与 b 是重叠关系，可以同时开工；而 c 与 d 是 c 结束，d 才能开始这样的逻辑关系）。
- 横道图表明了组织内的资源排布情况。

表 2 - 2　横道图（甘特图）

T I	2017 年 3 月	4 月	5 月	6 月	7 月	8 月	9 月	2017 年 10 月
a								
b								
c								
d								

资源集中分布时间段

从表 2 - 2 中可以看到，如果你作为这个部门的领导，该表反映了你这个部门的工作情况，那你会要求你的下属在哪段时间内尽可能不要请假呢？因为这段时间是部门内最忙的工作时间，作为领导希望各位全力以赴。那么这段时间的起点和终点你能用竖线在表 2 - 2 中标识出来吗？

是的，就是 5 月 1 日开始，到 5 月 15 日这半个月，希望大家不要请假。因为在这半个月中，三项任务同时开工，是组织内人力资源、物力资源和财力资源最集中分布的时期，因此也是组织内活动最旺盛的时期，也就是我们最忙的时期。其实管理者不但可以从横道图里找到这段时间，还可以根据横道图均衡地分配管理者可以控制的各项资源，例如，把 5 月 15 日以后的组织内各项可控资源，提前部署在 5 月 1 日至 5 月 15 日这段时间，以达到资源的均衡运用，降低工作成本。

第三节　如何制定"适度目标"

会开车的人都知道，一辆载重卡车空车在高速公路上跑，作为司机的你会感觉如何？如图 2 - 1 所示。

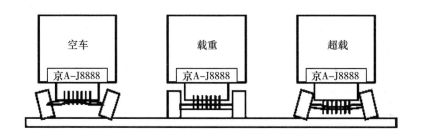

图 2 - 1　车与人的适度压力

对第一部车，很多人都会说"飘"。这是因为汽车底盘压力弹簧由于没有压力，把车轴拉起来了，使车轮部分外侧着地。因此，司机觉得这部车横着晃，有压不住方向盘的感觉，而且这部车在转弯的时候还可能产生侧翻的现象。对第二部车，由于装载了货物，货物的重量把弹簧压下去，使两个车轮正面着地，肯定比第一辆车状态好、走得稳。对第三部车，超载，由于重量太大，把底盘弹簧压得没有弹性，重量直接作用在轴上，甚至把轴压弯，使车轮部分内侧着地，这个车看起来要垮掉。我们可以用三句话形容这三种状态：人无压力轻飘飘、适度压力刚刚好、压力太大垮掉了，人和车是一样的。

当管理者给下属确定的目标，下属玩一样就可以完成，他们是没有干劲的。

心理学研究表明，对一般性的工作，人在"中等焦虑"下，工作状态是最好的。反过来，管理者给下属确定的目标，下属知道他自己拼死拼活也完不成，他又是什么状态？那就像东北人说的"爱咋地，咋地"。因此，我们需要找到图2-1中间那种状态，即适度目标。

下面举一个企业常见的例子：一个销售团队，在上一个考核周期我们得到如下数据，如表2-3所示。

表2-3　一个销售团队的历史数据

完成业绩额度	A	B	M
团队情况	业绩最高者	业绩最低者	其他人平均业绩
上次绩效考核数据	500万元	210万元	320万元

在上一个考核周期，这个销售团队中业绩最好的人是A，完成销售额500万元，业绩最差的人是B（B是在无特殊情况下完成的指标数额），然后去掉一个最高额500万元，去掉一个最低额210万元，其他人的业绩相加，再除以其他人的人数，就得到了其他人的平均值M，为320万元。

管理者看到以上数据，在市场相对稳定的情况下，下一个考核周期，将给这个团队制定多少销售额才算是"适度目标"呢？

首先我们应当把这个团队的整体平均目标算出来，整体平均目标我们用E表示：

$E = (A + 4M + B)/6$（也即一份团队最好的指标，加上4倍的其他人平均指标，再加上一份这个团队最差的指标，除以6）

这个公式来源于统计学的正态分布原则。例如，我给自己的学生出考试题，我出的题目学生大多数都是90多分，连80分的人都很少，你认为这个题目出得怎么样？当然不好，这个老师在放水。又或者我出的考试题，学生考试结果都是70多分，连上80分的人都很少，不及格的人一大堆，你又认为我出的题怎么样？当然也不好，这套试题太难为学生了。而我现在出的这套试题，90多分的学生两三个，不及格的学生一两个，绝大多数同学都是七八十分，你觉得这个老师出的题目怎么样？当然很好，因为符合正态分布的原则，整个结果是一个"橄榄形"，所谓的橄榄形就是两头尖中间大。相应地，管理者在做目标管理的时候，希望不希望得到这样的一种结果：要表彰嘉奖的员工是少数，要淘汰或者转岗的人也是少数，绝大多数人应当在中间，这是不是一种理想的绩效管理与绩效考核的结果，这是不是一个橄榄形？

那么按照上述的公式我们可以得到这个团队整体的平均业绩：

$$E = (A + 4M + B)/6 = (500 + 4 \times 320 + 210)/6 = 332（万元）$$

问题是，管理者可不可以把 332 万元作为下一个考核周期给团队定的"**适度目标**"呢？我在授课过程中，对这个问题经常问学员，如果我的身高是 1.71 米，我伸直胳膊可以摸到 2 米，是不是 2 米就是我的"适度目标"？所有学员都说不可以，因为你可以跳一下，努力一下，可以达到更高的高度。因此，把 332 万元作为考核该团队的目标显然是不够的。这里我们提出如下公式：

适度目标 = （1.05 ~ 1.15）E

也就是说，在团队整体平均目标的基础上提高 5% ~ 15%。这个区间是怎么来的？这是统计的数据，绝大多数企业制定目标是在这个范围内的，也即它是一个经验数据。这个数据何时向左靠，何时向右靠，取决于两个因素：一看外部市场，二看内部队伍。当然很多时候也许我们会突破 15%，那是什么情况，大概市场非常之好，我们当然不会受此数据约束。

这里还应当讨论的一个问题是，这个团队的适度目标：（1.05 ~ 1.15）E，具体区间为：349 万 ~ 382 万元。这个最高数额 382 万元对 A 来说，仍然非常容易，因为他在上个考核周期已经完成了 500 万元。那对 A 如何处理？另一个问题是，这个最低数额 349 万元对 B 来讲仍然非常困难，因为他上个考核周期才完成210 万元。那对 B 又如何安排呢？

对 A 管理者绝不可以另外制定指标拔高，很多优秀的员工都是因为管理者"鞭打快牛"被逼走了，既不公平，又撵走了优秀人才，在企业里是一个非常不好的管理示范，其负面影响无法衡量。针对这个问题，管理者可以采用制度设计的方法来解决。例如，对 A 员工，管理者可以这样计算他的绩效：当管理者确定本考核周期适度目标是 360 万元时，A 的考核 = 360 × m% + (Q - 360) × n%（其中，Q 是 A 在本考核周期完成的实际销售额，m% 是正常的提成比例，n% 是超额的提成比例，且 n% > m%），这样对 A 既有鼓励，也存在着普遍意义上的公平。

对 B 的安排，可以考虑转岗甚至解聘。因为数据表明他不适应这个岗位的工作。美国通用电气公司前总裁韦尔奇（Jack Welch），就是用这种所谓"末位淘汰"的方法使通用起死回生。当然那是非常时期，手段激烈。我们国家可以根据我们的文化，在这个问题上灵活处理。但是古语云"流水不腐，户枢不蠹"也是这个道理。

另一方面，在企业中员工个体情况差异很大，例如 B 是一位新员工，且很有潜力，只因适应性问题，排名靠后，那我们如何处理呢，我们的原则是：公式不限给 B。在设定的期限内，他有权享用新人系数。具体来说，此时 B 的实际绩效应当为：210 万×新人系数（大于1），系数具体数值多少，企业应根据市场和内部情况而定。相同的思路，我们可以设置产品系数、地区系数等来微调目标管理考核的公平性。

　　这里还要指出的是，以上确定目标的方法是理性决策，真正现实当中的决策，一定会受到领导人感性决策的修正。感性决策，也可以理解为"直感"决策。企业家的"直感"，是企业家最宝贵的特质之一。这取决于企业家对市场的敏锐洞察力和前瞻性，往往这种"直感"能够战胜变幻莫测的内外部环境。商学院教授无法教授这种"直感"，能够教授的就像足球教练一样，告诉你什么是基本规律和基本原则，以及为什么把这些东西定为基本规律和原则。至于在足球场上，还是要靠球员的球感和对时机的判断。因此，掌握理性确定目标的方法，根据市场和企业内部环境做出决策是十分必要的。

【延伸阅读】

　　正态分布：最好业绩 A：500 万元；最差业绩 B：210 万元；团队平均值 M：320 万元，问：在下一个考核周期，定指标多少为宜？

　　（1）首先算出团队的平均值 E。

　　（2）$E = (A + B + 4M)/6$。

　　（3）$E = 331.66$ 万元这个算法符合正态分布原则。

　　（4）标准差（偏离平均值的程度）：$\sigma = (B - A)/6 = 48.33$ 万元。

　　（5）超额完成平均值的概率与完不成平均值的概率：$\sigma/E = 14.57\%$。

　　（6）我们容许出现 $331.66 - 48.33 = 283.33$ 万元的人的理论上的概率最大值是 14.57%，而超过 $331.66 + 48.33 = 379.99$ 万元的人理论上的概率最大值也是 14.57%。如图 2-2 所示。

【本章要点归纳】

　　精细化管理的核心之一是工作量化。工作量化、绩效考核、奖勤罚懒、提高效益，这是任何一家企业，不论是制造业还是服务业都必须遵循的准则。如果一个企业把工作量化的理念长期坚持下去，我们就走向了目标管理。目标管理有三种做法：WBS、标杆法和战略方法。在战略方法中，我们特别强调管理指标的重要性，管理不是管理结果，而是管理过程，把过程管理好了以后，出现好的结果就是大概率事件，因此我们说"管理出效益"。最常用的方法是 WBS，一直把工作分解成不能再分解的最小业务单元，一个可以交付的成果。这个单元就称为工作包。工作包有两类，一是独立指标，二是关联指标，不论是独立指标还是关联指标，我们都统称为 KPI，即关键指标。

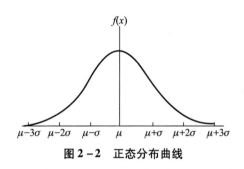

图 2 - 2　正态分布曲线

独立指标不用处理，关联指标处理的工具是"责任矩阵"。责任矩阵是把纵轴作为管理指标，横轴作为该指标涉及的岗位或者部门。然后管理者根据工作情况设计出一套代表某种含义的符号，把符号填进责任矩阵，就明确了每一个指标和各个岗位的关系所在，最后管理者配以数字，这个数字是为了绩效考核的，是事先打上去的。

责任矩阵无法反映企业内对各项指标的时间要求，也无法反映组织内的资源分布情况。因此，在做目标管理的时候与责任矩阵同时列出的是横道图（甘特图）。横道图不但表明了对任务的时间要求，还表明了任务之间的逻辑关系，更重要的是，管理者可以从横道图里面看出组织内的资源是如何分布的，以便管理者做出适时的调整，达到资源均衡排布，降低企业成本。

人无压力轻飘飘，适度压力刚刚好，压力太大垮掉了。管理者在做目标管理时，一个很大的问题是如何找到"适度目标"。首先，应当把这个团队的整体平均目标计算出来，即一份最好的、四份中等的、一份最差的之和除以 6。这种算法符合统计学的"正态分布原则"，是一个橄榄形。其次，在平均目标的基础上，乘以一个大于 1 的系数，这个系数在 1.05~1.15，我们认为这样的目标就是"适度目标"。至于这个数据向左靠还是向右靠，一看外部市场，二看内部队伍。

对于每位员工合理差异问题的处理，我们用设置"系数"微调考核的公平。企业家的"商业直感"很重要，是企业家的宝贵财富，但完全靠商业直感决策，会堕入纯感性决策的陷阱。正因为此，学习是非常必要的，要汲取学习的力量！

第三章 科学管理之精细化管理

——人事相符

第一节 先有庙还是先有方丈

庙和方丈密不可分，然而是先有方丈还是先有庙？当然是先有庙，再去找合适的方丈。那我们可以尝试找找看，首先方丈是男的，性别要先确定下来，女的叫尼姑；那这个方丈年龄上要不要有要求呢，当然要，年纪太小道行不够，年纪太大体力不支，我们要 35～55 岁的；这个方丈要不要文化水平的要求，当然要，新时代的方丈啊，我们要南京佛学院毕业的，学士学位；这个方丈要不要一些管理能力，当然要，要率众僧念佛举行法事；这个方丈要不要一些交际能力，当然要，要给寺庙化缘维持寺庙财务来源……这个也要那个也要，我们把这些要的东西统统写在纸上，然后拿着这张纸满世界找方丈，看谁符合这张纸的要求，谁就来做寺庙的方丈，这叫作人事相符。

人事相符的反义词叫作"因人设岗"。因人设岗现象在私企里很少，在国企里时常有这样的影子，一位关系人物的孩子要来，我们本来是没有岗位的需要，但是这个人必须要。企业领导问这个女孩，你会干什么啊？女孩回答，我什么都不会。哦，那又不可以太累，领导说办公室加一个文员吧。这样的事情就叫作因人设岗。

问题是，刚才把那些要求写在纸上，那这张纸又叫作什么，这就是这里要重申的关键东西，叫作**"工作分析"**，这是术语。工作分析一般要解决一个岗位的三个问题：

一是岗位职责，就是管理者通常所说的岗位说明书。

二是岗位规范，岗位规范讲清楚了这个岗位做到什么程度属于合格。

三是任职条件，描述了什么人有资格安排到这个岗位。

岗位职责、岗位规范、任职条件共同组成了这个岗位的"工作分析"。这个工作分析没有针对张三、李四、王五，没有对人，是对岗位的全面描述，把岗位描述清楚了以后再去找人。从理论上来讲，企业里的任何一个岗位，包括清洁工、食堂的厨工都应当有一张工作分析。为什么这样讲呢，因为工作分析与制定这个岗位的工资有关系，岗位的责任大小决定了薪酬的多少；工作分析与考核这个岗位有关系，岗位规范写清楚了这个岗位的主要考核方向；工作分析与招聘这个岗位的人有关系，任职条件里可以找到招聘这个岗位的主要考核维度。所以，可以说，**工作分析是企业人力资源管理中最基本的文件**，用通俗的语言来说，工作分析是企业管人最基本的东西。

第二节 岗位与张三李四无关

我们现在来画一张图，最右面的是企业内的某一具体岗位，岗位的左面是什么，在这个左面又是什么，如图 3 – 1 所示。

图 3 – 1 目标至岗位梳理（一）

在图 3 – 1 中，岗位左面的箭头是双向的，在这左面的箭头也是双向的，说明岗位左面的内容和再左面的内容，在企业内是来回反馈、反复磨合产生的。在这里提示一下大家，最左面的是这个企业的"业务流程"，如图 3 – 2 所示。

图 3 – 2 目标至岗位梳理（二）

什么是业务流程呢？对一个制造业而言，从采购原材料开始，到产品出来，经历了什么过程，是如何运作的，这是某个具体制造业企业的运作流程；对一个服务业来讲，从接待客户开始，到服务客户完成，送走客户，这位客户经历了什么，都是什么部门、岗位接待的客户，都为客户做了什么，这是一个服务业的服务流程。现在我们可以回答，左面是流程，右面是具体的岗位，中间是什么？就是"组织架构"。**组织架构是为流程服务的**，用组织架构把业务流程支撑起来，组织架构搭建以后，所谓的谁来干事，具体岗位也就浮出了水面，如图 3 - 3所示。

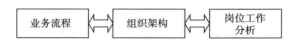

图 3 - 3 目标至岗位梳理（三）

例如，一个企业要不要采购原材料，当然要，这是业务流程要求的。那应当搭建什么样的组织架构来支撑这个流程呢？就是采购部。采购部是一个组织架构，但是谁来采购呢？即采购员，采购员当然是一个岗位。所以管理者应当牢记，**从流程看架构，从架构看岗位**。也就是说，企业内的每一个岗位都不是凭空出现的，是根据业务流程设置的。其实，讲到这里，并没有完。我们知道业务流程左面还有两项内容，如图3 -4所示。

图 3 - 4 目标至岗位梳理（四）

最左面的我们知道，是这家企业的战略目标，而战略目标和业务流程中间的东西，就是在战略方向下，企业具体选择的任务（或者项目），如图 3 - 5 所示。因此，管理者应当记住：**从目标看任务，从任务看流程，从流程看架构，从架构看岗位**。也就是说，企业内的每一个岗位，都和企业的战略目标息息相关。

图 3-5 目标至岗位梳理（五）

第三节 企业业务流程在企业盈利模式中的核心作用

从企业内部管理的角度来讲，目标、任务、流程、架构、岗位，这五大环节中哪一个是最重要的？回答这个问题我们必须从企业的盈利模式讲起。一个企业通常的"盈利模式"无非两点：一是开源，二是节流，如图 3-6 所示。

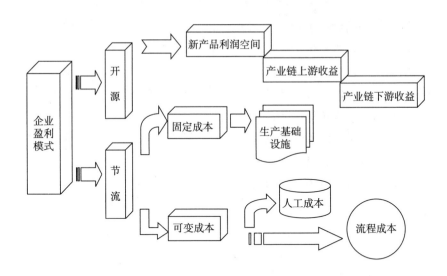

图 3-6 企业通行盈利模式

如果从企业节流的角度来说，如果能比竞争对手节约了成本，就等于掌握了市场价格的主导权，同样开拓了企业的盈利空间。企业运作过程中，有两大成本，一是固定成本，二是可变成本。对固定成本而言，任何企业都没有什么明显的节约空间：你在某个城市取得一平方米的生产用地的价格，和你的竞争对手没有什么差别；你用一吨水、一度电的价格和你的竞争对手也是一样的。而且，越是开放成熟的市场，这些东西对任何企业都几乎是一样的。

我们再来考察一下企业的可变成本，一个企业的可变成本有两个，第一个是人工成本，每个月要给员工发放工资，要求企业每月必须有很大的现金流支撑。这个成本现在看来也是没有办法降下来的。中国社会在转型时期，国家还在随着经济的发展，不断地提高员工最低工资标准，未来中国的人工成本只可能是"水涨船高"。如果人工成本降不下来，那第二个可变成本就是"流程成本"。

流程方面对企业管理者有巨大的改进空间：别人用六个步骤完成的工作，我们用四个步骤可以完成；别人用五个人完成的工作，我们用三个半人可以完成。这样我们就精简了流程。所以，管理者应当牢记16个字：

关注流程＝＝优化流程＝＝精简流程＝＝再造流程

只有关注了，才能发现自己企业或者部门流程中存在的问题；优化就是"小打小闹"，局部改进；如果觉得优化都无法满足管理者的要求，那就走到了精简流程阶段，真的是举起刀要砍掉某些部分；如果有了新技术手段，对现在的流程评估的结果，与其改进，不如推倒重来，那就是再造流程。再造流程就是休克疗法，首先把你打晕，然后按照我们设计的程序苏醒过来。

我们知道，流程一变，就带来组织架构的调整，组织架构的调整，就带来岗位的变动：有些岗位消亡了，有些岗位赋予新的工作内涵，有些新的岗位诞生了。因此，我们还应当再加一句：

关注流程＝＝优化流程＝＝精简流程＝＝再造流程＝＝发展才是硬道理

没有变化，对企业和员工而言就没有机会，变化带来机会，所以我们才说发展才是硬道理。如果企业中一个重要的岗位，这个岗位的工作内容几年都没有发生任何变化，这肯定不是什么好事情，说明这个企业或部门的工作流程从来没有变过，你没有变，你的竞争对手在变，你已经被远远地甩到了后面。

第四节　企业内部盈利关注点：流程、流程还是流程

改进流程很重要，改进流程的工具更重要。当前，不论是制造业还是现代服务业，改进流程有一个最大的"利器"，即所谓"最有力的工具"。这个工具成

本不高，又可脱胎换骨，效果显著。

在国内，有一个行业把这种利器利用得淋漓尽致，使这个行业发生了天翻地覆的变化。客观地讲，美国的这个行业有些地方都不见得比中国的先进。我到美国也去看了这个行业的情况，真的有些地方不及中国的效率和速度。

这个行业就是银行业，这个利器就是信息化。在你的城市里，现在到各个银行或储蓄所去办事的都什么人？几乎都是老年人。年轻人、中年人，那些现金流需求很大的人都跑到哪里去了？如果没有网上银行、手机银行、支付宝、理财通、U盾等，如果没有这些信息化手段，四大国有银行（中国银行、中国建设银行、中国工商银行、中国农业银行）要在你的城市里开多少个储蓄点，投放多少设备，安排多少工作人员？

目前，美国银行还是一对一的服务。但是他们人少，和中国人口相比，无法同日而语。其实美国银行业信息化利用的程度也有比中国发达的地方，如在加油站或特定区域，到处都有银行存款机，可以把现金很方便地存入自己的账号，甚至连车都不用下。美国的加油站，全部是自助加油，信息化利用程度也超过了中国。

显而易见，信息化是各行各业改进工作流程、服务流程的最大利器。**信息化对所有行业的企业来说，能走到哪一步，就一定要走到哪一步。**由于信息技术开发，现在来说，只是揭开了冰山一角，未来随着信息技术的不断突破和移动互联网、物联网的开发，给企业流程改进甚至流程颠覆都开拓了无比广阔的空间。

【延伸阅读】

在一般企业的盈利模式中，开源部分有三点：第一个方面是给客户提供新产品和新服务，而且这种新产品和新服务必须有基于客户的、有实质意义的差异化。找到有实质意义的差异化，不能靠消耗大量自然资源和人力，而是用增加产品的科技含量的方法。如此一来，产品创新就摆在了企业的面前。

创新有两种：一种是原始创新，就是以前没有，或者以前有也是与现在完全不同的套路，即工艺或者流程是颠覆性的。例如，苹果公司产品，其手机刚出iPhone 4的时候，诺基亚如日中天。记得当时看过一篇诺基亚老板写的文章，把iPhone 4骂得一无是处：什么东西啊，按键还靠手指刷的，刷了半天还不出来（当时确实技术上有延迟和死机现象）。你看诺基亚键盘，咔嗒、咔嗒多灵敏准确。但是，今天诺基亚在哪？已经被微软收购了。据说2016年底微软借诺基亚要推出新手机，真的很让人期待。创新的另一种形态，就是整合，你也可以说是山寨。山寨也是创新，只是创新的力度没有原始创新那么有意义和颠覆性。**把以前毫不相干的产品或者功能，通过整合，放在一个平台上，使其产生意想不到的结果。**例如，现在的手机已经不是手机，而是个人智能器。在理发店里理发，客人往往会百无聊赖，要么闭目养神，要么看看手机。但是看手机需要把手机拿到围裙的外面，这样既不方便，又使头发渣落在手上、衣服上。现在不用了，那个围裙下方有了一块透明的材料，使你在围裙外面就可以看到手机和操纵手机，这是不是创新，当然是。所以产品创新是无处不在的，只要有基于消费者的有实质意义的差异化，就是有卖点的好产品。

开源的第二个方面，就是搞好产业链上游的收益。如果产业链上游价格波动，一个企业的产业链中游，即生产制造部分，以及产业链下游，即客户营销部分，再怎么努力，企业的利润都会因为原材料价格的波动而被吞噬掉。因此，原材料供应链保持稳定，是企业盈利非常重要的因素。这方面有两个考虑：一是和供应商签订"固定价合同"。即在某一个时间段内，以某一固定价格购买原材料。这样不论原材料市场如何波动，企业可以不受影响。这样做有企业自身实力的原因，同时也要承担一定的原材料价格下跌带来的风险。二是如果原材料涨价太高，企业觉得上游反而有钱赚，企业可能会走"后向一体化"的道路，把原材料供应商买下来，自己来做（与"后向一体化"相对应的就是"前向一体化"，当企业觉得销售商有钱赚时，可以把销售商买下来，自己做）。这方面的例子有，宝山钢铁公司在金融危机前收购了澳大利亚铁矿石供应商，以稳定国内钢材市场的价格（当时看是起到一定作用的，现在看这个后向一体化的收购是失败的，不过，如果再往远看，我们收购的是资源类产品，也许最终还是赢家）。

开源的第三个方面，就是对客户，客户满意是宗旨（不是指"客户满意度"）。但是现在客户满意越来越难。首先，客户满意是主观因素；其次，客户的欲望是一个无底洞。传统的客户满意手段，无非是给客户提供"增值服务"，或者做适度的产品线，尽可能满足不同客户的需求。但是目前增值服务正在失效：一个中年妇女去买微波炉，微波炉厂家送给这位客户一套微波炉餐具，这套餐具也不是微波炉厂家生产的，是从塑料厂买来送给客户的。然而这个中年妇女在看到微波炉以后，先不问微波炉本身，上来问的是：你们有什么送啊……企业在这方面是无能为力的。

从做"产品线"来说，产品线有长度也有宽度。在国内酒店的卫生间里，黑人牌的牙膏一小支，而在超市里，黑人牌的牙膏家庭装的好大一支，这是产品线的长度还是宽度呢？当然是长度。宽度：这个牙膏厂不但生产普通牙膏，还生产去烟渍的牙膏、防口臭的牙膏、抗过敏的牙膏，这是产品线的宽度。自行车从24英寸到28英寸大大小小是产品线的长度，而这个自行车厂还生产山地车、跑车、残疾人用车，这是产品线的宽度。银行有没有产品线呢？这家银行的活期存款，三个月定期、半年定期、一年定期、三年定期、五年定期，是产品线的长度；它们还有短期理财产品、各种基金，这是产品线宽度。现在可以总结如下：**产品的规格系列是产品线的长度，产品的品种系列是产品线的宽度。**从客户来讲，当然希望产品线越长、越宽越好，他们可以选择到自己需要的产品。但是对企业而言，产品线越长越宽，企业的成本就越大。因此，企业对此只能根据市场做适度的产品线。

由于移动互联网的出现，现在对客户满意有了新的手段，即"客户体验"。我的一个朋友是做牛仔服装生产销售的，原来依托于每年的广交会向中东欧和俄罗斯出口。现在他们在网上销售，同时也做"线下客户体验"。他们在商场好的位置开了一家不大的咖啡厅，让逛商场的人可以到这里休息一下，喝杯免费的咖啡。咖啡厅的墙上是他们各种牛仔装产品，当一个潜在客户休息之余去看产品的时候，也许就会看上某件产品。如果他要买，店员会告诉他，这是体验店不卖。您可以拿这张卡片，上网去买。而且价格在这个标价基础上打七折。如果有些顾客说，我就要这个，没有时间上网买，那就只能按照这个标价来买，因为这是体验店，运输成本、房租成本、营运成本要反映在这件衣服上面。所以还是希望您在网上买，对您对我们店家都有好处。这就是所谓的**线下体验，线上购买。**

我自己学校的一位学生，制作了一款销售裙子的APP，进入APP首先跳出来的是一个要求你填写的自己身材尺寸的菜单，诸如身高、体重、颈围、肩宽、胸围、臀围等，输入后确定，就会出来一个模特，这个模特就是按照你的身材输入尺寸的模特，其实就是你本人。然后，你可以进入裙子的样本陈列界面，看好一件，直接把这件裙子拖拽到模特身上，模特就穿上了这条裙子，并且360度旋转。也许一个姑娘躺在床上，用一个小时，把这个网店的所有裙子都试穿了一遍，总能找到她喜欢的某款裙子。这种依托互联网的客户体验，随着VR（虚拟现实）技术的发展和应用，还有广阔辉煌的前景。

另外，还有一种值得注意的满足客户需求的新的模式，就是提高客户的价值。也就是让客户在购买活动中也赚钱或者得到某种需要的利益。例如"众筹"方式拍摄电视剧，客户既是购买者又是投资人，而且电视剧上线，确实可以给客户带来利益。这是新型的企业盈利模式。

企业盈利模式中，节流的部分在第三章第三节已经做了详尽的论述，这里不再赘述。

【本章要点归纳】

人事相符的落脚点是岗位的工作分析。工作分析包含岗位职责、岗位规范、任职条件，工作分析是企业人力资源管理中最基本的文件。

工作分析的前面是组织架构，组织架构的前面是业务流程，业务流程的前面是具体任务或项目，具体任务或项目的前面是企业的战略目标。也就是说，企业内的每一个岗位都应当和企业的战略目标息息相关。

在上述的五大环节中，从企业内部的管理角度来讲，业务流程最为关键，因为业务流程是企业经营可变成本中唯一可以改变的要素。所以我们说要"**关注流程、优化流程、精简流程、再造流程，发展才是硬道理**"。

当前，各行各业改进流程最大的"利器"就是信息化。信息化能走到哪一步就一定要走到哪一步。由于现代信息技术还有广阔的前景，所以企业流程再造也孕育着巨大的可能。

第四章　科学管理之精细化管理

——差别工资

第一节　没有现金支付有人愿意干活吗

在激励员工方面，管理者有三种基本方法：一是物质激励，包括金钱；二是精神激励，给予各种荣誉；三是目标激励（目标激励在本书第三篇有详尽论述）。这三种激励当中，最直接、最有效的就是物质激励，物质激励中最关键的就是 Cash（现金），而不是 Money（钱，还包括未来的钱）。

企业主对一个员工讲，好好干，我会给你股份的。这句话对员工有什么激励作用？员工可能心里说，你还给我股份，你的企业能不能撑到年底还不一定呢。员工问，老板既然这样看重我，为什么给我那么少的工资呢。这的确戳到了企业主的"软肋"，工资就是 Cash。

在一个企业内部，工资高的高、低的低，最高和最低的差距，在同一个组织内部甚至有 10 倍之多，凭什么呢。前几年，有一次我在广东东莞的一家企业做内训，休息之余，走廊外有一个员工来找被培训的中层干部，结果两个人在走廊里面吵了起来。我这个外来的老师很兴奋，赶快围上去，看看两个人吵什么。结果看到那个员工，20 来岁的年轻人，愤怒地对他的领导说："凭什么我们俩都是人，你一个月拿 8000 多，我拿 3000！"我听到这句话，很诧异。其实，越是底层员工，才会问这样的问题，高层员工不会这样问。

这样的问题怎么回答，如果那个主管说：人比人气死人。那糟糕了，员工恐怕会与他打起来。其实应当和这个年轻人讲，不是我值 8000 元，你值 3000 元，我们的人格是平等的。至于我为什么拿 8000 元，是因为我现在在这个岗位上，我就拿 8000 元，有一天我不在这个岗位上，这 8000 元对我来讲不复存在。老张在这个岗位上，老张拿 8000 元，老李在，老李拿 8000 元。还可以跟这个年轻人讲，有一天你有这个能力坐在这个岗位上，你也拿 8000 元。因此，差别工资不是指的人，指的是岗位的内在价值。

还有一次，我从广州到郑州去讲课，到了广州新白云机场，天气电闪雷鸣，飞机无法起飞，甚至连起飞的时间都没有，一等就是 6 个小时。郑州的主办单位比我还急，第二天就是他们的课程，打电话不断与我联系，询问情况。整个人感觉都不好了，很烦躁，就和旁边的一个大概 30 岁的年轻人聊天，他是讲普通话的，我也是讲普通话，聊得比较投机。我就问他，你来广州几年了，他回答我 4 年多，我又问，怎么样，现在一个月可以拿多少？他一个路人，我对他来说，也是萍水相逢，这个问题可以回答，也可以不回答，没什么压力。他很爽快，马上就回答我，一个月大概 3 万多元吧。我说多少?! 因为我怕自己听错了，当我确认他拿月薪 3 万多元的时候，我越看他越生气。为什么，因为我不平衡。我一个来广州十几年的资深教授，在广州一个月薪酬才一万多点，还是税前。凭什么你一个 30 来岁，来广州 4 年的年轻人拿 3 万多元？我直接问他你干什么工作的，他回答我，他是波音 737 的飞行员……原来他也在等飞行命令，没事出来看看情况，与我这个旅客聊聊天。当我知道他是开我那个飞机的，我立即和他说，应该应该，你多拿些，保证我的安全。

讲到这里，你应当清楚了，差别工资没有指人，指的是岗位的内在价值。岗位的内在价值是如何确定的，资本主义的鼻祖亚当·斯密（Adam Smith）200 多年前就指出，工资是劳动的价格，劳动本身有差异，这就决定了工资的差异，他同时指出：

职务（劳动）价值＝责任＋工作困难度＋学习这项工作的困难程度＋工作内在成功的可能概率＋雇佣关系的稳定性

因此，决定一个岗位的工资多少，最重要的就是这个岗位所负责任的大小。

第二节　工资在管理中的地位

当代企业薪酬一般称为结构薪酬，共有四个组成部分：

结构薪酬＝基本工资＋奖金＋福利＋津贴

- 基本工资是固定的，这部分政府要规定当地的"最低工资"。例如，广州2016年的最低工资标准为1850元，这个钱有人说是当地的最低生活保障，笔者却认为这笔钱代表两个字，即"人道"。何谓人道，就是过也过不好，饿也饿不死。1850元一个月在广州饿不死，但也的确过不好，过好要靠自己的努力。人道的问题政府要不要管，当然要管。因此，"最低工资受法律保护"。受法律保护的含义是：1850元和这个员工的绩效无关，与国家现行的五险一金制度无关。录用就必须支付，如果不录用，理论上由社会保障兜底。

- 奖金是浮动的，奖金是跟着这个员工的绩效考核走的。

- 福利有两种：一种是法定福利，另一种是企业福利。法定福利，现行政策五险一金。五险：医疗险、养老险、失业险、工伤险、计划生育险；一金：住房公积金。要说明的是，五险中前三险个人要缴纳一部分，后两项险由企业集体缴纳，不涉及个人出资。另外，住房公积金很多私营企业并没有执行，因为国家认为私营企业目前经营环境还比较困难，暂时没有强制要求必须给员工住房公积金。但是在北京、上海、深圳三地，基本上所有的企业都支付了员工的住房公积金。另外，也有心理上的问题，没有住房公积金的员工与有住房公积金的员工相比，可能会认为，企业在我年轻的时候拼命用我，并没有为我的未来着想，这个心理感受还是很重要的。

个人缴纳的养老金，又叫作"递延工资"，含义是：是你的现在不能给你，这叫递延。对递延工资部分，国家可以用个人缴纳的递延工资，再去投资，也必须投资。如果不投资存在银行，很可能会被通货膨胀蚕食光。这个投资，理论上讲，称为"保值增值"。但是保值是员工的，增值是国家的。如果投资亏损，理论上应当由财政给予补偿。如果财政缺口太大，补偿不了，就要采取其他措施，比如延迟退休年龄，这是符合逻辑的。对企业福利而言，如果一家企业的法定福利都给员工了，企业福利一点没有，这家企业也不违法。但是，我们迄今为止还没有看到，任何一家企业一点企业福利都没有的，就是最小气的老板，多多少少都会有一点企业福利。为什么？**因为企业福利是企业文化的组成部分**。企业给员工一块肥皂，都表明你是我的"家里人"，我是一级组织，内外有别。

- 津贴最大的特征就是"临时性"：岗位津贴、职务补贴、午餐补贴、汽油补贴、电话补贴等。这种临时性的特征，给企业管理者处理和管理事物提供了一个方便的工具。例如，某个企业内的具体岗位，这个岗位的工作又脏又累，劳动强度很大，这在管理层也是没有异议的。企业领导提出，从下个月开始，这个岗位每个月增加400元的岗位津贴。如果管理层制定了这个政策，当然会吸引一部分员工去应聘这个岗位。然而，过了一年，这家企业完成了技术改造，现在该岗位的工作又干净又轻松。管理层再次做出决定，从下月起取消每月的400元津贴。

在当代企业的结构薪酬中，员工最大的收益，就是基本工资和奖金，这两部分是存在着比例问题的。从一位员工的角度来说，他可能会希望基本工资的比重越大越好，因为基本工资是固定的，而奖金是浮动的，跟着业绩走，还不一定是我的。而从企业管理者的角度来讲，可能会希望尽量压低基本工资比重，拉大奖金比重，这样既可以降低企业可变成本，又可以加大对员工的物质刺激力度。劳资双方这样针锋相对的观点和矛盾，怎么解决？在国际上很多国家独立工会罢工，都和这个比例有关。

对于基本工资和奖金的比例问题，企业管理者要找到一个"平衡点"。试想，一个在北京工作的员工，每月收入大概4000元，构成是基本工资3000元，奖金1000元；另一位在北京工作的员工，每月收入大概8000元，构成是基本工资5000元，奖金3000元。那么哪位员工生存压力更大一些？当然是第一位员工。他本来就拿那么少的收入，你多扣他50元对他来讲都很重要，恐怕就是因为这50元，他就租不了房子，所谓"一分钱难倒英雄汉"。而第二位员工，就是把他3000元奖金全部扣掉，他还有5000元呢，在北京还混得下去。因此，管理者制定薪酬有一条原则，**即越是低层岗位的员工，奖金份额占薪酬总盘子的比重就越小；越是高层岗位的员工，奖金份额占薪酬总盘子的比重就越大。**

问题是多少算小，多少算大。一般而言，基层员工奖金份额不要超过薪酬总盘子的20%，即小于20%。如果超过了20%，可能这位员工会离职，找到一个在这个地区能够赖以生存的岗位。中层员工这个份额可以放大到30%左右。到了高层员工，这个比例可以在50%以上。以上数据是笔者多年来观察到的结果，后来也得到了统计结论的支持。当然，这里还要指出的是，这个比例与销售岗位无关，销售人员的薪酬体系属于特殊的薪酬体系，他们不是靠底薪收入，而是靠提成收益的，销售岗位是一个例外。

第三节　长期激励关键在"期"

在结构薪酬中，最有效的管理和调控员工绩效的手段就是浮动奖金。从奖金的分类来讲，有两种分法：一是短期奖励与长期奖励；二是个人奖励与团队利润分享奖励。由于团队利润分享奖励在我国企业中并不多见，所以这部分内容将在"延伸阅读"中讨论。首先，我们观察一下短期奖励与长期奖励。短期奖励是根据具体企业考核周期走的，比较好理解。重点要讲的是长期奖励。

长期奖励的第一种对象就是"职业经理人"。**职业经理人的出现，使企业的所有权和经营权得以分离，是现代企业法人治理结构实施带来的结果。**企业所有权在董事会，董事会做出项目上马的决策。至于上马如何干、如何具体经营，那是董事会请来的职业经理人要做的事情。对职业经理人的激励，一般采用年薪制与绩效挂钩的方法。诸如，某职业经理人年薪40万元，但是这40万元与这个岗位的一些主要经济指标挂钩，如果到期没有达到这些指标，40万元要按照比例扣减。

职业经理人不限于总经理，还包括高管。目前在国内，猎头公司涉猎的对象排序是：营销总监、财务总监、人力资源总监、生产总监。这些岗位一般都进入了长期激励的范畴。对职业经理人，要不要给予股份，这个问题一直在国内有各种争议。争议的核心不是该不该给，而是什么时机给的问题。如果不给，职业经理人永远都是打工者，而非所有者，这对一个人的行为取向有很大的影响。在这一点上，没有多少争议。争议在于：①市场不成熟，职业经理人挖墙脚现象非常普遍，使企业所有者心有余悸，给还是不给；②私企中很多是家族企业，要不要给外人股份十分纠结；③职业经理人本身的忠诚度，随着外部市场环境的巨变，没有得到社会的普遍认同。

比较好的方法是，用股票期权的方法过渡。既然是期权，就是一段时间的股东，来应对这些不确定因素。

长期奖励的第二种对象就是企业的"核心技术人员"。核心到什么程度，核心到离开了这个人，这个项目不存在，离开了这个人这家企业都不存在。对这样的人才，企业给他一个月几万元的薪酬，指望他把项目贡献出来，是不现实的。一般企业所有者采用"技术入股"的方式，由于核心技术人员没有出钱，是用技术作价的，因此把技术入股叫作"干股"。技术入股最高可以到多少，这个在《公司法》第二十七条的规定是："全体股东的货币出资金额不得低于有限责任公司注册资本的百分之三十。"

长期奖励的第三种对象就是企业的"核心管理层"。企业核心管理层不是一个人，是一个群体。对这部分群体，企业会采用"股票期权"的方式。股票期权的核心在于"期"字，在一个短暂的时间内，让管理层成为公司的股东，可以比二级市场低的价格购买股票（上市公司的股票期权），在这个拥有期间内，可以有条件地、分批量地卖出（条件一般是公司的经济效益指标）。如果没有满足卖出条件，最终公司原价回购。就等于把钱存了公司，但是没有利息。用这种方法，把核心管理层的利益与企业的利益结合起来。

如果是非上市公司的"股票期权"，就比较复杂，最大的麻烦在于，用什么标准来确定股票的价格（因为没有上市，也就没有一级、二级市场，也就没有市场价格）。一般而言，非上市公司的股票期权的定价，是以公司的某年净利润除以向员工发行股票的数量而得到的。

【延伸阅读】

在团队利润分享奖励中，斯坎伦计划（Scansion Plan）和鲁克计划（Rucker Plan）都是利润分享的比较成熟的经验。

斯坎伦是20世纪30年代中期，美国曼菲尔德钢铁厂的工会主席。他提出，如果企业主能够将因为经济大萧条而倒闭的工厂重新开张的话，工会就会带领员工一同努力降低企业成本。40年代中期，斯坎伦又提出一种以工资总额与销售总额挂钩计算员工绩效工资的方法。从那以后的70余年来，斯坎伦计划不断得到许多专家的完善补充，现在已经成为人力资源开发的一种经典模式。具体我们看一下例子，如表4-1所示。

表4-1　团队的收益分享——斯坎伦计划实例

过去三年某制造业企业数据	1. 斯坎伦计划收益分享：将企业生产成本节约和部门生产成本节约的收益，按照一定比例分配给员工。例如，企业劳动成本比原目标节约额度，员工获得50%分配权，企业占50% 2. 优点：鼓励员工生产改进，促使团队成就感；缺点：恶性竞争，有人可能"搭便车" 3. 斯坎伦计划是基于成本节约的计划
平均劳动力成本 = 440 万元	
平均 SVOP = 830 万元 SVOP：销售收入加库存产品价值总和	
斯坎伦比率 = 劳动力成本/SVOP 440 ÷ 830 = 0.53（越小越好）	
执行月数据（2016 年 12 月）	
SVOP = 720 万元（月）	

计划的劳动力成本：斯坎伦比率 × SOVP = 0.53 × 720 = 381.6 万元
实际发生的当月总劳动成本 = 310 万元
节约成本：381.6 - 310 = 71.6 万元。此部分可以分配给员工50%，即35.8 万元可以分配

从表4-1中我们得知，这家企业过去3年平均劳动力成本为440万元，而

这家企业销售收入加库存产品价值总和 SVOP 为 830 万元。我们得到斯坎伦比率 = 平均劳动力成本/SVOP = 0.53（当然这个比率越低，企业效益越高）。我们观察到 2016 年 12 月的数据，12 月 SVOP 为 720 万元，则计划的劳动力成本为：斯坎伦比率乘以 SVOP，得到 381.6 万元。而实际由于员工的努力，当月劳动力成本为 310 元。那么已经节约的成本为：计划成本 – 实际成本，得到 71.6 万元，这个数额的 50% 应当分给员工，即 35.8 万元可以在员工中分配。另外 50% 为企业所得。据此可以看到，斯坎伦计划实际上是基于成本节约的计划。

而鲁克计划也是团队激励计划，从本质上看，鲁克比率也是成本节约计划，与斯坎伦计划相比，既有斯坎伦计划的劳动力成本，又增加了服务成本和原材料成本，更为贴近企业生产运作实际，如表 4 – 2 所示。

表 4 – 2 团队的收益分享——鲁克计划实例

过去一年某制造公司数据	鲁克计划：1933 年提出，核心是鲁克比率
净销售额 = 750 万元	鲁克比率 = 企业价值增值（销售额 – 原材料、供给以及消耗服务价值）/c（参与计划的所有雇员的总雇佣成本）
原材料成本：320 万元 各种供给成本：25 万元 各种服务维修保养费用：22.5 万元 三项总计：为总雇佣成本 367.5 万元	从本质上看，鲁克比率也是成本节约计划，与斯坎伦计划比，增加了服务成本和原材料成本，更为全面
价值增值 = 销售额 – 原材料、供给、服务费用 750 –（320 + 25 + 22.5）= 382.5 万元 鲁克比率 = 价值增值/总雇佣成本 = 382.5 ÷ 367.5 = 1.04（此值越大越好）	
执行月数据（2016 年 12 月）价值增值：67 万元；总雇佣成本：62.5 万元	
收益分享：实际鲁克比率 = 67 ÷ 62.5 = 1.07，高于标准鲁克比率，因此可以进行收益分享 分享额为：鲁克系数 × 总雇佣成本 =（1.07 – 1.04）× 62.5 = 1.8750 万元，这个数额，企业与员工按比例获得	

从表 4 – 2 中我们可以看到，该企业过去一年的净销售额为 750 万元，其中核心原材料成本 320 万元，供给成本 25 万元，各种服务维修保养费用 22.5 万元，三项费用合计为总雇佣成本为 367.5 万元。价值增值 = 销售额 – 原材料、供给、服务费用三项合计，即 382.5 万元。鲁克比率 = 价值增值/总雇佣成本，即表中 1.04（此值越大，说明企业效用也大）。考察企业数据是 2016 年 12 月，该月企业价值增值为 67 万元，总雇佣成本为 62.5 万元，实际鲁克比率为 1.07，高

于过去一年鲁克比率值1.04，所以可以进行利润分享。分享额为，鲁克系数乘以12月当月总雇佣成本，得到1.8750万元。尽管这个数额很小，但是还是应当企业与员工按比例获得，也可以留账面，转到下月累计。

斯坎伦计划和鲁克计划都是以节约成本为宗旨的计划，都是美国20世纪30年代经济大萧条时期为了避免企业倒闭，从工会角度想出的办法，保证员工不至于失业，把企业节约与员工收益挂起钩来。到21世纪，这两个计划成为人力资源开发的有力工具，通过这两个计划，把企业收益和普通员工的收益挂钩，对员工而言，属于额外收益，以此提振员工的工作热情。

【本章要点归纳】

企业对员工的制度性激励方面，物质激励是最有效的激励。物质激励当中，现金激励最具有效性，而工资就是现金。

差别工资体现了公平的内涵，工资与人无关，与岗位有关，体现岗位的价值。岗位最核心的价值就是该岗位负责任的大小。

目前企业采用的均为"结构工资"，结构工资当中有四个核心部分，即基本工资、奖金、福利和津贴。基本工资是固定的，奖金是根据绩效考核发放的，福利分为法定福利和企业福利，津贴是临时性的。

从鼓励人在一定周期做好工作的角度来讲，奖金的作用是最大的。其中，固定工资与奖金的比例问题是进行制度设计时要重点考虑的问题。对于基层员工，奖金份额占薪酬比例20%以下比较合适；对中层员工在30%左右；高层员工可以拿出大于50%来浮动（销售人员薪酬有特殊性，不在这个比例范围）。

奖金激励分为短期激励和长期激励，也可以分为个人激励和团队激励。在长期激励方面，分为对职业经理人的"年薪制与绩效挂钩"；对核心技术人员的"技术人股"；对核心管理层的"股票期权"三种。

在团队激励中，比较成熟的有以控制成本为目的的斯坎伦计划和鲁克计划。这两个计划都是把企业成本与员工额外收益挂钩。

第五章　科学管理之精细化管理

——科学培训

第一节　师傅带徒弟还灵不灵

在当代制造业和当代服务业领域，还要不要大规模地强调师傅带徒弟，如果要就不是科学培训，不要才是科学培训。因为，强调师傅带徒弟，有两个基本问题，当代企业解决不了：第一，你的企业有没有那么多合格的师傅；第二，如果师傅手艺不高，徒弟又会怎么样。

所以自科学管理诞生以来，在制造业和服务业普遍采用的不是师傅带徒弟的方法，取而代之的是"科学培训"的方法。当代的科学培训有如下五条基本要义：

（1）由专家分析业务流程。

（2）由专家分解业务流程到动作研究。

（3）由专家把合理、有效的动作进行有机编排。

（4）最终形成标准化的、程序化的、系列化的操作程序（模板）。

（5）用这套程序（模板）去训练所有需要的员工。

我们把这五条合在一起，称为"科学培训"。在上面五条的前三条中，笔者不厌其烦地写了三次"由专家"。试想，我们可不可以把这三个专家在此换成"师傅"，当然不行。现代技术、现代工艺越来越复杂，这些东西不是师傅能够掌握的，是由专家精心设计的。各行各业的专家，对业务流程进行分析，甚至分解到每一个动作，最后把合理有效的动作进行有机编排，最终形成"**标准化的、**

程序化的、系列化的"操作程序，我们把这种程序叫作"模板"。

这种模板化的培训方法，是对高端员工的还是对基层员工的，不言而喻，是对基层员工的。因为模板化与创新是矛盾的，高端员工具备创新能力，管理者不能用模板框住他们。而且，**有些高端员工本身就是模板的创造者**。而基层员工不具备创新能力，那管理者就把最好的模板提供给基层员工，培训他们学习这个模板，对他们而言，就是严格地执行模板。

企业里什么工作需要师傅，技能型的工作、技巧型的工作，无法用机器操作的工作，这个要师傅。而大规模的制造业和服务业，则要靠模板。

第二节　企业整体能力强弱在于基层员工能力的均衡

在企业里，对低端员工的管理让管理者最头痛的事情就是，他们大错误没有，小错误不断。因为他们的级别不够高，没有犯大错误的机会，也因为他们总是不按照规范来，就会出现各种偏差。如果偏差足够大的话，管理者就必须出面"纠偏"。纠偏是有很大成本的，首先对这个岗位的成本在于，浪费了材料、浪费了时间，返工和加班是企业成本上升的主要原因；对管理者的成本在于，他们整天陷在这些琐碎的事务当中，无法考虑提升产品和服务的途径，只是在充当救火队的角色。所以，从企业管理的角度来讲，应当提出一个口号，叫作"一次就做对"。**一次就做对的成本是企业管理的最低成本。**

如果想要达到企业内低端员工一次就做对，最理想的方法就是"科学培训"，就是"模板化管理"。什么东西都是有模板的，不会就先学习模板，学好了再上岗。员工只要按照模板来做，管理者在与不在都一样，员工做的都是对的。

"我们用科学培训的手段，在短期内解决低端员工技能的均衡性"。管理者都知道"木桶原理"，知道木桶装水最多，要看那块最短的木板，如图 5-1 所示。如果左边这个木桶是你这个部门的工作情况，别的员工都很好，就是这个员工太差了。由于他的差，把部门的整体水平都拉了下来。如果你是这个部门的领导，如何处理这样的问题？

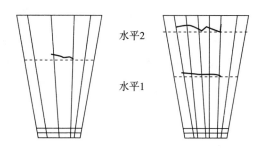

图 5-1 木桶原理——快速达到员工技能的均衡

如果是私人企业，管理者遇到这种情况，可能直接让这个员工走人了。如果是国企，也说明他不适应这个岗位，必须转岗。右边这个木桶与左边明显不同，有那么多人都不行，如果管理者让他们走人的话，这个部门都不存在了，那要你这个部门领导干什么。右面的情况，最好的处理方法就是让他们全部下岗，科学培训，学习模板。等大家培训好了以后再上岗，从水平 1 短期内达到水平 2。只有科学培训，才有这个功能，**即短期内解决低端员工技能的均衡性**。

有人可能会说，现在已经不是"短板"原理了，是"长板"原理，"短板"回避，用他的长板，即用一个人的长处。其实这个说法也是对的，只是没有搞清楚使用的对象。对有特殊技能的员工，当然是"长板"原理，我们用他的特殊技能，而忽略、回避或者容忍他的弱点。但是对一般员工，你本来就没有什么"长板"，没有什么特殊技能，那我们要尽快使他们的技能达到均衡，就是要集中整治他们的"短板"。使企业管理的底座得以短期内获得提高。

有的时候，员工不理解模板为什么要这样做，来问管理者，那么管理者要不要回答员工的问题，笔者的理解是，如果员工问，管理者就按自己的理解答，如果员工不问，管理者也用不着解释。**基层对模板的态度就是"执行、执行再执行"**。其实有时候管理者本人也不知道模板为什么要这样做，因为模板是来自专家之手，不折不扣执行是提高基层工作效益最好的方法。

【延伸阅读】

在现实生活中，模板化管理的例子比比皆是。我们都有住酒店的经历，你有没有感觉，住的酒店星级越高，你睡觉的时候也越麻烦。麻烦来自三个方面：一是各种枕头和靠枕太多；二是墙上开关太多，不知道哪个管哪个灯；三是睡觉的时候，那个白色的被单，必须从厚厚的床垫里面拉出来，而且越是高档的酒店，这个被单塞得越紧。国内国外的酒店都一样，客人睡觉的时候，必须把被单拉出来，这是酒店客服部的一个模板。是你自己拉出来的，表明这个被单是为你这个客人单独新换过的，给客户一个比较好的心理感受。在低端酒店或者招待所里，很少见到塞被单的，如果你一下子就躺进去，可能会闻一下被子是否有味道。

还有一个乘飞机的例子，在飞机一起一降的时候，空姐就会在机舱里要求坐在窗边的旅客把遮阳板拉开，国内国外飞机都是如此，这是航空业的一个机舱模板。笔者原来也不懂为什么，问空姐，空姐说是中国民航局的规定，也不告诉为什么，引起了笔者很大的好奇。最后终于搞清楚了，原来飞机一起一降的时候，是最容易出事情的时候，如果你把遮阳板拉开，你坐在窗边位置就可能会向外看，如果你看到外面跑道上有什么问题，或者飞机哪里有冒烟，你会怎么样？很可能会叫起来，你一叫，空乘人员就知道外面出了状况，接下来按照状况执行"应急预案"操作，不然空乘也不知道外面出了问题。所以让旅客打开遮阳板，就是让旅客往外看的，就是让客人有情况时叫的。这个道理能不能告诉旅客呢，答案是不言而喻的。

第三节 实施严格的劳动纪律是 没有办法当中的最好办法

过去，一个铁匠铺早开几分钟门和晚开几分钟门，关系不大，但是现代企业工作的关联性、逻辑性、配合性导致劳动纪律十分重要。

现在对一线员工的管理越来越严格，上下班打卡，打卡不够还指纹识别，指纹不够还脸部识别，为什么？

一个员工问管理者，你喜欢不喜欢打卡，管理者怎么回答？如果说实话的话，当然不喜欢，因为打卡和人追求自由、舒适是背道而驰的。如果员工接着问管理者，既然你都不喜欢打卡，我也不喜欢打卡，就是老板喜欢打卡，那我们联手骗老板不就行了，管理者应当如何回答？有人说不行，骗不了，指纹的。这种回答好吗，非常糟糕，这说明这个管理者也没有弄清打卡的作用。而且管理者在向员工解释制度的时候，一定要积极地说话，而非消极地说话甚至向员工发出错误的信号。

那这个问题应当如何向员工解答呢？首先要让一线员工明白如下道理：企业内的每一个人都不可能独立完成某一项产品或者服务，每一个人都是生产链上的一个环节。为了保证这条生产链的正常运作，我们必须遵守一个共同规则，这个共同规则就是劳动纪律。

有没有人说高考不好，有没有人说高考可能会把优秀的孩子提前淘汰出局，这个人说的是不是事实？是的。那为什么要高考？因为国家"985"优质学校资源、"211"优秀学校资源就那么多，想上这样学校的孩子多了。如果不高考，有没有更好的、更公平的方法，把优秀的孩子送到这两类学校中去？如果你的回答是没有的，那好，请你参加高考。其实这和劳动纪律是一样的道理，没有人愿意打卡，但是不打卡我们的确找不到更好的方法，以保证生产链的正常运作，所以请大家打卡。

【本章要点归纳】

在基层员工中一般不用提倡师傅带徒弟，要师傅带徒弟的情况是，工作本身具有技巧性的、技能性的，这才有必要。在企业中强调"一次就做对"，因为**一次就做对的成本是企业管理的最低成本**。如果能够在基层员工中大面积地一次就做对，最好的方法就是模板化培训。**用科学培训的方法使低端员工在短期内达到技能的均衡，把最短的那块木板拉起来**。

劳动纪律是一个老话题了，但是在21世纪的企业中，劳动纪律越来越重要。因为在现代企业中，每一个人都不可能完成一个最终的产品或者服务，每一个人都是生产链上的一个环节，为了保证这条生产链的正常运作，我们必须遵守一个共同规则，这个共同规则就是劳动纪律。

第六章　高端制造业发展与企业精细化管理

第一节　日本高端制造业与中国现状

精益生产与精细化管理是两个不同概念，可以这样认为：丰田的精益生产实践，造就了在各个生产环节精细化管理的理论与经验。2017年以来，"厉害了，我的国"一时盛行。直到现在，中国仍然没有成为一个技术大国、制造强国之前，却先变成了金融大国。在过去的若干年间，金融业在中国GDP中所占比重相继压倒日本、德国，甚至个别年份还超过美国。当然实际情况并不是我们的金融超过了曼哈顿。所以政府急急忙忙去杠杆，严打影子银行，清理地方债，但是来来去去的反复折腾并没有引起全民的重视。反倒是美国总统特朗普搞出了打压中兴公司，现在又打压华为公司的事件，罕见地促成中国全社会反思：让中国在世界立足的究竟是什么？答案是：制造业。

进一步让人们焦虑的是，在国内经济体量巨增、经济发展速度日渐放缓、劳动力成本和生产成本飞速上升、人口红利加速收缩的当下，中国凭什么和世界诸强竞争，支撑起整个国家的未来？答案是：高端制造业。

日本制造业这两年也不断有丑闻爆出，看日本笑话当然没问题，但因此发自内心地相信"中国制造已经有资格嘲笑日本，日本制造已经不灵了"，那纯属自欺欺人。其实日本是名副其实的高端制造业强国。在制造业的一些重要领域、关键环节，日本甚至超过美国。

从2015年开始，在制造业总产值上，"世界工厂"归属我国绝非浪得虚名。

在全球制造业增加值的排行榜上，中国领先美日德不是一点半点。即便去掉其中
1/4 的外资，也还是能压美国一筹（见图 6 - 1）。

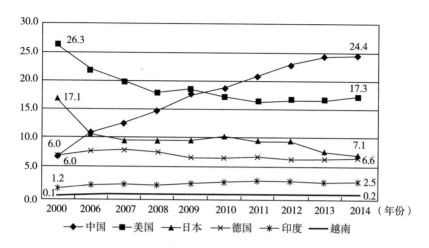

图 6 - 1　全球制造业生产增加值中主要国家所占比例变化

资料来源：WorkBark Data. UN National Accounts。

但是以中国人口基数来计算人均制造业增加值的话，约等于日美德的 1/4 ~
1/3。中国社会科学院副院长李扬 2017 年初在"首届中国企业改革发展论坛"上
指出，中国制造业的效率只相当于美国的 19.8%、日本的 21.3%、德国的
24.8%。中国的制造业生产单位能耗比，比美日德高几倍甚至十几倍，产品附加
值只相当于它们的几分之一，在国内人工成本还在飞速上升的当下，中国制造的
优势丧失。福建玻璃大王曹德旺为什么跑到美国去开厂，这个案例给以上的数据
提供了有力的旁证。

下面的例证是日本制造业这几年的兴衰史：2016 年，夏普破产。2017 年，
世界第二大汽车安全部件生产商、生产"夺命气囊"的高田公司破产。2017 年，
日本第三大钢铁企业"神户制钢"大规模修改产品数据。2017 年，东丽株式会
社承认数据造假。2017 ~ 2018 年，日本有色金属巨头三菱综合材料公司，旗下
多家子公司造假，涉及汽车、客机、核电站等 300 多家下游制造企业。2018 年，
川崎重工违规将底盘削薄，导致 JR 西日本新干线底盘断裂。我们看到的这些例
证，基本出自日本传统的制造业。这也说明日本"供给侧"传统的制造业，在
利润成本的压力下，也不断出现问题，也在谋求转变和突破。只是它们的"供给
侧改革"不是来自政府，而是来自全球市场。

笔者认为，近年来日本的制造业转变还是有很大成效的，这源于日本人的"职人精神"（职人精神与匠人精神不同，匠人精神是把一个东西做到极致，职人精神是这个人一辈子就做这个东西，他就是这个东西的职人），以及日本人的"一根筋"钻研精神，只要不出现根本上的技术颠覆（如基于互联网的颠覆），它总能在已有的众多高端领域做到顶尖，超过"疲沓"的美国人。

　　科睿唯安（Clarivate）在 2019 年 3 月发布的《德温特 2018—2019 年度全球百强创新机构》中，年度连续八次上榜的，美国企业有 12 家，日本企业有 14 家（中国没有连续八次上榜的企业。在 2018～2019 年度榜单中，中国企业有 3 家，分别是华为、比亚迪和小米），可见日本企业创新能力之强大（见表 6-1）。

表 6-1　2019 年 3 月发布八次上榜的全球创新 100 强企业名单

机构	国家/地区	行业	区域
3M 公司（3M Company）	美国	化学制品和化妆品	北美洲
AMD 超微半导（Advanced Micro Devices）	美国	硬件和电子	北美洲
苹果公司（Apple）	美国	通信	北美洲
波音公司（Boeing）	美国	航空和国防	北美洲
佳能公司（Canon）	日本	硬件和电子	亚洲
法国原子能委员会（Commissariat à Energie Atomique）	法国	研究院及政府研究机构	欧洲
杜邦公司（DowDuPont）	美国	化学制品和化妆品	北美洲
爱默生电子（Emerson）	美国	硬件和电子	北美洲
爱立信公司（Ericsson）	瑞典	通信	欧洲
富士通株式会社（Fujitsu）	日本	硬件和电子	亚洲
通用电气（General Electric）	美国	家用品	北美洲
日立公司（Hitachi）	日本	硬件和电子	亚洲
本田汽车公司（Honda Motor）	日本	汽车	亚洲
霍尼韦尔国际（Honeywell intenational）	美国	硬件和电子	北美洲
英特尔公司（Intel）	美国	硬件和电子	北美洲
LG 电子（LG Electronics）	韩国	家用品	亚洲
Ls 产品（LsIs）	韩国	油气和能源	亚洲
微软公司（Microsoft）	美国	软件	北美洲
NEC	日本	硬件和电子	亚洲
日东电工（Nitto）	日本	化学制品和化妆品	亚洲
日本电信电话株式会社（NTT）	日本	通信	亚洲

续表

机构	国家/地区	行业	区域
奥林巴斯（Olympus）	日本	制造和医疗	亚洲
松下公司（Panasonic）	日本	家用品	亚洲
高通公司（Quakomm）	美国	硬件和电子	北美洲
罗氏公司（Roche）	瑞士	制药	欧洲
赛峰集团（Safran）	法国	航空和国防	欧洲
圣戈班公司（Saint Gobain）	法国	制造和医疗	欧洲
三星电子（Samsung Electronics）	韩国	硬件和电子	亚洲
Seiko Epson	日本	硬件和电子	亚洲
信越化学工业模式会社（Shin Etsu Chemical）	日本	化学制品和化妆品	亚洲
索尼公司（Sony）	日本	家用品	亚洲
赛门铁克公司（Symantec）	美国	软件	北美洲
泰科电子（TE Connectivity）	瑞士	硬件和电子	欧洲
东芝公司（Toshiba）	日本	硬件和电子	亚洲
丰田汽车公司 Toyota Motor	日本	汽车	亚洲

资料来源：科睿唯安发布的《德温特 2018—2019 年度全球百强创新机构》。

而在《普华永道思略特 2017 全球创新 1000 报告》中，可以看到，高端制造业成大规模、多领域、产业化的国家，日本是全球唯一的（见图 6-2）。

在图 6-2 中，展示了很多颠覆性现实。即使在通信服务、材料、非必要消费品等高端细分领域，日本高端制造业都整体强于美国。而在其他美国占优的领域，日本也在某些环节上有出色表现。在消费的全产业链条上，不管多高端的领域，日本常常可以做到性价比最优，因此，很多技术即便不是源于日本，但最终代表性企业、产品往往会落在日本。这就是本章要讨论的重点，即精细化管理与高端制造业的关系。

日本高端制造业首推"工业之母"，即机床。综合来看，日本机床业世界第一，品牌最多、技术最高、利润最高。光品牌就有大隈、天田、森精机、捷太科特、牧野、小松、会田、三菱、沙迪克、西铁城、不二越、富士、东芝、兄弟、津上、三井精机、丰和、富士、松浦、高松、浜井、马扎克、太阳工机、和井田、库吉玛、住友重机、芬太克、发那科、池贝等上百家。

就机床产业总体的技术、产值和利润而言，德国机床、瑞士机床，在日本面前都是小巫见大巫，可能在某一领域有优势，但日本机床业有优势的领域之广，

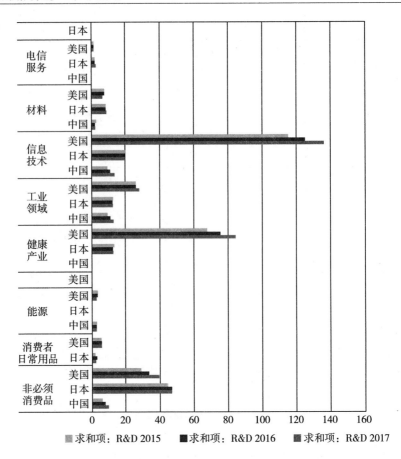

图6-2　美国、日本、中国高端制造业比较

资料来源：《普华永道思略特2017全球创新1000报告》。

让人叹为观止。例如，日本一些只有几十人的小企业，如松浦、浜井都有其独到的技术实力。就是营销做得最好的德国德玛吉机床也要和日本森精合资。德玛吉现在由森精主导，共享日本技术。在许多军工级或航天设备的制造方面，少了日本制造的辅助，要么根本无法生产出来，要么是无法达成商业化成品率，要么是造价昂贵到无法承担。当今全世界所有工业生产级的顶级机床基本都是由日本包揽的。

　　日本高端制造业第二个领域就是非必需消费品。其中，汽车最能体现日本高端制造业的现状。中国人买车常常在德系车和日系车之间犹豫不决。然而无论是奔驰、宝马，还是通用、沃尔沃，都高度依赖日本制造。例如，德国汽车上的空调压缩机、涡轮增压器、自动变速箱、机头导航仪、空调压缩机都是日本品牌；而石川岛和三菱是大众、奥迪、奔驰、宝马的涡轮增压器供应商；汽车上导航通信娱乐系统来说，沃尔沃用的是日本电装公司的产品，奔驰用的是日本三菱的产品，宝马用的是日本阿尔派的产品。在电子控制元件、电子控制模块以及自动变速器三大关键汽车零部件上，全球市场更是几乎被日本垄断。在半导体、微芯片、发动机控件、ABS、安全气囊等高附加值零部件方面，日本也保持绝对优势。

值得指出的是，这些产品并不是说欧美造不出来。但是汽车这种高度成熟的大众消费品，必须要在性价比上取得最优的平衡。这一点，日本制造优势明显。这种明显就是基于日本的"精细化管理"。

日本的第三个高端制造业领域是新材料。在特种材料方面，美日各有擅长，但日本整体略胜一筹。美国 F－22 战斗机的隐形涂料就是由日本制造的，在潜水艇艇体钢材方面，早期美国绝对领先，但是日本研发投入、追赶的步伐非常快，目前已经赶超美国。在航天高强度碳纤维复合材料领域（该材料是宇宙飞船、洲际导弹头部外壳、高超音速飞行器、F－22 战斗机机身等一系列高大上装备、产品的最优选择），全世界最先进的碳纤维复合材料生产、成型技术就是由日本掌握的。

第四个高端制造业领域是通信服务产品。比如充电电池，其原理结构都很简单，很多国家也都能生产，但日本三洋电池才是其中的王者。在小米、华为中国品牌的手机中，只要看看其中有多少日本制造的零部件就明白了。

在全球化程度已经相当深远的今天，工业加工领域随时会因为人工成本的上升、政策的变化转移到别的国家，但是产业链的上游高端材料、高端部件领域，则不会轻易发生迁移。这也是近年来日本制造业虽然在消费领域遭遇重大挫折，但依然能够屹立不倒的主要原因。

我们可以总结一下，日本高端制造业一直被羡慕且很难被超越的原因是什么，笔者认为，就是日本独有的精细化管理。精细化管理让日本能够以极高的工艺技术在工业产成品的品质把控上做到极致。高铁是中国高端制造的代表，但可能很少有人知道，中国高铁离不开日本螺丝钉这个事实。日本 Hardlock 公司制造的"永不松动的螺丝钉"，被大量用于中国高铁设备上。更绝的是，Hardlock 公司在发明了这一种螺丝钉后，把图纸、制作工艺公开了出来。敢公开就是因为，Hardlock 公司相信，我就算告诉了你怎么造，你也造不出来。例如，一个 M6 螺杆中国国家标准允许的外径公差范围在 5.974 毫米和 5.794 毫米之间，大约就是只允许有0.18毫米以内的制造误差，当然对内径、牙距、材质、表面处理等指标都有明确的规定。这个标准和日本并无差别。但是，在中国随便买50个同一规格的螺丝钉，经常用肉眼就能发现其中大小不一。而日本的螺丝钉，1万个也可能找不到一个不合格的产品，而且日本企业基本能将公差控制在0.06毫米以内。日本金属切割工艺（网上有视频流出体），在一块金属上切割后，毫无间隙，让人惊叹。

第二节　高端制造业质量管理与精细化

从20世纪60年代末日本经济开始高速增长，80年代成为世界经济强国，其中制造业起了决定性作用。在"日本式企业经营管理"模式中，首先就是日本制造业的质量管理在国际上得到广泛赞誉和认可，其中以丰田公司的质量管理最为系统和著名，丰田不仅得益于美国质量管理大家戴明先生现实指导和深刻的理念影响，而且还形成了一套日本式的、系统的质量管理与评价模式。

这里要讲讲戴明的故事，1945年，日本宣布无条件投降，结束旷日持久的侵略战争，此时日本国内经济全面崩溃。工业基础毁损殆尽，民用物品极度匮乏，农业减产1/3，大批民众因欠缺粮食而忍饥挨饿。在这种状况下，日本企业迫切需要生产和出口各种商品以换取粮食。然而，他们生产的产品质量极其低劣，在国际市场上毫无竞争力可言。在大多数西方人的眼中，"日本制造"的含义与"垃圾"无异。

当时美国人道格拉斯·麦克阿瑟被联合国任命为盟军总司令，率部进驻日本。其任务不仅是解散日本的军政，建立实政体制，而且包括协助日本重新恢复经济。为了恢复日本的经济，麦克阿瑟首先批准日本成立"日本科工联合会"（Japanese Union of Scientists and Engineers，JUSE），接着将美国人休哈特撰写的《产品的经济质量管理》一书作为质量管理的教材提供给日本，同时将美国军方在1940年制定的战时生产标准纲领手册《Z1、2、3》引入日本。JUSE开始研究休哈特的理论，希望能从中找到拯救日本经济的现实方法。

休哈特的理论看起来简单，实际上会用到很多数理学及统计学的知识，要将休哈特提出的质量管理方法真正运用到实际工作中去并不是一件简单的事情，必须找个老师指导一下才行。日本人想到了曾与休哈特一起工作过，并在1947年应召参加了战后日本全国普查准备的美国博士戴明。

戴明与日本结缘是在 1947 年，当时他接受盟军最高指挥部指派，到日本协助筹备 1951 年将要进行的日本全国普查工作。日本战后的惨况让他唏嘘不已，因此决心尽全力来帮助日本恢复经济。他渊博的知识和亲切的态度给日本人留下了深刻的印象。1950 年 3 月，JUSE 常务理事小柳贤一写信给戴明，邀请他来为日本的研究人员、工厂经理以及质量管理工程师讲一课，戴明答应了。

戴明在去日本演讲前，内心非常忐忑。这源于他在美国推行统计质量管理时留下的阴影。当时，休哈特制定的战时生产标准纲领手册《Z1、2、3》成了质量控制的圣经，但戴明意识到，要想从根本上解决产品质量不好的问题，光是依靠标准或是运用统计方法来进行控制是不行的，必须建立质量管理机制。因此，在第二次世界大战期间，他就曾建议军方应对技术人员及检验人员进行系统的质量管理培训。但当时美国制造业正空前繁荣、产品风行全球。所以当时的戴明在美国并不受企业待见——我的产品都不愁卖，你总是喋喋不休地讲质量干吗？所以培训并未受到重视。为此，戴明不信邪，他自己开办了一家顾问公司，将质量管理方法向全美推广，虽然有 31000 多人接受了他的培训，但似乎曲高和寡，培训效果甚微，这一切都让他感到担心。他事后曾经做过分析，认为问题的关键在于没有找到有实权的人来听课。如果没有实权在握的企业界人士接受并赞同和推广他的理念，就不能从根本上建立起质量管理机制。

基于这样的认识，戴明迫切希望在讲课前能见到日本企业界的实权阶层人士。当时 JUSE 理事主席石川馨（他曾经发明了鱼骨图）是一个能量很大的人，他所做的甚至超过了戴明的期望：1950 年 6 月 24 日，他邀请到日本最有实力的 21 位企业家出席欢迎戴明的宴会（这 21 位企业家，控制了日本 80% 的资本）。在宴会上，戴明说："你们可以创造质量，这么做是有方法的。你们既然已经知道什么叫作质量，就必须开始研究消费者，弄清楚他们真正需要什么，要放眼未来，生产出能在未来具有市场价值、能占一席之地的产品。"当有人问"日本企业应该如何向美国企业学习管理"时，戴明直言相告："不要复制美国模式，只要运用统计分析，建立质量管理机制，5 年之后，你们的产品质量将超过美国！"

当年 8 月初，戴明开始对日本企业进行培训。他不仅教他们如何用统计方法来控制质量，而且重点向企业灌输质量管理的理念。他的培训有五个核心内容：第一，质量必须由最高管理层负责领导。劝说员工努力工作并不能提高质量，管理者应对混乱负责。第二，"顾客是生产线上最重要的部分。"质量不是由企业来决定的，而是顾客说了算。第三，理解并减少每一个过程中的变动。过程（流程）才是需要关注的要点，而不是产品（等到检查员拿到产品，为时已晚）。第四，必须运用 PDCA（P 即 Plan，计划；D 即 Do，执行；C 即 Check，检查；A 即 Action，处理）循环持续改变和改善效果，并且必须全方位地让组织中所有人（包括供应商）参与到质量管理工作中来。第五，培训人员，包括质量控制与统计方法流程在内。

戴明的培训让日本人折服，JUSE 采用多种方式，将戴明的质量管理理念加以推广。几年后，日本有几百万民众接受了戴明质量管理方法的培训。近 20000 名工程师通晓基本统计方法。一场戴明式的改革席卷了日本。1951 年夏天，《伦敦快讯》的头版刊登了一条消息："日本尼龙上市，质优价廉。"这条消息标志着日本的产品从此摆脱了"垃圾"的臭名。从这年起，日本可以用产品换取粮食了。事实上，进入 20 世纪 50 年代以后，日本企业依靠质量获得了新生。大约在 1955 年，日本产品开始打入了美国市场。

日本货以价格低廉、质量上乘赢得了美国人的青睐，对北美的工业品产生了很大的压力。到 20 世纪 60 年代，日本产品的优势已经非常明显，对美国构成了严重的威胁。1964 年，《财富》杂志这样评论日本的索尼公司：收音机、电视机和其他民用电子设备的美国制造商已经一再被日本索尼公司灵活的竞争力弄得狼狈不堪。即使按照日本的标准，索尼公司也是一家小公司——该公司年的销售额为 7700 万美元。索尼聪明地运用其有限的资金，集中精力特别设计出一些在出口市场尤其是美国市场上大受欢迎的产品。

从 1963 年起，索尼的创始人盛田昭夫已经把总部建在纽约，而不是东京。

这段时间日本人把戴明称为"质量管理之父"，对他无限感激。丰田汽车的创始人丰田喜一郎曾感激涕零地说："没有一天我不想到戴明博士对于丰田的意义。戴明是我们管理的核心。日本欠他很多！"为了表达对戴明的敬意，日本人设立了戴明奖：一个刻着戴明博士侧像的银牌。他们将这个奖项颁发给在统计理论方面成就卓越的个人，以及在统计应用上效果卓越的公司。

仅仅过了 20 年，日本就成为全球第二大经济体。与此同时，美国制造因缺乏质量管理而遇到许多问题。直到此时，美国才"发现"戴明，质量管理作为制造业做强的秘籍才得以在美国引起高度重视并普及，而逐渐在汽车、计算机、集成电路等领域重获优势。

当然，并不是一个戴明锻造了日本制造业质量保障体系，日本在实施戴明先生的思想实践中，也创立了大量有自身特色的理论、工具和方法。20 世纪 60 年代，日本学者提出了"质量管理七大手法"，20 世纪 70 年代又总结出"质量管理七大新工具"，加上石川馨等质量管理大师的涌现，使世界质量管理前沿中心从美国转移到日本。总结这些做法，我们可以看到如下精细化管理的影子：

1. 质量管理以数据为基础

日本企业质量中有一句著名的口号"一切用数据说话"。他们认为，全面质量管理就是运用数理统计的手段，把生产过程中各个因素在各种情况下对产品质量所起的作用，用准确的数据表达出来，以便把影响产品质量的因素排除在产品制成之前，从根本上确保产品质量稳定可靠。如此一来，质量管理建立在准确的数据基础上，能够从中分析出规律性的东西。"一切用数据说话"，生动地反映了日本企业全面质量管理方法的科学性。生产线上有自主检查、互相检查、设专人检查。在自主检查环节，生产人员细致观察操作情况、机器运转情况，收集汇总相关数据。一旦发生问题，即刻把相关工序、机型、时间、问题、采取的措施、相关人员等详细信息记录在质量传票上，并迅速反馈给技术人员及管理层。问题产品将被退回上道工序，上道工序根据质量传票及时修理。确保不生产不合格产品，不接受不合格产品，不传递不合格产品。这项制度确保了残次品可以追本溯源，来自生产线上的第一手数据为技术人员和管理层检验当前技术、掌握产品状况、制订改进计划提供了翔实的资料和重要依据。它赋予了一线人员参与技术改进的使命，利于他们积累工作经验。这些数据报表细致健全、可操作性强、环环相扣，形成了反馈机制，利于科学的质量决策。

2. 贯彻始终的质量教育培训

日本的质量管理有"始于教育，终于教育"之说。20世纪50年代初，日本在引进质量管理初期，就很注意抓宣传教育和普及工作。日本的质量管理在很大程度上是建立在全体员工普遍接受质量管理教育的基础之上的。其教育培训特点如下：

（1）形式多样。日本企业质量教育培训的形式有：自我启发教育、现场教育、外部专家指导教育、企业内集中教育、派到外部教育机构学习的教育。

（2）全员培训。日本企业质量教育培训的对象是企业全体员工，从经营者、总经理到工人。由于各级各类人员的要求和目标各不相同，因此，制订的课程方案也不同，即实施分层教育。

（3）理论联系实际的培训方法。日本企业有一套确认质量管理教育培训效果的工作系统。质量管理教育培训结束后，所有参加者要进行具体实例的研究，提出问题，并在质量管理教育主管部门进行登记，在规定期限内提出研究报告，并在各工作现场向上级领导和有关人员发表自己的成果，并接受对他们的指导和帮助。

3. 解决质量问题全员化

日本企业认为，质量管理问题运用全体作业人员的力量来解决是非常有效的。原来由特定的专家所处理的企业业务，现在由企业中的全体人员在各自工作岗位上积极实行，解决问题达到普及化、大众化。最值得称道的是质量管理小组，据 1970 年发表的《质量管理小组纲领》称：质量管理小组是"在相同的岗位上独立自主地实行质量管理活动的小组"，另外，作为全面质量管理的一个环节，它实行自我启发，相互启发，全体人员参加并用质量管理的方法进行岗位管理及改善。它在现场作业中也在实行四项基本机能：第一，决定作业的标准；第二，根据决定了的作业标准实行作业；第三，检查是否按作业标准进行作业；第四，如果发生异常情况，要调查原因，采取对策以达到改善的目的。QC（Quality Control）活动由员工自主开展，每期围绕一项明确的主题，如品质、成本、效率、安全、节能、服务等，遵循 PDCA 程序开展。同部门或工作性质相关联的员工自发组成，一般 5~6 人。选一人担任圈长，主要负责主持该圈活动，各圈组有自己的圈名、圈徽等。质量小组围绕目标制订计划，量化目标值并进行可行性分析，确定组员职责；进行实地调查，收集真实数据，制作调查表；分析原因，找出具体问题，提出改善方案和具体实施计划；各组员反馈实施情况，收集改善后的数据；待效果确认后将有效对策纳入标准化体系中；比较改善前后的效果，总结活动成果，制定下一个目标；参加企业成果发表会。

4. 坚持开展持续改善活动

美国人曾赞叹："改善"是日本企业成功的关键。"改善"的要义是：全体人员自发开展的持续性的、小的、渐进性的改进，要尽可能不产生费用。"改善"（KAIZEN）这个源自日本的词汇已成为全球制造企业的通用语。如作业工序改善、机器设备改善、费用的节约等。持续改善的关键因素是：不断提高质量，依靠所有雇员的努力、介入，自愿改变和沟通。日本企业的持续改善主要是引入全面质量管理（TQM）。全面质量管理是由全面质量控制（TQC）演变而来的，早期的 TQC 只强调各工艺过程中的质量控制享有优先权，即全面的质量控制；而现在的 TQM 则把企业的各个方面都包括了进来。人们不应仅仅把 TQM 看作是控制质量的活动，它还可以通过不断改善各个方面的工作，而被作为企业提升竞争力和盈利潜能的发展战略。借助于 TQM，人们可以弄清过程的本质，监控并不断完善它。企业领导在 TQM 活动中的任务就是借助于结果对过程进行评估，这个评估的结果是对过程进行完善的基础，而不是批评员工的理由。TQM

理论包含了以下工作方法或工具：企业战略重组、质量保证体系、标准化、培训、成本管理和质量小组活动等。持续改善被作为日本企业系统层面的一部分来加以应用并进行改进。通过流动和拉式系统（看板工具）来改进交货时间、流程的灵活性和对顾客的响应速度，改善活动从头到尾地改进了公司的进程。

5. 培育优秀的质量文化

日本质量管理的关键并不仅是具体的管理方法和手段，而是贯穿于其中的日本文化。日本国民中"不给他人添麻烦"的思想表现在日本企业的质量管理中，就是为顾客提供高质量产品的认真负责精神。用高质量的产品占领市场、赢得顾客成为日本企业开展全面质量管理的指导思想和最终目的。它们不是被动地开展质量管理活动，而是把顾客至上作为一种经营理念，作为企业的责任融入企业的质量方针中。尤为重要的是，日本企业的质量方针不仅在内容上体现了"以顾客为关注焦点"的质量管理原则，而且能够被员工广泛理解，并在各项活动中得以充分贯彻执行，这真是其他国家企业所学不到的东西。日本企业家的精明之处在于他们极其重视企业文化的熏陶和行为科学的介入，因此，成功的企业总是不遗余力地宣传企业的团队精神，潜移默化地归化员工的思想和行为。它们总是十分投入地抓员工的文化技术培训，使之能适应高技术、细管理的要求，并有能力进行工作创造；它们总是在求新若渴地竭力采用新技术的同时，引进和创造新的质量管理理论、方法、手段。应该注意的是，虽然日本企业竭力发挥这些管理软性因素的作用，但是它们仍然没有丝毫忽略规章制度等强制因素的决定性作用。每个企业规章制度健全而实用，十分细密。顺之者昌，逆之者弃。

6. 日本精神——技工、匠人、职人

日本文化有其明显特质，尽管战后日本废墟成片、经济萧条，但日本人仍把道路整理得干净整洁，行为举止仍彬彬有礼，对先进文化仍求贤若渴。在日本各个企业，普遍重视技术工人的培育，在收入、待遇、进阶渠道方面有很好的制度安排。在丰田，我们看到同一个工序中，不同的员工配备不同的标牌，这些标牌表明了该员工的技术能力等级，从该岗位的单一技术到全能技术，不同技术等级的员工处理不同的生产问题。日本企业的匠人随处可见，笔者理解的匠人，就是把工作做到精益求精，日本绝大多数人有这种气质。这既有传统的问题，也有政府导向的问题。日本有各种技能大赛，而且这种大赛受到社会的关注，这与中国选秀大赛形成很大反差。比如擦玻璃大赛，清洁达人都受到社会很高的尊重。

例如，日本"二战"遗孤"新津春子"，在日本火得不行。因为她最会打扫卫生，而被封为日本"国宝级匠人"，她的杰出代表作就是面积76万平方米的东京羽田机场。东京羽田机场连续多年被评为"世界上最干净的机场"。而这一切的幕后功臣，都归功于一个来自中国的大妈——新津春子。由于对待清洁非常细致和周到，很快春子就得到了其他人望尘莫及的评价："她的工作已经远远超越了保洁工的范畴，而是在干技术活。"春子甚至凭借自己的努力取得了"日本国家建筑物清洁技能士"的资格证书。但这背后却是几十年复一日的不懈努力。

据说春子可以对80多种清洁剂的使用方法倒背如流，也能够快速分析污渍产生的原因和组成成分。有一次，她应邀去一户家庭解决浴室地砖勾缝里一直都除不掉的灰色霉迹。她看后，决定将水与醋按照3：1的比例兑好，放进喷雾瓶喷湿地面，然后铺上纸巾再喷一次，浸泡10分钟后，用硬刷配合市面上贩卖的浴室洗剂刷洗。最后，地砖和勾缝果然一起恢复了原色。NHK专门为她拍的纪录片中，记录了她处理不锈钢饮水台的过程。必须利用强酸洗液祛除饮水台上粘着的漂白粉，但如果强酸停留的时间过长，则可能导致腐蚀，反而使不锈钢失去光泽。她能掌握最佳时间，在溶解漂白粉的同时，迅速冲掉强酸洗液，让饮水台恢复以往的锃亮光泽。新津春子的清洁功夫，不仅是把设施表面看得见的东西清扫干净，平时看不见的部分也是她的清洁范围：除菌、除臭、烘干，非常小的细节她也认真对待。

春子的所作所为，已经不能用"匠人"来描述了，NHK的节目在采访春子时，称她为清扫"职人"。职人是日本人独特的称谓，那些一辈子只做一件事，而且把其做到"至高无上"的地位的人，就是职人。这样的人在日本很多，笔者2018年12月在日本京都，参观过一家制作海带产品的小企业，叫作舞昆鸿源。老板做海带算上一代已经50多年，他只做海带产品，竟然开发出了高科技产品——海带制作的食品用涂料、工业用黏合剂，他甚至以海带提取物研发了不会发热的电池！

在日本，职人社会地位未必很高，但各行业都有"金字塔"体制，顶端是名利、是自豪，受社会尊敬，出类拔萃者还可能被日本政府指定为"国宝"，天皇会为其授勋。当然，笔者认为出现匠人、职人的地方，与社会预期稳定、老百姓生活安康关系很大，这一点是值得我们深入思考的。

第三节 高端制造业的成本控制与精细化管理

高端制造业的成本，直接决定着产品的性价比，中国高铁、中国高压输送电技术输出、中国华为5G技术装备，不光技术先进，很大程度的竞争力来源于成本比竞争对手低。今后在高端制造业发展过程中，技术和成本就像火车的两条铁轨，并驾齐驱，缺一不可。

综观制造业的成本控制经营，在世界的范围内，也首推日本。笔者亲自去过丰田，虽然没有做深入研究，但是感官刺激特别强烈，他们对汽车制造成本的控制可以说到了我们能够想象到的极致。总结他们的精细化管理与成本控制的经验，有如下几条可以为当代中国制造业转型、迈向高端制造业的同时注意和借鉴：

1. 从产品设计到销售在整个生产链上均有成本控制规划

成本控制规划从丰田的新产品基本构想与设计，直至生产开始的阶段。首先，完成产品的成本企划。需要由负责营销、开发设计、供应商和顾客等不同部门构成一个跨职能组织团队，实行分职能管理，以控制成本、质量和效益。

中国企业往往将成本管理中的成本规划误认为就是预算编制，导致成本管理过程中没有相应的规章制度做指导，也就丧失了充分挖掘企业各方面潜能的能力，更无法得到及时改变以实现长久的发展优势。但是精益成本管理不仅能细化成本管理的每个环节，还能规范操作环节，使对成本规划的认知问题得到解决。

我国很多企业在进行成本管理时，对市场关注度不够，不能及时发现市场变化，使企业成本管理得不到及时调整，从而影响了成本管理的方向、范围、管理力度和方法。而丰田公司做新产品设计开发时，就把营销人员和供应商拉进来，这些市场人士提出的成本效益要求，真实地反映出企业的实际经营状况，也能够提出成本效益根据市场实时变化的发展方向，运用匹配的成本效益来提升资金的利用率，从而提升整个企业的经济效益。

首先，丰田以市场为导向设定目标成本。他们估计新产品成本，采用从市场实际需求出发的准时制（Just in Time，JIT）策略，进一步降低成本。其次，后续阶段进行成本持续改善，提出了CCC21计划（2001年现任丰田社长渡边捷昭提出了《21世纪成本竞争力建设》计划，Cost——成本、Compete——竞争、

Construct——建造）。从生存链的各个方面大规模压缩成本。最后，对核心零部件的供应商采用持股方式建立紧密联系，对其他零部件的供应商，通过竞标方式降低采购成本。供应链既稳定又灵活，充分保证采购成本维持在一个合理的较低水平上。

在制造工艺方面，推行准时生产，以客户后项拉动前项制造的方式，用可视化的各种"看板"，传递准确需求信息，保证准量、准时，同时避免过量生产造成的浪费。这不仅局限于丰田总装厂的内部，同时应用于采购环节，甚至推广到供应链的每一个环节。在准时生产的过程中，丰田同时采用自动化设备来避免过量生产，当生产线生产完所需的零件，或生产产品时发生异常及质量缺陷，机器会自动停止工作，从而避免了过量生产和次品废品的产生。

这些活动都离不开公司高层的全力推动，丰田社长渡边捷昭在 CCC21 计划中宣布将把丰田产品的成本在现有基础上削减 30%，声称"拧干毛巾上的最后一滴水"。

2. 在生产链各环节尽可能采用信息技术、移动互联网技术、物联网技术和 AI 技术

综观高端制造业的发展，精细化管理必须插上现代信息技术的翅膀，这些技术可以涵盖为四大类：

一是生产智能化技术。高端制造业在生产过程中必定会使用到很多机械设备，因为机械设备是制造业进行生产的主要前提和物质条件。以往的机械设备因为需要消耗大量人力及时间，导致机械设备生产制造所消耗的成本过高，为解决这一问题，需要利用电子信息及科学技术来完善机械设备的功能，以提高机械设备的智能化及自动化水平，进而逐渐缩减机械制造所造成的各种成本。这些技术包括自动化技术、人工智能技术、互联网技术、工业物联网技术和人工智能（AI）技术等。

二是资源配置技术。先进的信息技术、网络技术及数字化技术可以用于制造业资源共享与配置，以实现制造业生产资源最优化共享及配置。另外，可以利用电子信息与科学技术来帮助制造业建立相应的信息管理系统及自动化系统，以实现对各种信息资料的系统化管理，同时还可实现制造业自动化生产及管理，最终使制造业走向信息化及自动化发展的道路。

三是大数据应用技术。大数据的统计与提供，不仅解决了企业生产模式存在的盲目性问题，还在数字化技术、互联网技术及电子信息技术的推动下建立了数据分析模型，为制造企业发展战略及决策等提供了可靠的数据及信息依据，加快

了制造业产品迭代的速度。这一方法也解决了传统 ERP 作为长期计划，难以适应短期的市场波动的弊病，使 ERP（Enterprise Resource Planing）焕发了新的生机。

四是仿真与集成技术。仿真技术对高端制造业生产环境进行设计，并虚拟化生产，以更好地将制造工艺、信息技术及产品模型等融合到制造业生产及发展中，同时还能通过虚拟环境查找和纠正问题，以缩减研发时间，提高产品合格率，另外，制造业集成化，导致了生产半成品的"总成"化，不但大规模地降低了生产成本，还为机械设备的精简提供了条件，如数控设备的应用实现了对整个生产过程的系统控制等。

3. 建立全企业财务对价值流成本考核制度

对企业价值流成本考核主要依靠目标成本法和流程业绩指标，全面评估整个价值流动过程中的目标单元，根据考核具体情况来完善精益化成本管理的方法，实现企业效益的提高。企业的价值流成本考核分为四个部分：一是确立精益业绩的计量指标，并建立指标体系；二是选择合适的价值流计量目标，即确定"适度目标"进行考核；三是督促指导各个部门完成目标的过程管理，这里有大量的工作要做，可能还涉及为生产链各个部门配置软硬件资源；四是一方面将成本考核与员工绩效挂钩，另一方面及时总结经验，把价值流经验变成部门模板固定，并加强员工培训，这个过程其实就是实践 PDCA 的过程。

4. 防止过度扩张与追求性价比，导致精细化管理走形

丰田的成本管理也出现过问题：2009 年 4 月，广汽丰田因刹车系统缺陷召回 26 万辆凯美瑞；2010 年 10 月 21 日，丰田宣布在全球范围内召回 153 万辆问题汽车，召回原因是刹车总泵油封存在缺陷，可能会影响行驶安全；2009 年 8 月，广汽丰田、一汽丰田宣布，由于零部件出现缺陷，自当年 8 月 25 日开始，召回部分凯美瑞、雅力士、威驰及卡罗拉轿车，涉及车辆总计 688314 辆；2012 年 10 月 10 日，丰田向日本国土交通省提交报告称，由于电动车窗的开关存在缺陷，将召回 6 款共约 46 万辆小型汽车，包括海外市场在内，全球召回数量将达 743 万辆，创迄今为止的最高纪录。

近年来，丰田一次次的"召回门"暴露出丰田汽车的质量控制出现了严重问题，而质量往往和成本是紧密关联的。由此可以推测，丰田在成本管理上出现了问题，从而导致质量不过关。那么为什么丰田的成本管理模式为其成功做出了巨大的贡献，质量问题偏偏在近年来凸显出来？

实际上，现在看来是市场的压力，使丰田的经营战略出现了走形。随着世界

各国逐渐走出经济危机的阴霾，汽车制造行业的竞争日益激烈：德法汽车的持续稳健，韩国现代的逐渐崛起，美国通用的卷土重来，中国本土汽车行情蒸蒸日上，这些情况均使丰田面临前所未有的压力与复杂局面。

丰田变得有些急功近利，为了进一步扩大市场份额，丰田加速扩张，并试图对成本进行进一步的压缩，使原来以维持产品长期收益和竞争力的成本管理目标逐渐转变为单纯降低成本以提高短期效益为目标，从而成为导致丰田产品质量问题频发的根本原因。

回顾这段时期丰田的表现，一方面内部产品开发周期缩短、系统设计和测试与供应商协调不到位；为了降低采购成本，一味地压迫供应商；而供应商为了满足丰田的需求，不断压缩自己的生产成本，以保证自己不亏损，他们为丰田提供的零部件也就存在着质量隐患。同时，丰田在全球化生产战略中为降低成本，很多零部件委托海外厂商生产，而这些供应商多是通过丰田在海外的工厂周边租用仓库，来满足丰田准时生产的需求，那么这部分仓储、人工成本又会通过提高售价的方式转嫁给丰田，丰田为了控制实际成本到目标成本，可能降低其他方面的费用，因而带来质量隐患。另一方面，对丰田员工而言，需要招收大量缺乏长期系统培训的新员工来满足生产需求。从本质上看，丰田质量事故频频是由于丰田忽视了供应链质量成本运作和质量成本的预算，这一点是值得中国企业管理界借鉴和警惕的。

【本章要点归纳】

中国目前在还没有成为一个技术大国、制造强国之前，未来中国的发展必须靠制造业，而且必须靠高端制造业。

日本高端制造业在全世界范围仅次于美国，在整体制造能力方面强于美国。特别是日本在声光电组合方面和零部件制造方面均位于世界第一。日本高端制造业是由日本社会的"职人精神"和精益生产与精细化管理三大支柱支撑的。精益生产的核心是质量管理，质量管理以数据为基础，贯彻始终的全员质量教育与培训及全员参与质量管理，加之日本人的"职人精神"，是质量管理制胜的核心因素。而精细化管理是日本高端制造业提高性价比最关键的部分，日本高端制造业从产品设计到销售在整个生产链上均有成本控制规划，在生产链各环节尽可能采用信息技术、移动互联网技术、物联网技术和 AI 技术，不断提高产品的科技含量和性价比。

第二篇　管理的科学化

——管理科学之创新

第七章　信息化与管理科学实践

第一节　计算机发展的脚步与管理科学实践

讲到学科的科学化，一定是"量化"，也就是数量化。无法量化的学科，很难称其为科学。因为量化是客观的，如果都是定性的描述，每个人的视角不同，得到的结论也就不同。定性的描述是主观的产物，因此无法作为科学对待。例如，经济学走到极致就是数学，用量化的模型描述经济的发展和预测经济的发展。保险学，最终也是数学，如精算最后决定保险产品。

管理科学，最早也称计量管理学、数量学。也有人把计量管理学与运筹学看成是统一语，因为管理科学最早起源于 1939 年，由美国曼彻斯特大学教授布莱克特领导的运筹学小组运用数学手段解决管理问题。从管理科学的名称来看，似乎它是关于管理的科学。其实，它主要不是探求有关管理的原理和原则，而是依据科学的方法和客观的事实来解决管理问题，并且要求按照最优化的标准为管理者提供决策方案，设法把科学的原理、方法和工具应用于管理过程，侧重于追求经济和技术上的合理性。

管理科学的最早实践源于第一次世界大战期间，英国的兰彻斯特（F. W. Lanchester）在 1915 年就把数学定量分析法应用于军事，发表过关于人力和火力的优势与军事胜利之间的理论关系的文章。当时为解决国防需要产生了"运筹学"，发展了新的数学分析和计算技术，例如，统计判断、线性规划、排队论、博弈论、统筹法、模拟法、系统分析等。这些成果应用于管理工作就产生了"管理科学理论"。

如果说企业的科学管理可以理解为科学的管理，用科学的方法进行管理；而管理科学不是，是把**管理科学化，也就是把管理的对象量化**。那么管理科学的量化对象是什么？

我们知道，企业内存在三大生产要素，即人、财、物，可以称为人流、财流、物流。这三大流围绕着某个客户的订单，是否存在这样的东西，即在某个时间点的所谓"最佳流量"？如果在这个时间点三大流供应多了，造成了资本的积压，成本上升；如果在这个时间点上三大流供应少了，则完不成客户的要求。理论上的确存在着这个时间点上的"最佳流量"。**管理科学就是要找到并且应用这个"最佳流量"，应对生产和市场，使企业营运成本最低的同时，最大限度地满足客户的需求。**

以上想法，我们可以理解为管理科学化的思想，其实，这种想法很长时间内并没有成为现实。因此，相当一段历史时期，管理科学只限于企业局部生产单位中，在生产产量与价格、库存与生产的最优配置关系等方面得以应用。那么对企业所有的资源整合，算出某个时间点的"最佳流量"，阻力和困惑来自何方呢？

• 企业管理科学化的工具一定是数学，即统计学、概率论、线性代数、运筹学、模糊数学、系统论等，只有用这些工具才可以把人流、物流、财流在某一时间点的"最佳流量"计算出来。

• 困惑在于，难道管理者要请很多的数学家到企业来做计算工作？这是不太可能的，就算可以请很多的数学家，但是企业内三大流的流量，是时时变化的，多少数学家也无法应对。

• 契机来了：在 20 世纪 40 年代初，一个改变世界的产品出现了，就是电子计算机（Computer）。电子计算机的出现，使应用数学家的难题得到了解决，而且计算机每秒钟都可以进行不间断的运算。

• 管理是科学，是可以复制的。

• 任何一款软件的实质，都是一个专家系统。

• 管理可以复制 + 软件是一个专家系统 = ？

• 管理者可不可以把行业内的"标杆企业"找到，搞清楚这家企业成功的"内外条件"，把其视为开发软件的"约束条件"，把这家企业的成功经验做成软件，做成"专家系统"，再来管理自己的企业？

• 当然可以。如果不可以也就不会使管理科学化的思想变成管理科学化的实践，这种专家系统在 20 世纪 90 年代世界制造业企业中大行其道。

• MRPⅡ（企业制造资源计划）、ERP（企业资源计划）、CRM（客户关系管理系统）、办公自动化系统（OA）都是这个理念下的产品，并在企业得到广泛采用。

● 现在 ERP 已经不局限于制造业，有医院的 ERP、出版界的 ERP、学校的 ERP，甚至监狱都有专门开发的 ERP。

由于计算机技术的开发信息技术的日新月异，企业管理科学终于从概念阶段走向了大规模的应用阶段，并在企业管理中显示出与科学管理并驾齐驱的态势，如图 7 - 1 所示。

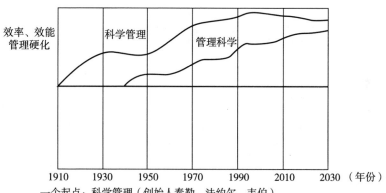

一个起点：科学管理（创始人泰勒、法约尔、韦伯）
三大学科：科学管理、管理科学、行为科学
对事物管理的硬化1：科学管理——制度化、过程化和层级化，强调效能
对事物管理的硬化2：管理科学——数量化：计算机、软件

图 7 - 1　当代企业管理理论发展趋势

特别是到 2010 年以后，由于移动互联网、物联网和超大共享型数据库的出现，使全世界先进国家首先看到了工业智造的前景（德国工业 4.0、中国智造 2025）。从形态上看，管理科学曲线上升速率明显高过科学管理，说明以信息化为支撑的管理科学实践正面临着空前的发展机遇。

总结现代管理科学，呈现出以下三个特点：

一是减少决策的个人主观成分。依靠建立一套系统的决策程序和数学模型以增加决策的科学性。对众多方案中的各种变数或因素加以数量化，利用数学工具建立数量模型研究各变数和因素之间的相互关系，寻求一个用数量表示的最优化答案。

二是各种管理的可行方案，不仅以经济效果作为评价的依据，例如成本、总收入和投资利润率等，而且把非经济因素也进行了量化，纳入整体决策方案之中。

三是广泛地使用电子计算机和信息技术，包括移动互联网。现代企业管理中影响某一事物的因素错综复杂，建立模型后，计算任务极为繁重，依靠传统的计算方法获得结果往往需要若干年时间，甚至致使计算结果无法用于企业管理。电子计算机的出现大大提高了运算的速度，使数学模型应用于企业和组织成为可能，而移动互联网给企业管理中的人与系统的适时交互提供了强有力的支撑，使其成为现实。

第二节　闭环物料计划的意义

从 20 世纪 60 年代起，随着计算机技术的日益成熟，计算机涉及企业管理领域首先是从制造业开始的。1960 年，美国生产管理与计算机应用专家奥里佛·怀特（Oliver W. Wight）和乔治·W. 布什（George W. Bush）首先提出了物料需求计划（Material Requirement Planning，MRP），由 IBM 公司在计算机上实现了MRP 处理，并由美国生产与库存管理协会倡导而逐渐发展起来。

企业根据客户需求，要先制订出主生产计划，即 MPS（Master Production Schedule），然后根据主生产计划，制订物料需求计划，即 MRP。制定的逻辑如下：

MRP（净需求）＝毛需求＋已分配量＋安全库存－计划在途－实际在途－可用库存

应当说，MRP 是一种以计算机为基础的编制生产与实行控制的系统，它不仅是一种新的计划管理方法，而且也是一种新的组织生产方式。MRP，所谓物料需求计划，它包括：总生产进度计划中规定的最终产品的交货日期，编制构成最终产品的装配件、部件、零件的生产进度计划、对外采购计划、对内生产计划。它可以用来计算物料需求量和需求的时间，从而降低库存量。一旦作业不能按计划完成时，MRP 系统可以对采购和生产进度的时间和数量加以调整，使各项作业的优先顺序符合实际情况，如图 7 - 2 所示。

图 7 - 2 称为开环的 MRP，因为它没有考虑企业内部和外部市场对物料计划的影响，也就是说它没有反馈。到 20 世纪 70 年代，出现了改进型的 MRP，称为闭环 MRP，如图 7 - 3 所示。相比开环 MRP，闭环 MRP 多了四个反馈，即资源

需求计划、物料需求计划、能力需求计划和执行能力需求计划，每一个反馈都造成了一个"闭环"。因此，称为闭环的 MRP。显然，闭环的 MRP 比开环的 MRP 更接近于企业生产实际。

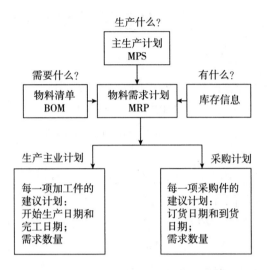

图7-2　开环 MRP 的基本构成及其逻辑关系

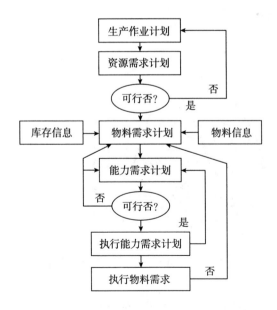

图7-3　闭环 MRP 逻辑流程

应当指出，MRP 的出现，第一次使计算机介入企业管理系统。MRP 的出现和发展，带来了生产管理理论和实践的很大变革。

第三节　众多软件整合企业管理平台

到 20 世纪 80 年代，闭环的物料计划 MRP 又演进为企业"制造资源计划"（Manufacturing Resoure Planning，MRPⅡ）。由于其英文缩写仍然是 MRP，故为了和物料需求计划（Material Requirement Planning，MRP）相区别，所以加了罗马字母Ⅱ。

关于制造资源计划 MRPⅡ，如图 7 - 4 所示。如果我们把图中的 A 作为企业的主体，把边缘作为封闭环，可以把封闭环里的每一个符号看成是企业的一个部门，如财务部、生产车间、销售部、采购部等。如果我们今天（如 2017 年 3 月 15 日）接到客户订单，要求从今天开始，用三个月时间（到 2017 年 6 月 15 日）给客户提供 50 台企业自主研发的产品，管理者第一件事情就是看库存。在仓库里，还有同样的设备 12 台。那么现在任务很清楚，从今天开始到 6 月 15 日，还要给客户提供 38 台新生产的设备。

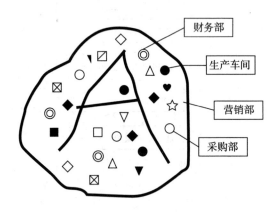

图 7 - 4　MRPⅡ——任务导向的资源整合

围绕着 38 台设备的生产，企业里所有的部门都要动起来，为任务提供资源。闭环的 MRP 物料计划只考虑了库存和生产之间的关系，并没有考虑各个环节的财务问题，也没有考虑成本核算问题，即包括采购的管理问题（采购计划、进货计划、供应商财务），包括系统制造信息（物料消耗、加工工时、成本核算），以及拓展销售管理业务。因此，MRP 到 MRP II 自然而然就产生了，如图 7-5 所示。

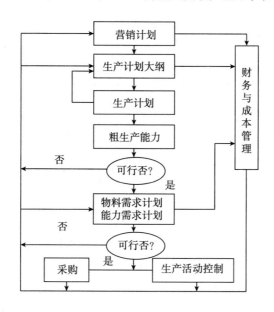

图 7-5 MRP II 的工作逻辑流程

从图 7-5 可以看出，MRP II 比 MRP 多了财务与成本控制模块，把生产经营与财务成本联系在一起。制造资源计划 MRP II 是以生产计划为中心，把与物料管理有关的产、供、销、财各个环节的活动有机地联系起来，形成一个整体，进行协调，使它们在生产经营管理中发挥最大的作用。其最终的目标是使生产保持连续均衡，最大限度地降低库存与资金的消耗，减少浪费，提高经济效益。

从物料需求计划 MRP 发展到制造资源计划 MRP II，是对生产经营管理过程本质的认识不断深入的结果，体现了先进的计算机技术与管理思想的不断融合，因此 MRP 发展为 MRP II 是一个必然的过程。据美国有关部门的调查，拥有 MRP II 的企业，库存下降 25% ~ 30%，库存周转提高 50%，准时交货率提高 55%，装配车间劳动生产率提高 20% ~40%，采购资金节约 5%，降低成品库存 30% ~40%，生产周期缩短 10% ~ 15%，生产率提高 10% ~ 15%，突击加工减少 25%，其经济效益十分显著。

到 20 世纪 90 年代，又进一步拓展了 MRP II 的功能，出现了企业资源计划（Enterprise Resources Planning，ERP）。ERP 对 MRP II 的扩展正在朝三个方向延伸：横向的扩展功能范围的增加，从供应链上游的供应商管理，到下游的客户关系管理；纵向的扩展——从低层的数据处理（手工自动化）到高层管理决策支持（职能化管理）；行业的扩展——从传统的以制造业为主到面向所有的行业，包括服务业和行政管理单位（见图7-6）。

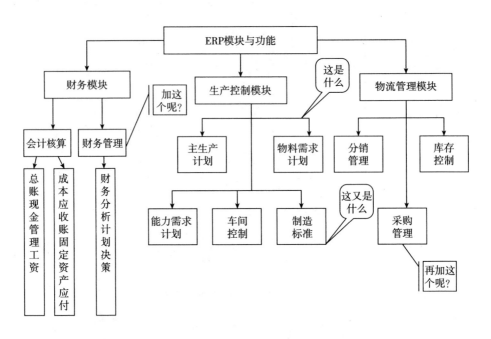

图7-6　企业资源计划 ERP 的构成

ERP 是 20 世纪 90 年代由美国 Garter Group Inc. 公司总结 MRP Ⅱ 的应用经验后提出的。如果说，MRP Ⅱ 是怎样有效利用企业内部资源，ERP 则是怎样有效利用企业所有整体资源，面向供应链（Supply Chain）。ERP 是综合应用客户服务体系、关系数据库、网络通信等现代技术，以管理科学思想为灵魂的软件大集成。所以说，ERP 是整合企业管理理念、业务流程、基础数据、人力物力、计算机软硬件于一体的企业资源管理系统。

在 ISO 9000 中，把组织资源分为七类：人员、基础设施、工作环境、信息、供方和合作者、自然资源以及财务资源，ERP 的对象就是上述各种生产要素。ERP 资源计划不限于企业内部资源，而且把时间作为重要资源。在生产方式上，ERP 比 MRP Ⅱ 更适合多品种、小批量、混合型生产发展；在事务处理上，ERP 系统支持在线分析处理，而 MRP Ⅱ 靠及时滚动来控制生产。

从图 7-6 中我们可以看到，中间框上面是开环的 MRP，如果加上下面的三个模块就是闭环的 MRP；如果加上左边的财务模块，就是 MRP Ⅱ；如果再加上右边的物流管理模块，那就是 ERP。因此可以看出，随着计算机技术本身的发展，以及对计算机应用认识的深化，管理科学一步一步借助计算机手段达到了管理科学化的目的。简单总结来说，可以归纳为：

- 闭环 MRP（闭环物料计划）是包含开环 MRP 的（开环物料计划）。
- MRP Ⅱ（制造资源计划）是包含闭环 MRP 的（闭环物料计划）。
- ERP（企业资源计划）是包含 MRP Ⅱ 的（制造资源计划）。

【本章要点归纳】

管理的科学化，就是将被管理的对象数量化。企业管理的对象是企业内的三大资源：人流、物流和财流。围绕着客户订单下达的生产任务，在某个时间点上，一定存在"最佳流量"。如果能够找到这个最佳流量，达到均衡生产，企业管理的运作成本就是最低的，这是管理者梦寐以求的事情。

企业管理科学化的工具是数学：统计学、概率论、线性代数、运筹学等。企业不可能在组织内养很多的数学家来计算这个最佳流量，而且这个最佳流量是动态的，每分钟都在变化。这就是管理科学的现实困惑。

20 世纪 40 年代，电子计算机出现了，它的出现使管理科学从思想到实践成为可能。电子计算机完全可以取代数学家，而且计算机每秒钟都在运作。

管理是可以复制的，软件是一个专家系统。我们可不可以把行业内优秀的企业找到，搞清楚它们成功的内外条件，把这些条件做成应用它们经验的"约束条件"，把它们的经验做成软件，做成专家系统，来管理我们自己。当然是可以的，这种思想和实践使管理科学终于得以落地。MRP Ⅱ、ERP、CRM，包括 OA 都是这方面的例证。

第八章　ERP 的发展与困惑

第一节　ERP 可以干什么

1. 以均衡生产应对多变市场

由于企业的外部市场是不断变化的，主生产计划在一段时间内与市场需求在总量上相匹配，而非每个具体时刻上与市场需求匹配。在这段时间内，即使需求发生很大变化，但只要总需求不变，就可保证主生产计划不变，物料和需求计划也就是均衡的，从而降低了企业经营成本，也即以大波段稳定涵盖短期市场变动，如图 8 - 1 所示。

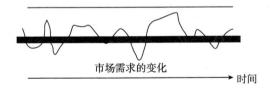

图 8 - 1　ERP 中的主生产计划 MRP

图 8 - 1 中粗黑实体线是 ERP 中的主生产计划，细线是随时间轴波动的企业的外部市场线。长期计划的确可以抚平市场的短期波动。例如，你今天丢失了10 万元钱，你的心情恐怕极度郁闷。可是 5 年后再来看这件事，10 年后甚至你做爷爷的时候，给孙子描述这件事情的时候，那是怎样一种情景。的确，**时间是**

最好的抚平剂，而 ERP 就是这样的长期计划。

在国内的超市中，有一家超市的经营方式与其他超市有比较大的区别，就是德国超市麦德龙。笔者 5 年前去麦德龙的时候，即使在广州这样的地方，也是门庭冷清。因为麦德龙的东西一是比其他超市贵，二是包装超大。当时的客户就是老外比较多。比较夸张的是，麦德龙超市的空调超强，以至于买肉的地方还要给顾客提供棉衣。更夸张的是，在麦德龙买一支笔，交款处都会给你一张 A4 纸的发票。当时笔者就预言，这家超市这样经营下去顶不了几天的。

后来，我看到麦德龙中国区老板写的一篇文章，说是麦德龙当时的确在中国亏损，但是他对中国市场有信心，一是中国的中产阶级在成长，二是麦德龙有自己的生产基地，很多副食品是基地生产的，比较有质量保证，所以将来一定会是中国客户的理想选择云云。并特别提到麦德龙准备在中国长期经营，几年的亏损，麦德龙现金流顶得住，大概是这个意思。

的确，现在我们去麦德龙看看，已经人山人海，比其他超市吸引了更多的客流。这个例子可以看出时间对市场和客户的作用。

2. 对客户的承诺清晰准确

ERP 可以自动产生可承诺数量，支持供货承诺。销售人员根据客户订单，把某种产品的订货量和需求日期录入 ERP 系统，就可得到：客户需求可否按时满足；如不能，能按时的有多少，不能按时的数量何时可以满足。一切都是量化的，这在非运作 ERP 企业里，不可能达到如此准确，如图 8 – 2 所示。

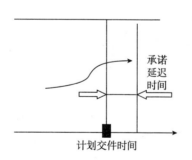

图 8 – 2　ERP 中的客户承诺

3. 解决物料短缺和物料积压库存问题

ERP 中的主生产计划，就是模拟物料计划与控制的过程。A：主生产计划；B：物料清单；C：库存记录；D：实际需求计划。制造业基本方程：A × B –

C = D。

ERP 根据主生产计划和物料清单及库存记录，对每种物料进行计算，得出何时会发生物料短缺，并算出最小库存需求，以避免短缺，如图 8-3 所示。

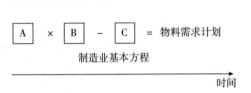

图 8-3 ERP 中的物料与库存

ERP 对企业供应链给予了更多关注，得出在现有市场情况下的"最小库存"，当然可以降低企业经营成本。

4. 改变部门本位，提高产品质量

通过 ERP 系统，企业工作按部就班，突发事件大大减少，便于大家把注意力集中于生产过程，因此产品质量提升较大；另外，ERP 是一个系统，把生产、财务、销售、工程技术、采购等各子系统合成在一起，各子系统在统一数据下工作，以流程运作企业，而非以部门运作企业，很大程度上杜绝了各自为政的情况。

第二节 企业面对 ERP 的困惑

对于 ERP 的实践，中小企业往往心有余悸。的确，在上 ERP 的企业中，大型企业往往比较成功，中小企业，特别是民营中小企业成功的不多，这也是现实。所以坊间有这样的说法，企业不上 ERP 是等死，上 ERP 是找死。为什么会出现这样的情况，如何实现中小企业管理科学实践的成功运作呢？

第一，ERP 对企业来说，是一个长远计划。对企业短期外部市场变化不是很敏感，在外部确定性市场的情况下，比较有利于开展和实施。但是中小企业抵御外部市场波动恰恰是"短板"，只能跟着短期市场起舞，因而对 ERP 有着天然的抗拒力。

第二，上 ERP 一定是对自己企业的管理平台进行全新的梳理，而且这种梳理均是数量化的梳理。小的梳理叫作流程改进，大的梳理叫作流程再造。为什么会出现流程再造的情况，往往是因为对中小企业而言，企业本身的制度化管理水平都很低，如果这样的企业采用 ERP，一定会流程再造。流程改进中小企业可能还受得了，流程再造就是"休克疗法"，首先把你打昏，然后按照我的模式苏醒过来。那么中小企业对 ERP 就是两种态度，一种是改变自己，适应 ERP 专家系统；另一种是降低软件要求，适应企业目前状况。第二种肯定有悖于我们选择 ERP 的初衷，那么"削足适履"的流程再造就不可避免。

因此，选择 ERP 的中小企业老板，要有一颗强大的内心，在刚上线时，很可能企业运作处于瘫痪，那就要不断地、快速地解决问题，如果这个过程比较长，对企业来讲就非常痛苦，甚至有的企业会走回头路，把原来的东西恢复起来，把 ERP 放在一边。这样的企业 ERP 再想捡起来，非常困难，也就等于选择 ERP 的失败。

第三，上与不上 ERP，与员工素质也有很大关系。没有 ERP 以前，一个工人做机加工，干完走人就是了。现在不可以，必须把加工的有关数据工时输入终端。如果这个工人乱输一气，可以想象 ERP 得出的是什么结果。因此，从这一点来说，ERP 对一部分中小企业可以说是"阳春白雪，和者盖寡"。

第四，在没有出现互联网之前，ERP 到 20 世纪 90 年代，也出现了停滞不前的状态，因为世界经济需求对中国企业而言是天赐良机。国内由于劳动力便宜，素质相对比较好，基础设施比其他发展中国家也要好，使中国成了全世界工业品制造商，在这种情况下，企业第一要务是加快发展，努力接单，很少有中小企业在订单做不完的情况下回转身来做 ERP，这种情况一直延续到 21 世纪前几年。

然而，从 2008 年金融危机爆发开始，对中国企业而言，出现了两种全新的情况：一是国外订单突然大规模减少；二是中国的劳动力等资源廉价优势已不复存在。在这种情况下，要么企业靠科技力量转型，要么企业关掉，似乎没有第三条路可以走，这反而促使中小企业用成本控制的眼光来重新看待 ERP。

另外，由于互联网和移动互联网的出现，ERP 在社会大网络格局下，本身也发生了很大的变化，在电子商务的推动下，将会有新的企业资源计划概念与形式出现，例如"e - ERP"、企业协同管理系统、协同商务系统等。这部分内容，将在第八章中给予阐述。

【延伸阅读1】

笔者去过青岛海尔三次,每一次去海尔都会安排一个保留项目参观,即海尔的立体仓库,这个仓库大概有半个足球场那么大,全部都是立体货架。一个出口,一个进口,把车间里面生产出来的包装好的空调由卡车运到仓库门口,再由无人驾驶的电瓶叉车运送到指定货架位置。出口也是如此,由无人驾驶叉车在货架某个位置取出空调装到卡车上运走。这个工作现场特别安静,没有一个人,电瓶叉车像幽灵一样在里面走来走去。这套系统,是海尔花大价钱从日本引进的,后来又采用了美国思科公司的网络系统。工作人员介绍,整个仓库货架上摆放的空调产品一般不会超过24小时就运走了,基本上可以达到"零库存"。

一个企业可以达到"零库存",太牛了。但是仔细询问,原来海尔立体仓库周围,有很多中小企业为海尔配套,海尔的库存是可以达到"零库存",但是实际上的库存都在众多的中小企业那里,海尔让它送什么过来就送什么过来,不让送就不送。海尔是龙头企业,它有这个实力,中小配套企业靠海尔吃饭,再有怨言也要忍着。这就是市场,这就是资本的弱肉强食。从这一点上也可以看出,是海尔上ERP比较有条件,还是为其配套的企业上ERP更有条件?答案是显而易见的。

【延伸阅读2】

据说"文化大革命"中,上海交响乐团集体下放到宁夏回族自治区的一个生产队,接受贫下中农的再教育。这些音乐家每天干农活累得要死。其中,乐团的"第一小提琴手"人很善良,在很累的时候,还想着自己有特长,可以为贫下中农服务,就去找生产队长,说队长我想下工吃完饭以后给贫下中农演奏,也就是表演节目,你能不能召集贫下中农一下。队长说好啊,演节目没问题,我喊一嗓子。当时农村文艺生活十分贫乏,大家听说晚上有节目就来了好多人。乐团"第一小提琴手"就开始演奏,演奏到第10分钟的时候,人走了一大半;演奏到20多分钟的时候,还剩三个人。"第一小提琴手"心里说,这三个是懂音乐的啊,只要他们愿意听,我就拉。再过了七八分钟就剩下一个农民老太太。又拉了几分钟,老太太还是目不转睛地看着"第一小提琴手",这位首席小提琴手实在忍不住,问老太太,老人家,你懂音乐啊?老太太回答,你坐的凳子是我家的。这个悲催的故事也告诉了我们,什么叫作"阳春白雪,和者盖寡"。

第三节　全员营销：CRM 与中小企业

广东顺德做外墙涂料企业的一位推销员，到广东中山去跑业务，销售外墙涂料产品。结果一天下来也没成一单，但是肚子倒是饿了。走到中山市的小街背巷，希望能找到不太贵的吃饭的地方。还真找到一家小店，三张桌子一位老板娘。推销员说：来盘牛肉炒河粉，老板娘很快就端了上来。推销员问有没有辣椒酱？我不要你们广东那种辣椒酱，我湖南人要那种比较辣的辣椒酱，有没有？老板娘说有，转眼间就端上了一碟，这是第一天。第二天，推销员又没有地方吃饭，想到昨天吃的那家炒河粉还真是物美价廉，就又去了，照例要求老板娘再来辣椒酱。第三天成单了，推销员没有再吃炒河粉。第四天，他又成了回头客，说老板娘来盘炒河粉，结果推销员欣喜地发现，老板娘左手端着炒河粉，右手端着辣椒酱。推销员为什么高兴，不是因为老板娘看上他了，而是因为老板娘给他提供了一种服务，这种服务叫作"个性化服务"。

试想，在一个有 50 多张桌子的大酒店，一个食客也是连续吃了三次炒河粉，能不能指望他第四次来的时候，为他服务的服务员左手端着炒河粉，右手端着辣椒酱呢？出现这样的场景的概率很低，因为服务员根本就记不住，或者即使记住了，刚好今天不服务这张桌子，也或者今天她恰好休息。

笔者本人也有一次类似的经历，是在上海浦东的一家五星级酒店里。笔者时隔 3 年再次入住这家酒店，在前台办完入住手续，刚进房间，就听到有人按门铃。打开门一看，一位身穿黑色职业套装的美女，手里托了一个托盘，托盘上盖了一块红布，一看这位美女就是酒店客房部部长那类的人物。她第一句话就说，欢迎丘先生再次入住我们酒店。当时我就一惊，她怎么知道我再次入住，还没等我回过神来，她又说，在某年某月某日（她说的都是具体时间）您下榻了我们酒店，这次您又来了，特别欢迎您这位老顾客，为您送上小小的礼物，请您笑纳。我上前看那托盘中的物件，原来是一条崭新的包装完好的游泳裤。我说你怎么知道我要游泳？她回答，您当时享用了我们五星级酒店的免费的泳池服务，这次您又来了，希望能给您提供一点小小的方便。

还有一个例子：当机动车主的保险快到期的时候，会收到无数个保险公司的电话，询问要不要在他们那里买保险，并给予种种优惠。

这三个现实中的例子都说明人的大脑没有办法记住客户的特殊习惯和爱好，即使记住也无法和别的服务人员共享这个信息。人脑记不住怎么办，那就只有电脑记。管理科学实践也创造出了专家系统为企业的营销做强有力的支撑，即"客户关系管理"（Customer Relationship Management，CRM）系统。那家酒店是怎么做到的，原来他们上了 CRM，部长有值班制度，当前台服务员把客户的名字输入以后，如果这位客户曾经住过这家酒店，那么该客户的所有当时消费记录都会显示出来。那些保险公司也一样，都应用了 CRM，客户资料都已被这些公司合法或者非法获取。

值得特别指出的是，如果说 ERP 有赖于 MRP Ⅱ 的话，CRM 却是可以单独来做的。这句话的意思就是说，没有条件上 ERP 的众多中小企业，可以单独先上 CRM。

图 8 - 4 是甲骨文公司为中国电信开发的客户关系管理平台。这个 CRM 系统分为五大模块。从客户终端来说，第一个模块就是销售。第二个模块是营销，销售和营销是不同的，营销还包括市场策划、品牌推广、组织活动等，因此营销是在企业产品生产的起点就开始了。如果销售没有能够和客户成单，那么营销就会找到客户。第三个模块是客户服务，对销售和营销过程中的衍生事项做配套处理。第四个模块是电话销售。第五个模块是网络销售。通过这个系统，客户就像一条很难漏网的鱼，被企业捞了好多遍，这当然对企业产品的销售有很大的帮助。而且这个平台是对企业管理层所有岗位开放的，企业不同层级的管理者有不同的权限。例如，一位人力资源部长出差到某地，他打开 CRM 系统，看到自己权限下的信息，有一位潜在客户就在他的出差地，而且企业销售部门已经多次与该客户沟通，现在客户还没有表态，也没有拒绝。企业要求中层干部出差都要登录企业的 CRM，看看有没有必要去拜访当地的客户，以促进企业销售。

这位人力资源部长果真去拜访了这位潜在的客户，而且回来以后他把拜访的情况做了总结描述，上传到 CRM 系统，展现了这个客户最新情况，以便于销售部门对客户情况的跟踪和下一步的行动展开。这个概念可以称为"全员销售"，也只有上了 CRM 系统的企业才可能达到"全员销售"。

图 8 - 5 是国内某软件开发商的 CRM 模块。该系统分为四个模块：一是营销；二是销售；三是客户服务；四是价值分析。中小企业应用 CRM 比应用 ERP要容易得多。当然，应用的先决条件是企业内部的联网，即企业内部所有岗位的网络化管理。

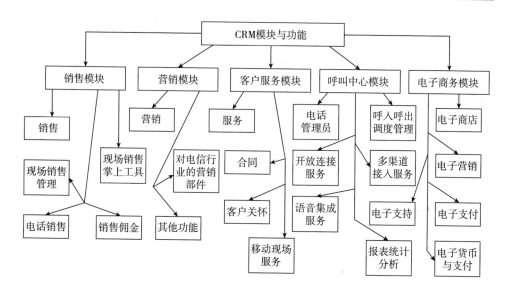

图 8 - 4　甲骨文公司为中国电信开发的 CRM

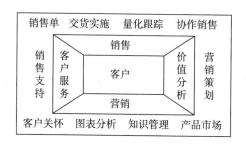

图 8 - 5　国内某软件开发商 CRM 模块

【本章要点归纳】

ERP 可以做到：以均衡的生产应对变化的市场；可以使对客户的承诺清晰准确，甚至可以准确到交货时间以小时记；可以解决物料短缺和物料积压库存问题，使生产成本大幅度降低；由于 ERP 是以流程运作为依据来组织企业内外资源，打破了部门界限，因此可以提高产品质量。

ERP 应用对中小企业的困难在于：ERP 是长期计划，适合外部市场相对平稳的情况，这一点对实力弱小的中小企业来说比较困难；中小企业内部制度化、层级化的科学管理平台不完善，很多企业上 ERP 必须流程再造，这对中小企业来说很难承受；中小企业员工素质有待提高，在员工素质不均衡的情况下，ERP 很难应用。而 CRM 不必依存于 ERP 而存在。CRM 便于给客户提供"个性化服务"，也可以实现"全员营销"的理念，是中小企业实现销售突破的有力工具。

第九章　管理科学实践与未来

第一节　中小企业如何面对信息化

中小企业对利用信息化实施管理科学的实践并非无所作为，相反充满了机遇。21 世纪，信息技术呈现了全面突破的局面。目前，企业信息化与各系统之间的关系可以用图 9 - 1 表示。

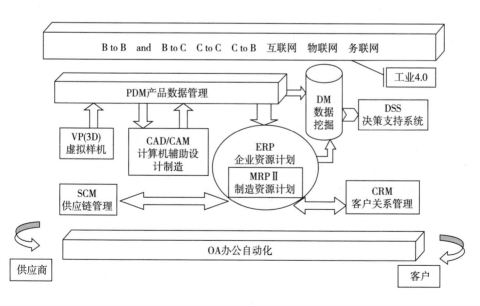

图 9 - 1　企业信息化各系统之间的关系

从图 9-1 可以看出，企业信息化最基础的工作是办公自动化 OA（Office Automation）。OA 对企业继续深化信息化应用的意义是把企业所有岗位联网，形成网络化。如果没有企业内部的网络化平台，企业信息化的深度实施就没有任何基础。

在 OA 的基础上，就是 MRP Ⅱ，如果再加上左边的供应链管理 SCM 就是 ERP。而 CRM 却是可以独立存在的。ERP 出来的数据，是企业日常生产的动态经营数据。如果是制造业企业，必然会用到 CAD（Computer Aided Design）和 CAM（Computer Aided Manufacturing），即计算机辅助设计系统和计算机辅助制造系统。目前，VP（Virtual Prototyping）虚拟样机技术由于信息技术的突破，实现了 3D 制造。它是建立在计算机原型系统或子系统模型上，呈现物理样机的功能和真实度，以此来代替真实的物理样机，以便对其进行设计，并对物理样机进行各种特性的测试和评价。

虚拟样机设计环境，是模型、仿真和仿真者的互动集合，使设计从思想到样机可以虚拟表达，而非真实的物理系统。例如，以前做手机外壳必须做模具，这个模具是木模，便于修改。现在在电脑系统上模拟手机的物理样机，直接修改，修改到满意为止，直接浇筑真实材料物理模具。又如，广州本田汽车厂出了一款新型轿车，当然要做安全性试验，那是不是要把一台新的轿车撞到千疮百孔？显然不用，由技术模拟虚拟样机汽车在电脑上模拟物理系统相撞，得到很多数据。当然，最后还是要用真实的汽车，做最后的验证，但是已经节省了很多资源，这就是 VP。

目前 VP 可以达到三维模拟，即 3D 打印。3D 打印技术出现在 20 世纪 90 年代中期，实际上是利用光固化和纸层叠等技术的最新快速成型装置。它与普通打印工作原理基本相同，打印机内装有液体或粉末等"打印材料"，与电脑连接后，通过电脑控制把"打印材料"一层层叠加起来，最终把计算机上的蓝图变成实物，这项打印技术称为 3D 立体打印技术。通俗地说，3D 打印机是可以"打印"出真实的 3D 物体的一种设备，如打印一个机器人、玩具车、各种模型，甚至是食物等。之所以通俗地称其为"打印机"，是参照了普通打印机的技术原理，因为分层加工的过程与喷墨打印十分相似。3D 打印存在着许多不同的技术，它们的不同之处在于以可用材料的方式，并以不同层构建创建部件。3D 打印常用材料有尼龙玻纤、耐用性尼龙材料、石膏材料、铝材料、钛合金、不锈钢、镀银、镀金、橡胶类材料。

企业内部的 CAM、CAD 和虚拟样机技术 VP 出来的数据，是 PDM（Product

Data Management）产品管理数据，它包括零件信息、配置、文档、CAD 文件、结构、权限信息等，以及所有与产品相关过程（包括过程定义和管理）的技术。

PDM 的数据是企业产品管理的动态数据，它和 ERP 的企业日常经营的动态数据一起，呈现给企业的决策层，作为决策参考。

企业信息化顶端部分，是企业的产品出口、营销和与外部平台衔接部分。这部分内容，将在本章第二节介绍。

【延伸阅读】

当企业信息化利用到相当程度时，企业家的工作就越来越简单：首先，上班第一件事就是打开电脑，看看昨天的 ERP 数据和昨天的 PDM 数据；其次，看看由 ERP 自动分配的当天的任务。老板就会拿起电话，把当天的任务涉及的各个部门的重点向各个部门负责人做出交代、叮嘱和指示。打了一圈电话，老板关上电脑，到重点部门现场走一趟，就直接去打高尔夫去了。

第二节　互联网与物联网及云计算

企业信息化顶端部分，是 B to B（Business to Business），即商家（泛指企业）对商家（企业）的电子商务；B to C（Business to Customer），即商业机构对消费者的电子商务；C to C（Customer to Customer），即用户对用户的电子商务。这三种模式都离不开互联网（Internet）。

"Internet" 表示互联，又称网际网路，根据音译也叫作因特网，是网络与网络之间所串联成的庞大网络，这些网络以一组通用的协议相连（网络与网络的兼容），形成逻辑上单一且巨大的全球化网络，在这个网络中有交换机、路由器等网络设备，各种不同的连接链路，种类繁多的服务器，以及数不尽的计算机、终端。使用互联网可以将信息瞬间发送到千里之外的人手中，它是信息社会的基础。

因特网始于 1969 年的美国，是美军在 ARPA（阿帕网，美国国防部研究计划署）制定的协定下，首先用于军事连接，后将美国西南部的加利福尼亚大学洛杉矶分校、斯坦福大学研究学院、加利福尼亚大学和犹他州大学的四台主要的计算机连接起来。这个协定由剑桥大学的 BBN 和 MA 执行，在 1969 年 12 月开始联机。

互联网是全球性的。这就意味着这个网络不管是谁发明了它，是属于全人类的。互联网的结构是按照"包交换"的方式连接的分布式网络。因此，在技术层面上，互联网绝对不存在中央控制的问题。也就是说，不可能存在某一个国家或者某一个利益集团通过某种技术手段来控制互联网的问题。反过来，也无法把互联网封闭在一个国家之内，除非建立的不是互联网。

互联网的出现使全世界变成了"地球村"。以前我们要了解埃塞俄比亚这个非洲国家，手段无非是百科全书，或者亲自跑一趟。现在在百度里搜索埃塞俄比亚，就会出现海量信息，那个国家就像我们的邻居一样。

互联网为企业销售带来了"线上线下"，也给会展业和实体销售店带来巨大冲击，大大降低了企业营销成本和交易成本（人工、物流成本），使全球客户得到了实实在在的好处，也大大促进了现代物流业的发展。

互联网技术对全世界经济的影响十分巨大。在 G20 中的发达国家，互联网年增长 8%，对 G20 国家的 GDP 贡献率将达 5.3%，发展中国家增长率高达 18%，从 2010 年到 2016 年，G20 的互联网经济将近翻番，增加 3200 万个就业机会。

互联网是把一个信息节点和另一个信息节点连接起来，组成一个弥天大网。而物联网不是，物联网是把一个有价值的物体和另一个有价值的物体连接起来，组织的一个局部或者全球的"物理网络"。一瓶矿泉水要想进入超市的话，它有一个先决条件，就是必须有条形码。条形码是识别码，它可以接收信息，但是它无法发送信息。而我们的手机里面有芯片，它既可以接收信息，又可以发送信息。物联网是在所有值得连接的物理实物中放置芯片，使这个物体可以接收和发送信息。我们就可以把这个物体称为"智能物体"。

如果你的企业要从同一个城市的一个街区搬到另一个街区，需要一台 3 吨的叉车，用来搬送物品，你当然不会因为此事去买一辆叉车。那么按照当前的技术手段，到哪里去找这台 3 吨的叉车呢，可能百度查、电话 12580 问，或者亲戚朋友打听，这是互联网时代。如果建成了物联网，那恐怕就可以在物联网的搜索引擎里面打"某某地 3 吨叉车"，然后查询。也许第一条跳出的信息就是："北纬多少度，东经多少度"有一台 3 吨叉车，距离你的企业最近。然后再来看这个叉车车主的各种信息。我们知道，北纬多少度、东经多少度已经把这台叉车进行了物理定位。

物联网连接的是物理实物，互联网连接的是信息节点，那么这两个网络的数据库哪个应当大一些，当然是物联网。所以，全世界都在争先恐后地发展一种技术，中国的二线城市也都在发展这种技术，即云计算。云是没有边界的，可以理解为超级数据库，并存储"海量信息"，因此可以说，云计算是发展物联网的基础硬件，中国在这方面并不落后。

云计算的原理是：通过使计算分布在大量的分布式计算机上，而不是分布在本地计算机或远程服务器中，企业数据中心的运行将与互联网更相似。这使得企业能够将资源切换到需要的应用上，根据需求访问计算机和存储系统。更容易理解的比喻是：从古老的单台发电机模式转向了电厂集中供电的模式。它意味着计算能力也可以作为一种商品进行流通，就像煤气、水电一样，取用方便，费用低廉。最大的不同在于，它是通过互联网进行传输的。

云计算有如下特点：

1. 超大规模

"云"具有相当的规模，如 Google 云计算已经拥有 100 多万台服务器，Amazon、IBM、微软、Yahoo！等的"云"均拥有几十万台服务器。企业私有云一般拥有数百上千台服务器。"云"能赋予用户前所未有的计算能力。

2. 虚拟化

云计算支持用户在任意位置、使用各种终端获取应用服务。所请求的资源来自"云"，而不是固定的有形的实体。应用在"云"中某处运行，但实际上用户无须了解，也不用担心应用运行的具体位置。只需要一台笔记本电脑或者一部手机，就可以通过网络服务来实现我们需要的一切，甚至包括超级计算这样的任务。

3. 高可靠性

"云"使用了数据多副本容错、计算节点同构可互换等措施来保障服务的高可靠性，使用云计算比使用本地计算机可靠。

4. 通用性与高拓展性

云计算不针对特定的应用，在"云"的支撑下可以构造出千变万化的应用，同一个"云"可以同时支撑不同的应用运行，并且规模可以动态伸缩，满足应用和用户规模增长的需要。

5. 按需服务和廉价

"云"是一个庞大的资源池，用户按需购买；云可以像自来水、电、煤气那样计费。由于"云"的特殊容错措施，可以采用极其廉价的节点来构成云，"云"的自动化集中式管理使大量企业无须负担日益高昂的数据中心管理成本，"云"的通用性使资源的利用率较之传统系统大幅提升，因此用户可以充分享受"云"的低成本优势，经常只要花费几百美元、几天时间就能完成以前需要数万美元、数月时间才能完成的任务。

6. 潜在的危险性

云计算服务除了提供计算服务外，还提供了存储服务。但是云计算服务当前垄断在私人机构（企业）手中，而它们仅仅能够提供商业信用。对于政府机构、商业机构（特别像银行这样持有敏感数据的商业机构）选择云计算服务应保持足够的警惕。一旦商业用户大规模使用私人机构提供的云计算服务，无论其技术优势有多强，都不可避免地让这些私人机构以"数据和信息"的重要性挟制整个社会。例如，现在的维基网已令各国政府头痛不已。

【延伸阅读】

世界上所有最好的技术都是来自军方，互联网也是来自美国军方。在中国也是如此，我们经常看到军工材料做成的民用产品，如某种品牌的手机外壳，甚至某种餐具，这是世界的普遍规律。其实这个问题很简单，军工研发由于涉及国家安全，所以与民用研发相比，可以用不计成本来描述。不计成本开发的技术当然是最好的技术。

这里讲一个以色列掌握物联网技术的实例，说明物联网技术的突破和应用前景。2016 年以来，IS 伊斯兰国不断在世界制造恐怖事件，可奇怪的是，地理位置就在风暴中心的中东、与穆斯林不共戴天的以色列反而享有了很长一段和平宁静。这是为什么？以前中东地区，如果与外邦有矛盾冲突，首先会打以色列，而最后一次巴勒斯坦和以色列的大规模冲突是在 2014 年。

2014 年 6 月 14 日晚，以色列总理内塔尼亚胡在一份公开声明中证实，6 月12 日失踪的 3 名犹太青年被绑架。这 3 名失踪的以色列青少年年龄介于 16 岁至19 岁，是约旦河西岸犹太人定居点的宗教学校学生。后来这 3 名被绑架的犹太少年被证实遭到杀害，有证据证明死前受到了虐待。7 月 2 日，东耶路撒冷一名叫作海达尔的巴勒斯坦少年遭到了以色列的犹太极端分子的绑架，并于几小时后被发现死于耶路撒冷东区的一处森林中，死前同样遭到了暴力对待。

当天在东耶路撒冷，引发了巴以双方近年来最大规模的一次冲突，位于加沙地带的巴勒斯坦武装不断地利用火箭弹对以色列南部边境地区发动大规模的袭击。请注意，巴勒斯坦人的火箭是"打哪指哪"，一共发射了 2000 余枚，对以色列没有实质伤害。而以色列 7 月 8 日凌晨起，出动海空力量，对加沙 150 个目标进行"指哪打哪"的空袭。以色列相当程度上掌握了物联网技术，可以进行全球定位。

在此之后，以色列不断警告巴勒斯坦，不可以再向以色列发射导弹，如果再发射，就要把哈马斯领导人谁谁谁干掉，所谓"斩首行动"。哈马斯并不理会，也不相信，但事实是以色列的确做到了。这种用信息技术和其他高技术支撑的、以暴制暴的特别手法，为以色列迎来了暂时的宁静。从中也可以看出物联网技术在现代战争中的巨大作用。

第三节　2025 中国智造有什么机会

工业 4.0 是德国政府提出的一项高科技战略计划。该计划由德国联邦教育局及研究部和联邦经济技术部联合资助，投资预计 2 亿欧元。工业 4.0 计划主要分为三大领域：一是智能工厂，重点开发智能化生产系统及过程，以及网络化分布式生产设施。二是智能生产，主要涉及整个企业的生产物流管理、人机互动以及 3D 技术在工业生产过程中的应用等。该计划特别强调吸引中小企业参与，使中小企业成为新一代智能化生产技术的使用和受益者，同时也成为先进工业生产技术的创造和供应者。三是智能物流，主要通过互联网、物联网、物流网，整合物流资源，充分发挥现有物流资源供应方的效率，而需求方则能够快速获得服务匹配，得到物流支持。

从以上可以看出：智能工厂是开发企业内部物联系统，对整个企业生产运作系统进行智能化整合；而智能生产则是通过物联和其他信息技术对生产车间的人机互动做出安排。前者可以理解为整体企业运作的整合，后者可以理解为企业生产现场技术与工件的智能化连接。

首先我们回顾一下工业发展的阶段，如果把第一次工业革命叫作工业 1.0 的话，那么机械化到电气化就是工业 2.0。到 20 世纪 70 年代以后，电气化走向模拟化、数控化。可以说 ERP 还只是属于工业 3.0 的范畴。21 世纪以来由于互联网的出现，特别是移动互联网的出现，从自动化又走向了智能化。

所谓工业 4.0，其实由三部分组成，如图 9 - 2 所示。工业 4.0 我们可以理解为"信息物理系统"，即 CPS（Cyber Physical System）。它由智能硬件，专业设备软件（可以理解为硬件控制系统）以及支撑智能硬件和软件的企业系统外各种云计算机、各种专业数据库和现代通信技术等组成。

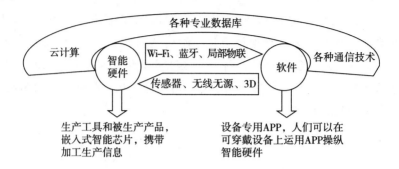

图9-2　工业4.0图示——信息物理系统CPS（Cyber Physical System）

　　智能硬件的含义是，硬件物理体有嵌入式芯片，使这个物理体既可以接收信息，也可以发送信息，成了名副其实的"智能体"。例如，钻头为某零件钻孔，由于被钻孔零件有智能芯片，钻头本身也有智能芯片。它们之间可以通过蓝牙、Wi-Fi，传感器、无线无源（RFID）技术进行定位和连接，完成加工。也就是说，用局部物联网技术进行加工。

　　软件包括设备的专用APP，该APP可以在移动可穿戴设备上使用，使APP对设备的操纵"随时随地随人而动"。

　　而智能硬件和软件有强大的、多对一的云计算机、各种专业数据库和各种现代通信技术包括互联网技术作为支撑，进行交互运作，实现公共云端大数据与企业甚至与客户的对接。

　　在某一个具体的企业里，工业4.0具体的应用如图9-3所示。

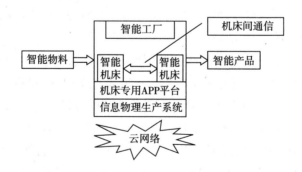

图9-3　工业4.0在企业中的具体运行图示

　　那么，工业4.0和ERP是一种什么样的关系呢？其实ERP对工业4.0来说，只是一小部分，它只是企业内和企业供应链资源的整合运作。由于现在多了互联网和局部物联网，所以 ERP 有更多的手段能够统合资源，寻找企业资源的动态的"最佳流量"。在工业 4.0 中，ERP 也不是传统的 ERP，我们把它叫作 e－ERP。这个 e 包含着现代信息技术和电子技术，如图 9－4 所示。

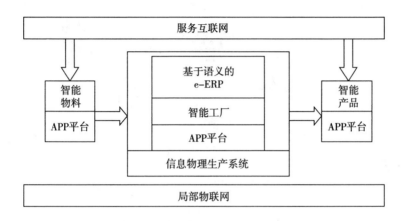

图 9－4　e－ERP 在智能工厂中的位置

　　另外，由于工业 4.0 的出现，完成了 C to B，所谓的私人定制，个人对企业的电子商务成为可能。例如，一位用户希望有一条适合自己的牛仔裤。他可能会把裤子尺寸数据上传到某个公共数据库平台，这个平台对设计师和生产牛仔裤的企业开放。众多设计师都可以看到这个客户上传的数据，如果有感兴趣的设计师就会直接做出设计，供用户选择，用户选择了某个设计师的作品，也要通过相应电子设备支付设计费用。当客户选择以后，厂家可以看到客户选择的信息，如果众多生产牛仔装的厂家中有对这个交易感兴趣的，就会给客户报加工生产有关价格、时间、交货方式以及相关费用等信息。客户如果选择了某个厂家生产，下了订单交付相关费用，这个产品的私人定制就完成了。有些专家把这种方式又叫作"务联网"。这个说法是国内的说法，但是非常形象，即围绕着一条牛仔裤的生产，调动了很多资源和通信技术手段，形成了真正的多对一、围绕任务临时组成的网络。

　　2015 年 3 月 5 日，李克强总理在政府工作报告中首先提出了"互联网＋"计划，也即**"工业化＋信息化"**，两化融合。拟推动移动互联网、云计算、大数据、物联网等与现代制造业结合，促进电子商务、工业互联网和互联网金融健康发展，促进互联网企业拓展国际市场。

从中国的现实出发，"互联网＋"的量化融合是智能制造的切入点，如图9－5所示。

图9－5　中国"互联网＋"向工业领域渗透

中国确定了2025中国智造的十大领域，它们是：新一代信息通信技术产业、高档数控机床和机器人、航空航天装备、海洋工程装备及高技术船舶、轨道交通装备、节能与新能源汽车、电力装备、新材料、生物医药及高性能医疗器械、农业机械装备。这些领域最终要达到**工业化与信息化融合、规模化与个性化融合**。

对中国的中小企业而言，中国智造应当从企业采用信息化开始，中小企业由于员工整体素质不高，企业财力有限，企业受市场波动的影响比较大，成为企业达到智造的难点。但是企业在工业4.0下并非无所作为，最大的作为就是尽可能采用信息技术，提高本企业信息化水平，信息化是各行各业提升企业竞争力最大的利器。换句话说，企业信息化能走到哪里，一定要走到哪里，企业"互联网＋"能走到哪里，一定要走到哪里。

【延伸阅读】

2015年笔者到江西樟树仁和药业授课，仁和药业的几位学员（企业的中高层领导）建议笔者买入他们的股票，其理由是，他们企业目前有一个举措，算是"利好"。最近公司开发了APP，在大城市，如果生病，又不想去医院的话，可以登录APP，在相关菜单里讲明相关个人信息和病症，仁和药业在当地的中心会根据患者的情况在仁和药业的产品里面为患者配药，并保证在3小时内送到客户手中。这就是"互联网＋"，对仁和药业来讲，当然可以扩大销售和企业的影响力。

第四节　管理科学实践的难点与突破

管理科学实践离不开信息技术的发展，而当代信息技术的发展面临着三个方面的难题：一是技术本身的；二是基于商业利益的；三是政治、意识形态与国家安全的。

技术本身的问题，物联网目前只能做到局部物联，如果要像互联网那种程度，可以想象，那是多大的工程，会遇到什么样的问题。目前，各国云计算技术本身也没有达到这样的能力。比较有突破可能的是 VR 和 AR。VR 即"虚拟现实"（Virtual Reality，又译作灵境、幻真），也称灵境技术或人工环境。虚拟现实是利用电脑模拟产生一个三维空间的虚拟世界，提供使用者关于视觉、听觉、触觉等感官的模拟，让使用者如同身临其境一般，可以及时、没有限制地观察三度空间内的事物。AR 即增强现实（Augmented Reality），也被称为混合现实。它通过电脑技术，将虚拟的信息应用到真实世界，真实的环境和虚拟的物体实时地叠加到了同一个画面或空间而同时存在。它们两者的区别简单来说，虚拟现实（VR）看到的场景和人物全是假的，是把你的意识带入一个虚拟的世界；增强现实（AR）看到的场景和人物一部分是真一部分是假，是把虚拟的信息带入现实世界中。这些硬技术的发展，给管理科学实践——管理软件系统提供了更多的可能。

而商业本身的问题就复杂很多。最大的问题是各种平台语义整合问题，就如同现在的 Windows 系统怎么和苹果系统互联互通一样（见图 9－6）。物联网平台标准怎么与互联网平台标准兼容；多平台计算机辅助制造系统和设计系统与 VR、AR 和物联网如何兼容；嵌入式产品芯片语义标准怎么与其他平台兼容；等等。有些是技术本身问题，但是更多的是商业利益问题，解决其中的任何一个问题，都会感到难度重重。

最简单的例子：手机的充电器，几乎所有大的手机制造商都有自己的手机充电器接口。不但给用户造成不便，对整个社会的资源也造成了巨大的浪费，谁都知道，将其统一标准是最好的方法，但是商家把这个接口看成是自己产品差异化很重要的组成部分。站在企业的角度上看，这个差异化带来巨大的商业效益和品牌区分效益，也确实是如此。所以想把手机充电接口标准化的努力，在巨大的商业利益面前显得无能为力。

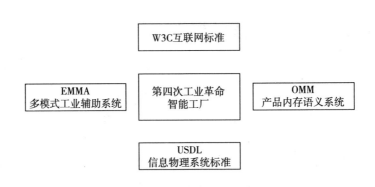

图 9-6 工业 4.0 未来难点：语义与平台互联互通

但是我们也看到了一些希望，有时候某项技术上的突破，可能会使这些因为商业壁垒造成的很难解决的问题突然消失。例如，这个手机充电器的接口问题，由于有了无线充电器这个产品的诞生，使我们憧憬在不远的将来会把有各种各样充电接口的手机视为多余，也可能充电和数据传输完全离开了有线，那谁还会为统一接口而头疼呢。

关于政治、意识形态与国家安全的问题，就更加复杂。各种公共数据库的保密问题、资料的获取问题、客户安全问题、国家安全问题，这些都是未来大数据面临的问题。例如，一个维基网就把各个政府搞得焦头烂额。它的数据库发布的相关信息不受各国控制，因此导致有些国家政府不想公开的信息得以在世界传播。

总而言之，随着信息技术的发展，管理科学这个对企业资源量化管理的理想成为现实，而且目前信息技术的利用让人们感到只是打开了冰山的一角，还有无限的拓展空间。因此，企业管理学科的实践也存在着无限的拓展空间。针对目前的困难，要相信人类的智慧和商家的智慧及政治家的智慧，一定会找到解决的办法。

【本章要点归纳】

工业 4.0 说到底就是物理信息系统。它包含三个部分：一是智能硬件；二是借助互联网的移动软件系统，用可穿戴设备操纵智能硬件；三是云计算和各种数据库的环境支持。

智能硬件之间的互动，取决于局部物联网、蓝牙、Wi－Fi、传感器等通信技术。2025 中国智造是从"互联网＋"着手，走工业化加信息化的路子，首先在十个领域作为重点展开。另外，通过物联网技术和云计算实现产品制造的规模化和个性化同步发展。

　　未来随着信息技术的开发，管理科学实践还有广阔的前景，目前的难点在于，各种平台的语义系统的互联互通、数据库的安全性、物联技术大规模的应用等。

第十章　大数据下的管理科学

第一节　大数据与管理科学的基因相同

　　管理的科学化最主要的先决条件是把被管理要素（人财物和时间资源）定量化。也就是说，数据化是信息化的前提。因此，大数据与管理的科学化，完全是同一基因。换句话说，信息化带来的数据化，给管理科学在企业管理中的应用开辟了全新而且越来越广阔的空间。正如美国质量管理大师戴明所说，"除了上帝，任何人都必须用数据来说话"，可以说数据正在驱动管理领域崭新的变革。

　　当今的大数据与以前的信息有很大区别，牛津大学的维克托教授是最早提出大数据概念的学者之一，他在《大数据时代》一书中指出，从宏观上来看："大数据体现了三个全新的特点，即采用全体数据，取代抽样数据；强调数据的混杂性，取代数据的精确性；通过关注相关关系，取代对因果关系的分析挖掘。"因此，大数据必须进行二次开发，不同的人和机构理解大数据的侧重点不尽相同，但是共同之处在于，通过对大数据的二次分析处理，创造巨大的商业价值，或者得到深刻的洞见。这部分只靠计算机是不行的，对行业非常熟悉的分析与管理人员的作用就显得非常重要。

　　企业外部数据对国内企业管理要素影响的体现，最早是基于 e – ERP（e – business & Enterprise Resource Planning）的系统。e – ERP 概念系由中国的一家民营软件企业在 2005 年率先提出的，它的宗旨是适应电子商务的兴起，把电子商务订单和客户数据与企业 ERP 运行平台有效对接。用公式解释：e – ERP = e –

business + ERP = 网上平台销售系统 + 连锁门店 + 进销存（包括生产系统）+ 财务，把它们无缝衔接。网上商店系统是电子商务的一个典型应用，传统市场上网络购物软件（网上商店系统）往往与 ERP 脱节，产品化的软件只适合于个人或者小企业使用。而那些稍具规模的商贸企业，即便有购物网站，也是与自身的核心管理系统若即若离，购物网站往往沦为企业可有可无的装饰，而不能成为真正意义上的电子商务。有实力的大企业一般都选择自主研发或项目定制，投入都非常大。e – ERP 在某种意义上就是最好的网络购物软件和最好的生产和进销存管理软件的组合，作为一个完整的软件产品，它使网络购物系统和 ERP 无缝结合。而电子商务的意义远远不止于网络购物系统。e – ERP 在电子商务上的延展性，不仅能够涵盖商贸企业的大部分业务流程，而且还能满足企业除网络购物以外其他电子商务应用的需要。e – ERP 的意义就在于把电子商务和企业信息化管理融会贯通。电子商务（购物网站）是基于 Web 的应用，ERP 是基于局域网的应用，e – ERP 将两种应用无缝衔接，实现了数据同步、统一维护的目标。

2019 年以来，中国信息化发展进入新时代，在 5G 网络的加持下，以 ABCD（AI—Artificial Intelligence，人工智能；Block Chain Technology，区块链；Could Computing，云计算；Big Data，大数据）为代表新技术得到进一步的融合，也揭示了管理科学新的应用方向。从公司管理实践上看，ABCD 的应用可能带来某些颠覆性的管理变革：互联网、工业物联网、移动互联等技术的普遍适用与深度嵌入，引起了信息采集、传递、分析、运用模式的革命性变迁，从单一管理体制到同时驱动多元管理体制，从单一企业管理运营平台，到多平台支撑企业运营，从对集成数据展开多层次分析与应用，到直接推动公司管理实践走向公开化和扁平化，甚至去中心化。

对于企业微观管理来说，所谓的数字化开发，一定是要把企业现实中的物理系统在计算机系统中仿真虚拟出来，在计算机系统中体现企业现实物理场景，利用新技术来处理企业物理世界的变动，运用计算机进行仿真处理，这就是数字化的整个过程。这包括在企业组织运营管理方面、领导力方面进行转型，通过数字化使企业管理运营的转型，进而实现企业组织的增值。

目前，数字化开发在企业管理科学方面的应用主要集中于三个方面：一是对外部市场变化的准确把握；二是对企业内部日常生产要素的正确决策和最佳状态的运营；三是通过信息化的不断投入，以便获取新的生产要素（例如，通过大数据投入，使企业数据业务本身成为企业的新业态并获利）。

第二节　企业利用云、开发边缘计算与企业管理

企业对外部市场的准确把握，是企业利用云服务的主要原因之一。云服务的思想是把软硬件资源看成一种可以按需获取的公共社会资源，为企业提供有偿服务，就像集中供暖一样。具体企业和用户可以通过网络获取所需资源，并按照质量和数量不同为之付费。

一个很好的例子是在政府方面，据国内媒体报道，浪潮作为国内主要云服务商，截至 2019 年 3 月，为 22 个省、132 个地方推动了政府上云，各委办局不需要自己采购硬件来做数据中心的建设，把新业务都放到云上。全国目前 30 多个省 300 多个地市中有 70% ~ 80% 用这种模式，即引进了云服务商。

在企业应用方面，云服务商提供的服务是分层次的，概括起来有三类：基础设施服务（Infrastructure as a Service，IaaS）、平台服务（Platform as a Service，PaaS）、软件服务（Software as a Service，SaaS）。其中，基础设施服务在最下端，为企业用户提供技术服务和存储数据资源服务，企业按需租用，避免了企业自建机房。平台服务位于中间，为企业用户提供海量相关数据和数据库浏览服务以及 Java（面向对象的计算机编程语言）运行环境平台，用户按需租用。而软件服务在顶端，云服务商为企业用户提供直接应用平台，如 OA（办公自动化软件）、邮件服务等。

云服务商提供的平台按照服务的对象和范围不同通常也分成三类：共有云、私有云和混合云。共有云通常指第三方提供商（一些有技术、有硬件的大公司，如阿里、浪潮、用友等）为用户提供的云服务，可以通过互联网访问，价格相对低廉，是一种共享型资源服务，如亚马逊云服务，国内的阿里云等都是公有云。

私有云是企业为满足自身需要，借助大厂商的技术为自己量身定制的云服务，私有云数据私密性比较高，同时企业自身可以按照需求定制 QOS 策略（Quality of Service，服务质量）。能够利用各种基础技术，为指定的网络通信提供更好的服务能力，是网络的一种安全机制，是用来解决网络延迟和阻塞等问题的一种技术。私有云用户必须建立自己的机房，并在机房内按照需要，部署硬件设备和相关软件平台并配置防御病毒和网络攻击的安全设备。这对中小企业而言，维护、时间和人力成本比较大。

混合云融合了共有云和私有云，是近年来云计算的主要模式和发展方向。一般来说，企业主要是面向市场用户，出于安全考虑，企业更愿意将数据存放在私有云中，但同时又希望可以获得共有云的计算资源，在这种情况下混合云被越来越多地采用，它将共有云和私有云进行混合匹配，必要时把私有云上的问题转移到共有云减轻风险（灾难），并在需要时将业务切换到共有云，以获得最佳的效果，这种个性化的解决方案，达到了既省钱又安全的目的。共有云的技术我们一般称为云计算，私有云的计算一般称为边缘计算或云边计算，混合云的技术称为雾计算。

什么情况下必须要边缘计算？一般来说，当云计算已经不足以即时处理和分析由物联网设备数字平台生成或即将生成的数据，这时边缘计算能够派上用场。由于云端机器学习算法需要一定的运算时间，在解决制造业流程和排程优化的实时问题时反应与控制指令回馈有时并不理想。因此，工业物联网"边缘运算"成为解决工业物联网的实时性问题的可行方法。但物联网和移动计算的兴起给网络带宽带来了不小的压力。况且即使是 5G 时代的带宽，也并不能解决所有智能设备的即时数据计算的需求，数据在云上的往返传输必须避免。由此，边缘计算应运而生。

所谓"边缘运算"就是让某台终端设备具有一定的运算能力，大部分与该设备有关的数据，不必传递到云平台计算，而是由终端设备运算。解释为什么要边缘计算的一个非常好的例子来自自动驾驶汽车。自动驾驶汽车本质上是一台装有轮子的高性能计算机，它通过大量的传感器来收集数据。为了使这些车辆能够安全可靠地运行，它们需要立即对周围的环境做出反应。处理速度的任何延迟都有可能是致命的，虽然联网设备的数据处理现在主要是在云端进行的，但在中央服务器之间来回传送数据可能需要几秒钟的时间。这一时间跨度太长了。相同地，在企业中加工产品的设备在物联网全自动运行的环境下，对加工数据反应和处理一样需要即刻执行，这在云端是无法保障的。

那什么叫"边缘"呢？边缘计算具体是指在网络的"边缘"处或附近进行的计算过程。在现代的智能制造中，我们已经看到工厂大量部署传感器，进行边缘计算。例如，一家工厂可以使用两个机器人来完成同样的任务，两个机器人装有传感器，并连接到一个边缘设备上。边缘设备可以通过运行一个机器学习模型来预测其中一个机器人是否会操作失败。如果边缘设备断定机器人很可能会出现故障，它就会触发行动来阻止或减慢机器人的运转。这会使工厂能够实时地评估潜在的故障。如果机器人能够自己处理数据，它们也可能变得更加自给自足和反应灵敏。边缘计算将支持更多的机器学习技术应用到企业业务运营中。最终目标是，挖掘实时产生的海量数据的巨大价值，防止安全隐患，并减少工厂车间机器运转中断的情况，保证产品的质量。

对于一家企业而言，很多数据可以上传到共有云上，有些数据需要边缘计算，对现场实施控制时需要在工厂内部建立实时控制系统。另外，有些私密数据企业不愿意放在共有云上，需要在企业内部建立私有云。国内已有不少云服务供应商开发了"云边系统"，帮助企业梳理什么情况下，哪些应用、哪些数据应该放在企业内部，用边缘计算解决，哪些数据为了管理能力的提升和数据分析应该放在共有云上去做。力图通过混合云的运作与管理，提升企业管理和运营的水平，可以说云计算、边缘计算、混合云共同推进了企业数字化的转型。

第三节　物联网与管理科学化

企业的智能制造，局部物联网（Internet of Things）是核心。企业厂域的物联网，其基本架构都是相同的，即由传感器、通信网络与共有云和私有云平台所组成的三层架构，由传感器撷取设备数据，再经由通信网络传送到上层平台储存、运算，最后分析出来的数据作为系统运作的决策参考，而在整体架构中，AI（人工智能）过去多被建置在上层的云端平台，通过强大的机器学习算法，分析由终端感测层传回的海量数据。不过，前面我们提到机器学习算法需要一定的运算时间，边缘计算弥补了云的技术延迟，而需要储存累积的长期数据，则送往云数据库储存并运算分析，提供给管理者做决策参考。因此现在完整的工业物联网中，其AI会分别设计在设备终端与云端两部分，让分布式与集中式运算在架构中并存，前面提到，连接边缘设备和云端之间的工具是雾计算（这部分本书限于内容和篇幅不做介绍）。

从工业物联网在设备供应端的应用来看，目前主要是集中在四个方向：①生产系统、产品质量控制系统、流程优化系统和数字建模系统。例如，生产系统中设备的状态感测、监控与预诊。②产品质量系统中的检测、预测。流程优化系统中的参数设定、能源运用等。③数字建模系统中的双生数字化平台［整合现实数据与虚拟模拟数据的平台，简称"双生数字化"（Digital Twin）］的建立等，通过工业物联网的数据撷取与分析，提升系统整体效能。④用AI做流程的优化与长期规划等非实时性决策。例如，现在消费品市场的产品类别多样，流程系统的换线将成为常态，通过大数据与 AI 的运算，就可能尽量缩短换线生产的停机时间，让排程优化。

由于工业物联网上层的 AI 建设的效益显现需要一段时间，无立竿见影的效果，而且对制造业来说并非当务之急，因此目前投入者大多为大型制造业，中小规模的企业则以底层的边缘运算为主。目前中小企业的工业物联网应用中，制造设备的预知保养与流程检测仍是两大主要功能，由于设备的无预警停机，将会造成整体产线停摆，轻则在生产线上造成半成品报废，重则交期延宕影响商誉。设备保养过去多采用人工记录方式，不过这种方式除了有可能因人员疏失或懈怠，未能定时作业外，设备也有可能在未达到维护时间而产生故障。

工业物联网中的设备预知保养可分两种：一种是直接在管理系统上设计提醒功能，主动告知相关人员维修时间；另一种则是由传感器侦测设备状态，若是出现异常，AI 则会依据出现的状态频率，判断可能发生的情况，再做不同处理。例如，传感器发现马达震动，有可能是轴心歪斜，系统会依据震动的大小与频率判断马达现在的状态，如果有立即损坏的可能，就马上告知设备维护人员停机更换，如果没有即刻危险，则会让马达持续运作，并记录该马达的状况，让管理人员自行决定维护时间，使生产线可以维持稳定的运作效能。

边缘运算的另一种主要功能是流程检测，从目前 AI 的发展来看，图像处理占 70% 以上的应用，在工业物联网架构中也是如此。过去流程中多靠人眼检测产品质量，人眼容易疲劳，随着工作时间的拉长，检测质量会逐渐降低。而且，部分消费性产品的体积越来越小，生产线速度越来越快，人眼已难以负荷，现在已被 AI 视觉所取代。可以直接在画面显示或以语音提示，告知操作人员先按下某个按键，让系统先恢复安全状态，之后再提示紧急状态的发生原因。这就是感知运算最大的优势所在。随着 IT 领域软硬件技术提升与制造业对智能化概念的逐渐接受，感知运算在制造业的应用会越来越多。

工业 4.0 在制造业应用已是大势所趋，无论是设备供应商或制造商，导入工业物联网的动作也都从观望转趋积极，不过有成效企业仍占少数。麦肯锡（Mckinsey）曾针对欧、美、日等地的制造大厂进行调查，建设相关系统的企业中，仅有 40% 认为有获得成效或确实改善了流程。

对我国广大中小企业而言，工业 4.0 要落实在不同产业中仍有相当困难，原因在于无论是技术成熟度、战略方针到问题痛点，不同形态的制造业差距相当大。因此，制造业导入工业物联网的第一步，就是先审视自己所处的位置，以便找出最合适的解决方案。你的企业处在工业4.0的哪一阶段的判断,可以根据信息物理系统(Cyber Physics System)当中的5C结构来进行。5C标准非常适合用来检视工业4.0技术的成熟度,并辅助企业审视各阶段所需的代表性能力与技术,以便顺利导入工业物联网。5C架构从最底层初阶技术至最高层高阶应用共可分为五个能力:链接(Connect)、转化(Covert)、虚拟(Cyber)、感知(Cognition)以及自我配置(Configure)。

第四节　比特币与区块链技术

讲到区块链技术,必须从比特币讲起。2008年11月1日(金融危机最严重的时段),互联网界出了一个传奇。有一位化名叫作"中本聪"的人(我们至今也不知道他或她是什么神人,也不知道他或她是哪国人,看名字有点像东亚裔),在互联网上发表了一篇文章,宣称自己创造了一种电子货币,或者称为数字货币,它是基于密码学设计的一种极其严谨的数字货币。全名叫作比特币(Bitcoin - btc),后来人们把中本聪这篇文章称为比特币的"白皮书",全名为:"比特币,一种点对点的电子现金系统"。

比特币白皮书提出了一种去中心化的电子记账系统。一般来说,货币交易最重要的工作就是记账。例如,去银行转账,首先要检查自己的账户上有没有那么多钱,我转给你以后,我的账户上还剩余多少钱,这就是记账。目前记账都是银行记账,不论是银行卡还是信用卡,是微信支付还是支付宝,统统都是银行记账。客户信任银行,因为银行后面有国家信用保障,国家为银行背书。而中本聪认为,人们并不需要这种如银行一样的中心化的记账系统,也不需要国家为银行背书。可以设计一个无中心的,每个人的账面都可以让其他人看到的公开的记账系统。

一个比较好理解的例子是,假如有ABCD四个人,他们互相间要进行支付。首先,A支付给B,支付10个比特币,记账为:A 10btc B,但是你不能自己留存这个记账,因为别人不相信是否已经发生(没有中心为你记账)。所以,按照中本聪的设计,你要"广播"给所有人,包括BCD,让他们知道。过了一段时间,B也要支付了,比如B支付给C,支付了5个比特币,记账为:B 5btc C。同理,B把这个记账"广播"给所有人。接下来C也有支付需求,C支付了2个比特币给 D, 记账为: C 2btc D, D 同样 "广播" 给所有人。

那么, 关键的时候到了, 人们会把这些记账打包, 成为一个 "块"(见图 10 - 1)。中本聪把这个块, 称为 "区块"。中本聪设计的这个区块容量的大小为 1 兆, 一般可以储存 4000 条左右的交易记录 (这取决于每一条交易记录的大小)。然后把这个区块链接到先前的交易记录的区块上, 以后再有新的区块出现时, 再把新的区块链接在这个区块后面, 就形成了 "链", 因此叫 "区块链"。

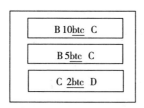

图 10 - 1 记账中的区块打包

有了这样一个系统以后, 就要解决几个关键问题, 这些问题的解决所用到的方法, 就是区块链技术, 这几个问题是:

(1) 为什么人们要记那些和自己不相干的账目呢, 你广播给我, 我凭什么要用我的电脑资源接收这个与我没关系的记录呢, 这是第一个问题。

(2) 这个账单的打包 (做区块) 以谁的为准呢? 因为每个人的账单可能都是不同的。例如 A, 他可能先记录 A 把 10 个比特币给 B 这件事, 后来才记录了 B 把 5 个比特币给 C 这件事, 但是因为网络的延迟效应, D 的记录就不是这样的: D 可能先记录了 B 支付 5 个比特币给 C, 然后 A 才支付了 10 个比特币给 B。那到底以谁的记录为准呢, 这是第二个问题。

(3) 如何避免双重支付。例如, 一个人广播他同时向两个人各支付了 10 个比特币 (合计 20 个比特币), 但是其实他一共才只有 10 个比特币。

(4) 如何防止账面伪造和篡改。例如, B 广播 A 支付了 10 个比特币给他, 但实际上 A 并没有支付给他; 或者 A 实际支付 5 个比特币给 B, 但是 A 要改记录, 改成他支付了 10 个比特币给 B。那前者的记录就是一个伪造的记录, 后者就是篡改记录。

区块链技术将使以上四个问题用技术手段得以解决: 第一个问题, 为什么要记账? 因为中本聪在区块链中设计了奖励系统。这个奖励系统分为两部分, 一是如果你记账, 有手续费收益。例如 A 如果支付了 10 个比特币的话, 他必须多支付一点零头（这个零头很像我们在银行转账时，银行收取的手续费）。这个零头是给打包人的费用（其实银行的手续费是远高于比特币的手续费的）。二是中本聪在 2008 年提出这个系统时，设计了这样一个方案：规定每 10 分钟必须打一个包，最开始每打一个包（区块），奖励 50 个比特币。过四年以后，每打一个包奖励减半，给予 25 个比特币。再过四年再减半，给予 12.5 个比特币奖励，即每四年奖励减半。那么这样算下来，比特币一共有多少：一个包 50 比特币，10 分钟打一个，一小时有 6 个 10 分钟，可以打包 6 次；一天有 24 小时，每年 365 天，再乘以第一个四年、第二个四年等。可以用如下数学公式来表达：

比特币数量 $= 50 \times 6 \times 24 \times 365 \times 4\ (1 + 1/2 + (1/2)^2 + \cdots) = 2100$ 万个比特币（btc）。也就是说，比特币是有限的，一共就 2100 万个。讲到这里我们已经十分清楚了为什么打包，打包者（做区块者）有两笔收益：一是手续费收益，二是比特币奖励收益（比特币奖励收益比手续费收益大很多）。

总结：区块链有鼓励人人记账打包的功能，形成人人关心账目，人人愿意参与账目管理的局面。

第二个问题，如果有这样诱人的奖励，大家抢着打包（做区块），那以谁的打包（区块）为准，来"链接"上去，变为真正大家认可的"区块链"呢？中本聪设计了一个叫"工作量证明"的东西。这个工作量证明每个参与打包者（做区块者），都要做一个艰深的数学题，谁先做出结果，谁就获得了打包的权利，并同时获得手续费和比特币的奖励。这个数学题难到计算机必须通宵达旦地计算，而且这个数学题对任何计算机来讲，都得不断地试错，人类是无法用大脑把它算出来的，必须借助计算机，试错过程中，错误都排除了，也就成功了。人们把用计算机做这道数学题，不断试错求得正确答案的过程叫作"挖矿"。挖矿能力的大小，完全不取决于什么人，而是取决于"矿机"（计算机）CPU 的速度和计算能力。

那这个数学题是怎么设计的，中本聪采用的是美国国家安全局发明的算法，称为 SHA256（中文称为哈希 256）。这种算法，可以把任何一个字符串通过特定算法，搞成一个"数字摘要"。这个数字摘要全部是二进制数，而且全部位数，既不多也不少，刚好就是 256 位，所以称为 SHA256。例如，我们把 photo（照片）这个单词看作字符串，它的输出是二进制数，我们记为 SHA256（"photo"）= 0100111011010……一直到 256 位。从这个公式可以看出，不论前面输入的是什么字符串，后面的结果都是 256 位的二进制数。你把一个 10G 的电影放进去，它也和"photo"一样得到 256 位的二进制数。但是，等号左面的字符串只要有任何改动，等号右面的 256 位二进制数的排列都会发生变化，也就是说，每个字符串的 SHA256 都是唯一的。

另外，哈希算法还有一个很重要的特性就是，它正向计算比较容易，反向计算几乎不可能。例如，$Y = X2 + \log（X）+ \mathrm{Sin}（X）$，在此算式中，如果我们知道了 X 是多少，是可以比较容易地算出 Y，但是反过来，给你一个 Y，问你 X 是多少，那就太难了，所以反算几乎不可能。那怎么办，就只能一个一个地来试错，一直把答案试出来为止。这样一个工作不可能由人完成，只能靠计算机不分白昼地运算，也可以理解为不分昼夜地挖矿。

现在我们知道了区块链其实就是一大堆的记账交易信息，把它们打包，变成一个区块，链接到前块位置，这样才能获得奖励的比特币。SHA256 的设计是，当你打包时，这个包里面不是只有交易的记账信息，它首先有前一个块的头部（前块计算正确的结果，表明该区块成立），加上你打包的账单信息，加上你打包的时间（时间戳），再加上一个随机数。用 SHA256 表达就是，打包者字符串 = 前块头部 + 记账信息 + 时间戳 + 随机数。

但是打包字符串在 SHA256 运算时，倘若规定 256 位前面几位必须是 0，假如前 11 位都必须是零，剩余的 245 位才出现 1，那就有了这样一个问题，即由于前块头部和记账信息以及时间戳都是不变的，只有改变随机数才能影响前 11 位零的出现（这就是前面讲的知道 Y 求 X 的问题，即什么样的随机数才能使 SHA256 前面 11 位数字是零），这就需要计算机去试，例如，1 不行 2 行不行，一直试验下去，直到第一位出现了零，再接下来算第二位是零，随机数应当是几，可以想象这真是海量计算，这就是挖矿，直到把前 11 个零都算出来，它的新头部就出来了，它就可以打包形成新的区块，链接上去，形成下一个区块链。

然而，每个人的字符串都是不同的，虽然前块的内容都是一样的，但是你打包的账单和别人打包的账单不一样（很可能是顺序不一样），你的时间戳（打包时间）也不一样，所以你的随机数大小都是不同的。有的人运气好，试错几次就出来了，那你就可以把你算出来的结果作为你新块的头部，对你的账单进行打包，并链接到前块后面形成新的区块链。有的人运气不好，试了好久也没有试出这个随机数。不过平均来说，谁的计算能力强，谁就有希望能够打新的包，形成新的区块。这就是为什么大家拼命去买好的矿机（强大计算能力的计算机）。

那么，这个试错计算的难度是怎么确定的，显而易见，这个字符串前面零的位数决定了某个特定的 SHA256 题目的解题难度。例如，每出现一个 0 和 1 的概率各是 50%，那么出现第一个 0 的概率就是 1/2，第二个 0 的概率也是 1/2，到最后一个 0 的概率还是 1/2，即 $1/2 \times 1/2 \times 1/2 \times \cdots \times$（1/2）的 n 次幂。n 越大，难度就越高。

中本聪当时在设计时就规定，保证要每 10 分钟出一个区块，这个保证的手段就是调整那个"随机数的难度"。例如，全世界有 1 万台矿机，每台的计算能力是 14T/S，即每秒运算 14 兆次，或者说 1T 等于 10 的 12 次幂，也可以记作 1.4×10 的 13 次幂。那么每 1 万台矿机，每 10 分钟计算次数为：1.4×10 的 13 次幂 ×1 万台矿机 ×600 秒（10 分钟）=8×10 的 19 次幂，这是一个惊人的数字。把这个数字反推，看看 10 分钟计算机要算多少次，通过计算机运算发现，当算的次数是 1/2 的 66 次幂，即 n 等于 66 时，大概和 8×10 的 19 次幂吻合。那矿机就会把 SHA256 前面的 0 位设为 66，第一个算出 66 位都是 0 的人，挖矿就成功了，他得以打包成区块，形成新的块的头部，然后链接在前块上，成为新的区块链。

总结：区块链技术的第二个功能，每个人打包记账都是公平的，人为没有办法篡改，不用什么人为打包者背书，每一个打包做区块的人都是有案可查和公开的，保障了交易信用。

第三个问题，如何保证比特币交易记录的真实性（进行有效身份认证）？我们传统方式有刷脸、签名、指纹等，但是这些认证方式在电子系统里均可以进行拷贝，添加到伪造的交易记录上。而区块链技术设计了一套很巧妙的电子签名系统。例如，一个比特币用户在注册时，他会得到一个随机数，也就是得到一个叫作"私钥"的字符串。在此同时，生成了一个"公钥"的字符串和一个地址。这些东西的重要性不一样，私钥必须保存好，这是保密的，因为如果私钥丢失，比特币就都不见了。所以有人把它背下来记在脑子里，有人把其放在计算机的某个文件里。

而公钥和地址都是公开的，如果别人支付给你比特币，你把地址发给他就可以了，如果你转给别人比特币，区块链技术设计成你要把公钥和地址一起发送给对方，但是这两者都是公开的。因为通过公钥是没有办法算出私钥的，这是数字化的加密手段。那么，私钥和公钥有什么用呢？首先私钥可以对一串字符串进行加密，而公钥可以把这个字符串进行解密（并不是得到了私钥）。这种加密与解密的钥匙不一样，称为"非对称加密"。即私钥加密，公钥解密。具体应用的一个例子是：A 要支付给 B10 个比特币，A 10btc B，这时 A 首先要写一条记录，把写好的记录通过 SHA256 运算，变成"数字摘要"。再通过自己的私钥，对数字摘要进行加密，并产生了一个密码。接着 A 要把 A 给 B 的 10 比特币的字符串

（A 用私钥加密过的）和产生的密码一同广播出去。其他挖矿者就会去验证这条广播的真实性：用公钥和密码对 A 广播的字符串解密出一个数字摘要。如果把 A 未加密前的字符串称为字符串 1，把其他人用公钥和密码解密的（也是用 SHA256 运算）字符串称为字符串 2，则比较 1 和 2 的一致性。如果完全一致，说明 A 的确有他唯一的私钥，是他发布的广播，他付给 B 的 10 个比特币广播真实。相反，1 和 2 不一致，则说明 A 没有私钥，这条记录是伪造的。所有挖矿者都会拒绝这条记录。用这种非对称加密的方法，确认了 A 发给 B 的记录是由 A 签发的，这种方式称为"电子防伪签名"。

　　第四个问题，如何防止"双重支付"？就像房地产市场中一房两卖现象一样，那就有必要搞清楚你到底有几套房。区块链在这方面的设计就是采用"追溯"前块的方法确定你到底有多少比特币。我们知道区块链是把很多交易信息一个块一个块打包，再把它链接起来的。一个比特币交易者会下载从第一个创世纪这个块开始的所有记录。例如，现实中 A 广播一条记录，支付给 B 的比特币是 10 个。挖矿者就去追溯，发现 A 在第 8 个块里挖到 30 个比特币，在第 40 个块里支付了别人 20 个比特币，以后没有记录。那他应当还有 10 个比特币。他目前发出给 B 的 10 个比特币的记录余额是够的，那这条记录被网络所接受，会接着被打包到某一个区块中。如果不够，所有挖矿打包者都会拒绝这条记录。

　　但是双重记录还有一个比较麻烦的情况。例如，A 本来只有 10 个比特币，但是他同时发出消息：给 B 的比特币是 10 个，给 D 的比特币也是 10 个。哪条记录是确实的，哪条记录是伪造的呢？有的挖矿者先收到了给 B 的 10 个比特币的记录，他去追溯发现 A 只有 10 个比特币，他就会排斥给 D 的这个信息；但是有人先记录了 A 给 D 的 10 个比特币的信息，经过追溯，他又会排斥给 B 这条信息。于是就出现了一个前置区块，引出两个后置区块，即一个是 A 10btc B，另一个是 A 10btc D。区块链技术是这样规定的：当某一个挖矿者最先挖矿成功，如果是给 B 的这条记录下挖矿成功，则此区块有效，其他挖矿者将放弃给 D 的记录；相反，如果是给 D 的记录下挖矿成功，则这条记录会打包在新区块里，而所有挖矿者会放弃给 B 的记录。所以，在接收到了别人转给我们比特币的广播时，并不能确认比特币已经到我们账上，直到看到这条记录在某一区块中确实存在了，才能认为钱已经到账。

　　另外，比特币的账如果被人为篡改怎么办？比如某人要篡改某条记录：把他支付给 B 的记录从 10 个比特币改为 32 个比特币。中本聪为了防止这种事情的发生，给区块链设计了"长链原则"。即当大家都在打包准备形成新块时，总有一个幸运者先挖矿成功，他会把新块链接上去，其他人都会放弃原来的打包，投入到新的打包中去，这样"链"就越来越长。如果有人想改已经形成的记录，理论上他就要把记录那条信息的块重新打包，并用 SHA256 重新挖矿，挖矿成功链接到他修改记录的区块上，其实就形成另外一个链，这个链会比大家挖矿的那个链短得多，除非你疯了，而且垄断了世界上 50% 以上的矿机，他们都计算你的这个另外的链，而且加速追上那个长链，你的链变成了长链，你的区块才会被认可。显而易见，这在理论上是很难实现的，因为你以自己之力与全世界作对来对抗长链，那是不可能的事情。

讲到这里我们知道，区块链是一种技术，而且是一种非常精巧设计的漂亮技术。它没有中心发行机构，不担心主权危机，也不存在滥发货币的风险。而且基于防伪，可以追溯，交易成本很低，信用很高，在区块链的技术里，信用也是天然基因。这对社会治理和企业治理提供了无限遐想的美好空间。以至美国《管理技能开发》作者大卫·A. 惠顿写道："未来的工厂只有两名员工，一个人和一条狗。人负责喂狗，而狗要防止人触动设备！"因为设备都是用区块链技术设计好的 AI 和物联网下的智能设备。

笔者认为，理解区块链技术，应当把比特币和区块链分开来看：比特币是一种点对点的电子货币，区块链是一种保障比特币交易的技术，这种技术可以应用到很多方面，并不限于比特币。这是研究区块链的核心所在。

对比特币的产生和应用，社会上正反意见冲突很大。因为比特币产生的"挖矿"过程，要消耗大量资源，除了矿机投入，还要消耗大量电能。在比特币市场繁荣时期（2017 年 12 月比特币为每个 19800 美元），全球比特币挖矿的用电量比整个爱尔兰这个国家全年的用电量还要高出 16%（爱尔兰目前每年消耗电能约 25 万亿瓦特，相当于 10 的 9 次幂度电），目前比特币市场低迷（2019 年 3 月 31 日比特币每个 4000 美元）。2019 年，年消耗的电能相当于罗马尼亚一年的用电量。另外，比特币由于无须记名，无人背书，也给犯罪分子走私、洗钱、跨境转移资产逃避监管提供了很好的手段。国内一个"高智能贪官"的例子是，别人给他钱他不要，他只要比特币，有了比特币的"私钥"，他的钱在世界的任何地点永远存在，但是你的确不知道他的钱在哪里，也没有跨境转移监管的可能！

中国国家工信部指导发布的《中国区块链技术和应用发展白皮书 2016》这样解释：广义来讲，区块链技术是利用块链式数据结构来验证与存储数据、利用分布式节点共识算法来生成和更新数据、利用密码学的方式保证数据传输和访问的安全、利用由自动化脚本代码组成的智能合约来编程和操作数据的一种全新的分布式基础架构与计算范式。

上文定义当中智能合约（Smart Contract）是一种旨在以信息化方式传播、验证或执行合同的计算机协议。智能合约允许在没有第三方的情况下进行可信交易，这些交易可追踪且不可逆转。智能合约概念首先是在 1995 年由乔治·华盛顿大学前法学教授、密码学家等多种头衔集于一身的 Nick Szabo 提出的。显然区块链技术是典型的智能合约的一种。

区块链技术从诞生到今天，总结起来具有以下五大特点：

一是去中心化。区块链技术采取分布式核算和存储，不依赖第三方管理机构，不存在中心化管制，在区块链中任何参与者都是一个节点，每个节点权限对等。

二是开放性。区块链技术基础是开源的，除了交易各方的私有信息被加密，区块链的数据对所有人均是公开的，整个系统信息高度透明。

三是自动化。区块链基于协商一致的规范和协议（智能合约），整个系统可在不依赖第三方的情况下，自动安全地验证和交换数据。

四是自治性。区块链采用基于协商一致的规范和协议（比如一套公开透明的算法）使整个系统中的所有节点能够在去信任的环境自由安全地交换数据，使对"人"的信任改成了对机器的信任，任何人为的干预不起作用。

五是匿名性。由于所有节点能够在"去信任"的环境下自动运行，因此各区块节点的身份信息无须公开或验证，信息可以匿名传递。

第五节　区块链技术在企业中的应用

区块链的这些特性，为管理科学的应用提供了广泛的应用空间，有国内企业提出了"区块链＋模式"，与"互联网＋"相提并论。当然，从笔者的角度来说，并不认为"互联网＋"的说法比"行业＋互联网"更好，因为互联网与区块链一样，是一种技术，这种技术必须依赖于提供使用这种技术的行业，用这种技术提升行业的发展和管理水平。因此，说"行业＋区块链"更准确一些。沿着这种思路，我们可以得到如图 10 - 2 所示的"行业＋区块链"的应用场景。

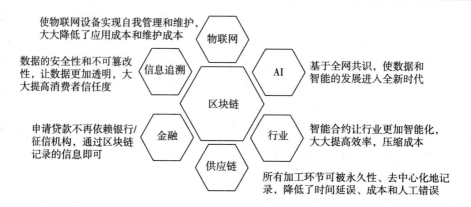

图 10 – 2　"行业 + 区块链" 的应用场景

从图 10 – 2 中我们可以看到，区块链技术的应用与企业管理最相近的领域就是物联网、人工智能和供应链，还有就是应用于社会诚信体系和金融去中心化的其他方面。

如果从某个微观企业来看，区块链技术用于企业管理方面的情况可以用图 10 – 3 表示。在图 10 – 3 中我们看到，区块链技术在 IOT 设备管理（Internet of Things，物联网）、企业原有的 ERP 系统、供应链系统、电商平台和客户终端等方面都可能被采用。区块链反映在公司业务逻辑的稳定性和管理数据的可视化，最终会在云数据分析和商业模式以及数据仓库中得到显现。

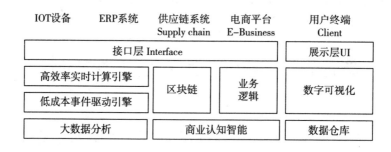

图 10 – 3　区块链技术在企业管理系统中的位置

如果把企业作为一个封闭环，看区块链技术的应用，我们得到图 10 – 4，即一个企业从传统的管理，走向智能制造中，区块链技术与云服务在管理中的交互与融合。

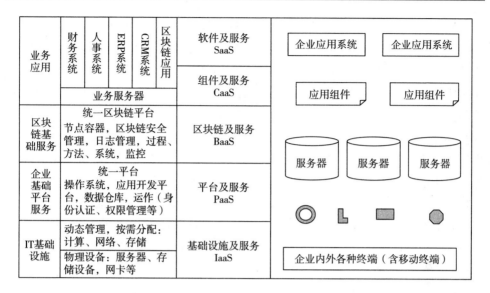

图 10 – 4　传统管理走向智能制造管理的过程

以企业供应链为例，其包括物流、资金流、信息流等实体，这些实体之间存在大量复杂的协作和沟通。在传统模式下，不同实体各自保存各自的供应链信息，缺乏透明度，造成了较高的时间成本和金钱成本，而且一旦出现问题（冒领、货物假冒等）难以追查和处理。通过区块链各方可以获得一个透明可靠的统一信息平台，可以实时查看状态，降低物流成本，追溯物品的生产和运送整个过程，从而提高供应链管理的效率。当发生纠纷时，举证和追查也变得更加清晰和容易。该领域被认为是区块链一个很有前景的应用方向。例如，运送方通过扫描二维码来证明货物到达指定区域，并自动收取提前约定的费用，这种运作是可以参考区块链如何变革供应链金融和区块链给供应链带来透明功能。因此，创建基于区块链技术的新型供应链解决方案，可以实现商品流与资金流同步，同时缓解假货问题。

目前，英国区块链创业公司 Provenance 已为原材料和产品建立可追溯系统，美国加利福尼亚的创业公司 Skuchain 则为 B2B 交易和供应链市场研发了一个区块链产品。阿里巴巴和京东也在研发区块链供应链系统。其中，阿里巴巴联合政府、行业协会、质检机构等打造了一个全球溯源计划，可追踪进口商品的生产、通关、运输等全链路；而京东则联合清华大学等成立了中国安全食品区块链溯源联盟，用于食品的追踪和安全合作。

另一个应用的例子来自物联网方面,包括总部位于纽约的国际商业机器公司(IBM)在内的跨国公司已经在物联网投入了海量资源,而区块链技术正成为解决其中核心问题的关键。IBM 公司认为对于潜在数量在百亿级的联网设备而言,使用传统的中心化机制解决节点信任问题是不现实的。区块链创建的共识网络则无须信任单个节点。IBM 公司正致力于让每个联网设备都能基于区块链技术实现自我管理,无须人工维护。例如,让所有家居物件自发自动地与其他物件或外界进行金融活动,让智能电表通过调节用电量和频率形成更优惠的电费账单等。另外,区块链的去中心化能为物联网提供安全的环境。一是去信任化以及智能合约增强了物联网中的互信机制;二是时序数据和数据加密可保障物联网中的数据安全。对未来区块链的应用方向,世界级领先的全球管理咨询公司麦肯锡研究报告指出了以下几个方面:一是组建区块链大联盟,制订行业标准。目前总部位于美国纽约的区块链创业公司 R3CEV 正联合 40 多家国际领先银行,建立行业监管及相应的技术标准。二是区块链应用从单纯的数字货币过渡到广泛的社会领域。位于美国特拉华州的第一资本投资国际集团(Capital One)和美国加利福尼亚的 Visa 公司,已对金融科技公司进行区块链方面的战略投资;而瑞士联合银行集团(UBS)、花旗银行、德意志银行及英国巴克莱银行也成立了区块链实验室,以测试不同的区块链应用场景。三是从"区块链 3.0"升级到"应用 on 区块链",即全部业务逻辑均在区块链上运行,避免可信数据输入问题。四是传统业务正以各类智能合约的形式,从数据中心迁移到区块链的各个记账节点,实现真正的"去中心化"。五是用区块链把物理世界及人的关联关系,纳入整个区块链生态系统中。这个生态系统可以存储个人各种数据乃至人类思想和意识。

目前来看,区块链技术的概念普及大过应用实践,真正的实践应用案例还比较少。笔者认为,这并非区块链技术目前存在的问题阻碍了其大范围的应用,也不是区块链可以应用的场景非常少,而是因为区块链技术的应用牵扯到各方的商业利益,以及传统技术惯性和新技术应用的磨合,其商用的最大难题可能远在区块链技术本身之外。

【本章要点归纳】

大数据与管理科学基因是相同的,但是大数据不同于传统数据在于,采用全体数据,取代抽样数据;强调数据的混杂性,取代数据的精确性;通过关注相关关系,取代对因果关系的分析挖掘。

目前数字化开发在企业管理科学方面的应用主要集中于三个方面:一是对外

部市场变化的准确把握；二是对企业内部日常生产要素的正确决策和最佳状态的运营；三是通过信息化的不断投入，以便获取新的生产要素（例如，通过大数据投入，使企业数据业务本身成为企业的新业态并获利）。

企业利用云、开发边缘计算与企业管理是目前科学管理面临的风口。云服务商提供的服务是分层次的，分别是基础设施服务、平台服务、软件服务。共有云技术一般称为云计算，私有云的计算一般称为边缘计算或云边计算，混合云的技术称为雾计算。

企业的智能制造中，局部物联网（Internet of Things）是核心。企业厂域的物联网，其基本架构都是相同的，即由传感器、通信网络与共有云和私有云平台所组成。判断企业是否进入智能制造，应当根据信息物理系统（Cyber Physics System）当中的 5C 结构来进行评判。

理解区块链技术，应当把比特币和区块链分开来看：比特币是一种点对点的电子货币，区块链是一种保障比特币交易的技术，这种技术可以应用到很多方面，并不限于比特币，这是研究区块链的核心所在。区块链技术具有以下五大特点：一是去中心化，二是开放性，三是自动化，四是自治性，五是匿名性。区块链技术的应用与企业管理最相近的领域就是物联网、人工智能和供应链，以及应用于社会诚信体系和金融去中心化的其他方面。

第三篇　企业员工管理创新

第十一章 行为科学的道与术

第一节 企业中的意见领袖

自从科学管理诞生以来，行为科学就伴随而生了（见图 11 - 1）。管理理论从制度化、过程化和层级化，追求组织效能开始，慢慢出现了硬化和软化两种趋势。**即对管事与物的硬化的趋势，对管人的软化的趋势。在这两大趋势下，管理**

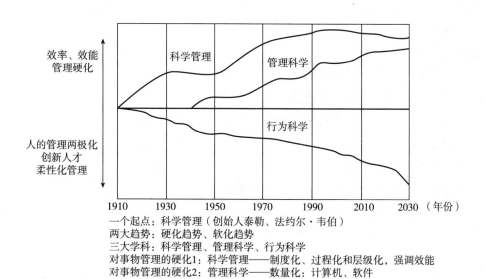

一个起点：科学管理（创始人泰勒、法约尔·韦伯）
两大趋势：硬化趋势、软化趋势
三大学科：科学管理、管理科学、行为科学
对事物管理的硬化1：科学管理——制度化、过程化和层级化，强调效能
对事物管理的硬化2：管理科学——数量化：计算机、软件
管人的软化：以人为本的组织行为学理论

图 11 -1　当代企业管理理论发展趋势

发展为三大学科：一是科学管理，以制度化、过程化和层级化的官僚体制为核心，旨在追求组织效能；二是管理科学，以数量化为基础，借助计算机硬件和专家系统软件，科学化地管理、调配、运作企业所有资源；三是行为科学，以人为本的管理理论和实践。那么为什么科学管理与管理科学这两条线都是往上走的，而只有行为科学随着年代的变迁是往下走的呢，因为我们现在对人的管理出现了"两极化"趋势。对有特殊技能的人，越来越放松地管理，甚至走向了"个性化"管理；而对一般员工，特别是那些不具备创新能力的员工，管理得越来越严格，走向了"模板化"管理。前者希望创新人才尽可能地去创新，不要因为制度、体制束缚了他们；后者一线员工尽量不要出错，尽量不要返工、加班，以降低企业营运成本。

广义的行为科学研究人的行为规律，如心理学、社会学、人类学、经济学、劳动经济学、生理学、哲学、医学等。狭义的行为科学研究人在工作环境中的行为规律，是现代管理学的重要组成部分。这里指的行为科学，主要是狭义的行为科学。

谈到狭义的行为科学，必然要了解霍桑试验。霍桑试验是1924年美国国家科学研究委员会在西方电气公司所属的霍桑工厂进行的一项实验。目的是为了弄清照明的质量对生产效率的影响，但未取得实质性进展。1927年，在霍桑工厂，再次由哈佛大学的心理学教授梅奥主持，进行了进一步的心理学研究。

霍桑工厂是一个制造电话交换机的工厂，具有较完善的娱乐设施、医疗制度和养老金制度，但工人们仍愤愤不平，生产成绩很不理想。为找出原因，美国国家科学研究委员会组织研究小组开展实验研究。

最早这个试验重点放在改善车间的照明强度与提高生产率之间的关系研究上，得出的结论是，它们的依存关系并不明显。但是通过试验发现了另外一些问题。例如，试验者说要观察某组工人的工作情况，而不观察另外一组（其实两组工人也并不了解试验者观察了还是没有观察）。过了一段时间以后，管理者声称被观察的那一组的业绩明显好于未被观察的那一组（其实也许真的没有观察）。通过这项试验发现，人都有"演员心态"，一个人总觉得背后有人看着你，所以你说话、走路都会规矩一些。这种演员心态，在日常生活中很多地方可以表现出来。例如，一个讲话非常幽默的人，是群体中的"活宝"，哪里有他的存在，哪里就有笑声。可是就是这个"活宝"，让他上台讲话，他却一句完整的话都讲不出来。为什么，就是因为他作为一个"演员"，表演的场景发生了变化，所以他不会演了。

当代社会，应用"演员心态"在管理学上的意义，协助进行社会公共事务的管理非常普遍，并取得了实实在在的成果。例如，在某些公共部门的电话中，特别提醒打电话的人，这个电话将被录音，以心理警示打电话者，必须对他的话负责，这样在保证通话的真实性方面取得了很大的进展。

霍桑试验的另一个发现，就是确认正式组织中存在着这样一些群体：由于价值观相同，或者兴趣相投，性格相容或互补吸引，在正式组织中，这些群体成员互相照应、互相关心和帮助，导致他们的行为具有较大的趋同性。梅奥等研究者把这个群体定义为"非正式组织"。换句话说，正式组织中一定存在着非正式组织。

很有意思的是，非正式组织中一定有一个"头"，这个"头"很可能在正式组织中连一个班小组组长都不是，但是他又确确实实是这个非正式组织的"头"。梅奥等研究者把这个"头"定义为"意见领袖"。这个"意见领袖"在非正式组织中绝非选举产生的，而是自然而然产生的。这个"意见领袖"之所以能成为领袖，他的身上一定有一些突出的个人特点。一般来说，第一个特点就是这个人"够哥们、讲义气"。在非正式组织成员中，谁有什么问题，有什么难处，找我们老大，老大能帮一定会帮，不能帮，他创造条件都会帮我们。第二个特点就是这个人是非正式组织中信息的来源，简单地说，他是信息灵通人士。这个正式组织中的所有事情，你问老大，他一般都会知道。**一个人的信息量与一个人的权威性是成正比的**，因此意见领袖在群体中的地位自然比别人高。第三个特点就是这个人逻辑思维能力比较强，讲出的话有道理，让非正式组织成员信服。由于这三个特点，意见领袖自然脱颖而出。

如果在正式组织中，某个非正式组织的意见领袖与正式组织"相向而行"，那这个非正式组织在正式组织中无疑是积极向上的力量。相反地，如果非正式组织中的意见领袖与正式组织对着干，无疑会使正式组织的领导非常棘手，成为阻碍正式组织行动的不可忽视的负面力量。

试想，我们可不可以把不听话的非正式组织的意见领袖开除出正式组织呢？这个非常困难。这个人在非正式组织里威信高，有一定号召性，如果贸然开除，对整个非正式组织反而起到了团结和激发的作用，很可能这些成员会随意见领袖一同离去，这不是正式组织的领导者愿意看到的事情。行为科学在这方面有比较深入的研究。

工会组织工人罢工，作为资方，首要的事情就是找工会领袖谈一谈。谈什么，当然是谈条件，以便能平息罢工。因此，对意见领袖也是如此，第一步就是

"招安"。一般来说，对意见领袖的"招安"效果是很差的，因为，意见领袖往往自视甚高。他可能会更看不起正式组织的领导，反过来和非正式组织成员讲，你看，他们来向我示弱来了，求饶来了。如果第一步"招安"不成，就可以采用关键的第二步，即"把意见领袖晾起来"。所谓晾起来，就是对你自己的工作，我作为领导成天盯着你，有一点差池，我就找你的麻烦。但是这个组织一切其他问题，特别是发展问题、机会问题均和你无关，也就是说向他封锁消息。这个时候，这个意见领袖信息量急剧下降，他的权威性在非正式组织中也就相应下降。非正式组织的其他成员甚至可能会产生怜悯之心：你看我们现在知道的事情，老大都不知道了，被领导整成这样，好可怜。第三步，可以再找不听话的意见领袖谈一次，告诉他，悬崖勒马还有机会，带好大家，承认你的能力。如果归顺当然很好，如果不归顺采用第四步，即在这个非正式组织中，培养新的意见领袖，做到分化瓦解。最后正式组织就可以在组织上对意见领袖做出开除的处理。这些做法，在行为科学中研究得非常透彻。关键是两点，**减少意见领袖的信息来源和培养新的意见领袖。**

第二节 "职业性格"与职业选择

行为科学的基础理论是组织行为学，为行为科学之"道"；行为科学的"术"是人力资源管理。也就是说，在 MBA 和 EMBA 的教学中，组织行为学是人力资源管理的先行学科。

作为行为科学"道"的组织行为学，讲三个内容，即个体、群体和组织。个体讲人的个体差异，即一个人的气质、性格、态度、情绪、价值观等，目的是了解自己、了解他人，如何自己做心理调适，怎么与他人相处。在个体的研究里面，最重要的就是气质和性格，这是人们对外界感知的出发点和归宿。

气质可以包含性格，性格不能够概括气质，性格是气质的外在反映。气质用非学术语义来表述，就是气场。人确实是存在气场的：一个人从门口进来，连话都没有说，我们就感到他"闪亮登场"。为什么，因为一看他就不是一般人，这就是气场。气质决定了很多东西，如一个小伙子，在网络里面和人聊天，网络那一头的那个人称自己是 18 岁的妙龄少女，所以小伙子很高兴地聊。可是聊着聊着，小伙子突然产生了心理危机。因为他突然不确定在网络那头的人是男人还是女人，即使对方是女性，会不会是一个阿婆级别的人。所以小伙子发出视频邀请，对方也接受了视频邀请。一看，真是一个妙龄少女，长发披肩，眼睛大大的。关了视频接着聊，小伙子觉得差不多了，邀请少女见个面，对方愉快接受了邀请，两个年轻人约好，今晚七点半，在电影城门口见面。可是一见面，"见光死"。也就是说，一见面，小伙子在三分钟内就做出了判断，和这个女孩的关系到此为止，不可能再往下发展了。

这是为什么，你不是已经聊了很久，表明爱好兴趣以及价值观差不多吗，你不是也看了对方视频了吗？问小伙子，小伙子可能会说，是啊，但是一见面就觉得不对啊，长发披肩倒是长发披肩，眼睛大大的倒是眼睛大大的，可是白眼球大过黑眼球，眼光飘忽不定啊。而且她身上还有一股味道，这种味道我不喜欢啊……这就是气质的作用。另外的一个例子，为什么现代通信，包括视频通信已经非常发达，世界各国领导人还要亲自见面呢，因为人都是有气场的，通过电话甚至视频讨论问题，缺少这种气场，也许两人见面气场相容，很多问题也就不是问题了，有一句话叫作"一笑泯恩仇"，大概就是这个意思。

一个人的气质是怎么形成的，现代研究表明，与一个人的成长环境和后天的教育、经历、见世面的程度密切相关。

我们说，性格是气质的外在反映，性格是没有好坏的，因为性格与生理遗传有关。世界上几乎绝大多数出类拔萃的艺术家、文学家都是分裂型性格。请注意分裂型性格不是神经病，是一种性格。

虽然性格没有好坏，但的确存在着什么样的性格与什么样的工作的匹配问题，这叫作"职业性格"（Professional Character）。有一次笔者给广东省国资委二级法人代表讲人力资源课程，这些学员都是企业的"一把手"，在授课休息的时候，一位企业老总来找笔者，自我介绍说他是广州远洋货轮公司的董事长，他们有一块业务就是培养和派遣远洋货轮的海员。他说，丘老师你知道吗，培养一个远洋公司的海员成本是非常高的，他不但要懂轮机，即甲板下面的设备，而且甲板上面的所有工具他也要能够掌握，甚至包括导航、海图也要知道一些。可是这几年他们培养和派遣出去的海员，只要跑了一趟北美行线，也就是美国加拿大航线，回来就要辞职，给多少钱也不干了。我问为什么，这位老总说，如果他跑北美加拿大航线，他是三个月见不到陆地的，都在海上，他受不了孤独。哪有Wi-Fi啊，哪有电话啊，有电话大多数情况下也没有信号，船上只有几部卫星电话，那也不是海员随便可以用的。丘老师，你能否给我们搞一个测评方法，看这个人能不能忍受孤独，如果能，我们才培养他成为海员，如果不能，我们也就不培养了……这个国企老总说的问题，就是"职业性格"问题。

还有一个类似的例子，也是一个国企的企业家学员，是搞核电站的。他也提出一个困惑，就是操纵核电站所谓核按钮的人员学历非常高，一定是硕士以上。而且核安全教育和培训不知道搞了多少，操作室里到处都有摄像头监控，犯错处罚也极其严厉，一般都是开除。但是即便如此，还是有一些按"核按钮"的工作人员经常犯错。如差个零点几度，他就会把开关拨过去。事后问他为什么这样做，他说我也不知道为什么，手就上去了……这位老总问，这样的人，手闲不住的人，怎么鉴别？

职业性格的测评在学术界已经开展了好长时间，通用的、比较广泛认可的是MBTI 性格测试，这是目前国际最为流行的职业人格评估工具（迈尔斯类型指标，Myers Briggs Type Indicator）。

这里所说的人的性格倾向，可以理解为，一个人的两只手都可以写出字来，但惯用的那只手写出的字，一定会比另一只更好。也就是说，**某种性格的人一定会比另一种性格的人更适合某项工作。**

MBTI 人格理论的基础是由美国的心理学家 Katharine Cook Briggs（1875 ~ 1968）和她的心理学家女儿 Isabel Briggs Myers 根据瑞士著名心理分析学家 Carl. G. Jung（荣格）的心理类型理论，以及她们对于人类性格差异的长期观察和研究的成果。它是一种被迫选择型、自我报告式的性格评估测试，用以衡量和描述人们在获取信息、做出决策、对待生活等方面的心理活动规律和性格类型。经过了长达 50 多年的研究和发展，MBTI 已经成为当今全球最为著名和权威的职业性格测试工具。

这种理论可以帮助解释为什么不同的人对不同的事物感兴趣，擅长各异的工作，并且有时不能互相理解。这个工具已经在世界上运用了将近 30 年的时间，夫妻利用它增进融洽，老师和学生利用它提高学习、授课效率，青年人利用它选择职业，组织利用它改善人际关系、团队沟通、组织建设、组织诊断等多个方面。在世界 500 强中，有 80% 的企业有 MBTI 的应用经验。

目前在国内这种通用的职业测评工具还有不少，比较流行的有"九型人格"测评等，但是其他的一些测评方法还鲜见于大学的课堂。当前社会上比较缺乏的是针对某些特别职业而开发的，又具有权威性的职业测评工具。

【延伸阅读】

性格没有好坏，世界上有伟大艺术成就的艺术家很多是"分裂性格"（性格的一种）。例如，《老人与海》的作者海明威，写下了不朽之作之后，在海边开枪自杀。

1958年诺贝尔文学奖获得者，日本作家川端康成，他的代表作是《伊豆的舞女》《雪国》，文字凄美委婉，优美至极。获奖以后说我该说的都说了，该写的都写了，也没有必要留在世上，开煤气自杀了。

我国台湾作家三毛，我们这个年代的人都看过她的书，《哭泣的骆驼》《撒哈拉沙漠》，写和一位西班牙青年的爱情，无比清新又无比缠绵，心中永怀那株孤独的橄榄树，最后用一只丝袜结束了自己的生命。

香港的演员张国荣，其分裂性格表现比较明显的是从拍摄电影《霸王别姬》开始。《霸王别姬》的剧本非常好，是香港作家李碧华的作品，后被陈凯歌导演搬上屏幕。

在张国荣去世一周年的时候，陈凯歌导演在《人民日报》上发表了一篇三千字的纪念文章，这篇文章给笔者留下了深刻印象。陈凯歌谈道，在拍摄"文化大革命"那场戏的时候，张国荣扮演京剧中青衣的角色，青衣是男扮女装角，而张丰毅饰演花脸角色，他是张国荣的师兄。这两个人是一个师傅教出来的师兄弟，成为梨园传奇。这场戏的剧情要求红卫兵斗他们两个，他们两个浓妆重彩，穿着戏服，挂着牌子。造反派拿棒子打他师哥，师弟为保护师哥，扑在师哥身上，结果师弟被打了，师哥没有被打。

拍完以后，剧组回到房间里，大家卸妆。在这个过程中，谁都没有发现张国荣有什么异样，但是过了十分钟左右，大家觉得张国荣不对劲了。陈凯歌写到，我从来没有看到过一个男人是这样哭的：张国荣一动不动坐在那里，泪水夺眶而出，但是一点抽搐的声音都没有，泪水不断地穿过化妆的油彩，在脸上淌出两条河。

陈凯歌写到，我觉得国荣是一个好演员，他入戏太深，应当让他静一静。导演就把大家撵出去，房间里面就剩下导演陈凯歌、演员张国荣。陈凯歌说，我也不知道怎么劝国荣，就坐在他旁边陪陪他，可是几分钟以后，张国荣目中无人，就像陈凯歌不存在一样，还是泪如泉涌。陈凯歌写到，我觉得我也没有必要留在这里，应当让国荣自己静一静。所以他开门出去，结果所有的剧组人员都没有走，都站在门口等他们两个。陈凯歌也站到了等待张国荣的队伍当中。

十几分钟以后，这扇门终于打开了。陈凯歌导演写到：一个满脸灿烂笑容、幽默至极、打情骂俏的张国荣又回到了我们身边。

这最后一句给笔者印象深刻。为什么分裂型性格的人在艺术家中偏多，是因为我们每个人都有内心矛盾冲突，而分裂型性格的人内心矛盾冲突非常激烈，激烈到把生死都置之度外，一个人把生死都置之度外的时候，说出来的话、写出来的句子，叫作什么？不叫绝句，应当叫作"千古绝句"！所以我们普通人，一看到这样的文字和话语，便非常感动，因为我们没有这些艺术家那么深刻的体验。

第三节　团队具有"兜底"功能

组织行为学研究的第二个问题就是群体，三个人以上就是群体。群体主要研究两个内容：一是人与人之间的关系，简称为人际关系；二是团队（Team）。

为什么要研究人际关系，联合国教科文组织曾经在全球主要国家做过一个调查，一部分是单身群体，另一部分是有婚姻关系的群体，看这两部分群体平均寿命哪个长一些，得出的结论是有婚姻关系的群体平均寿命更长。这个大数据的统计结论说明，人的寿命与人际交往有密切关系，一位结婚人士比一位单身人士的亲戚关系多了好多，人际交往也相应多了好多。因此，我们可以认为，**一个人的人际关系的好坏，直接决定着这个人的生存质量**。人类社会是互相依存的，特别是互联网时代，人会自觉和不自觉地进入某种人际网络。那么，作为个体的人，在群体中如何与他人互动、沟通，进行工作交流和情感交流就显得特别重要。

判断一个人和另一个人的人际关系好坏，依据是什么？有一句话评价两人的关系："我与你的关系，是那种从来不需要提起，永远也不会忘记。"如果是这样的话，这两人的关系是紧密的还是疏离的呢？"我和你的关系是君子之交淡如水"，那这两人的关系是紧密的还是疏离的呢？答案都是疏离的。

看一个人与另外一个人的关系紧密不紧密，要看两个人的"交往频率"（当然，这不是指在某个组织中的工作关系）。我们经常说"远亲不如近邻"，就是这个道理。远亲，可能过年的时候才想起来打个电话问候一下，而且对方还不一定接得到；而近邻，今天我家儿子到你家吃了块糕点，明天你又送我一袋水果，彼此互动频繁。

中国汉字在 1949 年以后简化过两次，有些简化得好，有些比较遗憾。例如，繁体字的"親"和简体字的"亲"，繁体字的"愛"和简体字的"爱"，台湾人调侃我们，大陆汉字，"亲不见，爱无心"。见面才亲，不见不亲。这也说明了"交往频率"的重要性。

改善人际关系的方法，第一是换位思考。站在对方的位置，使自己感同身受。第二是遵从平等。无论是公务还是私交，都没有高低贵贱之分，以朋友的身份进行交往，才能有深厚的感情。第三是遵从相容。是指与人相处时的容纳、包涵、求同存异、互学互补、处理好竞争与相容的关系，更好地完善自己。第四是遵从互利。人际交往是一种双向行为，故有"来而不往非礼也"之说，只有单方获得好处的人际交往是不能长久的。第五是遵从信用。以诚实为本的原则，不要轻易许诺，一旦许诺就要设法实现，以免失信于人。第六是遵从宽容。对非原则性问题不斤斤计较，能够以德报怨，宽容大度。当然，还要对环境进行辨析，做到社交得体，也要对别人心理状态有一定的洞察力，多了解，少判断。

"团队"（Team）这个词，纯粹是外来语。中国有"伙"的概念，没有"队"的概念。那么什么是团队呢？三个不同一个相同，就是团队。第一个不同：团队中年龄结构、性格特征不同；第二个不同：团队中每个人的知识背景不同；第三个不同：团队中每个人的业务擅长方向不同。一个相同，即目标相同。团队要高举一个相同的大旗，把三个不同融合起来，组成队伍。

一个手术小组是团队，里面有主刀医生、麻醉医生、辅助医生、护士等，可是这台手术做完以后，这个团队也就不存在了，各自回到原来的岗位。一个乐团为了完成一场演出，也是团队运作，乐团音乐家各司其职，这场音乐会结束以后，这个团队也不存在了。分析到这里，我们可以得知，**团队运作有适应症。换句话说，不是所有的事情都适合团队运作。**

其实在绝大多数企业里，都是职能化运作，而非团队运作。例如，在一个企业里有人力资源部、采购部、营销部、财务部等，他们都是以具体的职能运作，而非团队运作的。那么什么样的事情适合团队运作呢？很显然，目标单一明确，且有明确时间要求，专业化程度高，需要不同方面的人互相配合的事项就比较适合团队运作。

这样的事情就是"项目"（Project）。一般来说，如果一个事情同时具备四个特征，这个事情就可以称为项目。即一次性、独特性、时间性和占用资源性。四性齐在，我们称为项目。例如，大项目：三峡大坝、奥运会；中等项目：一个产品的研发；小型项目：写一份报告。

较早以前，有一部美国大片，叫作《拯救大兵瑞恩》。这当然是一个项目，这个队伍里面有神枪手、有侦察兵、有爆破专家、有通信专家，还有团队领导，目的就一个，救瑞恩。讲到这里，就有一个问题凸显出来，团队多少人比较合适呢？一般来说，团队最佳规模在8人以上，15人以下。人太少，不能实现各方面人才优势互补，人太多，协调一致成了最大问题。另外，团队成功最重要的条件是什么？那一定是团结协作、互相配合、顾全大局。

虽然绝大多数职能化组织不适合整体的团队运作，但是在整体的职能化组织里，的确有必要强调团队精神，这种精神就是团结协作、互相配合、顾全大局的精神。当然也可以在职能化组织的局部，根据事由组建团队并且实施运作。

还有一个问题需要指出的是，特别有本事的人在组织中一定不愿意团队运作，因为团队运作中，这个人"鹤立鸡群"。他的本事是"分子"，团队其他成员是"分母"，分母大了，分子的业绩就被"摊薄"了，就显示不出这个人的本事。因此，我们也得到了这样的统计：团队运作的平均成绩，往往比团队中最能干成员的业绩低好多。既然如此，为什么还要强调团队运作呢？**这是因为团队运作的平均成绩可以把非团队运作的平均成绩提高25%左右。**

有一个例子解释这种现象：有一个建筑队，工人的工作是砌墙。每个工人的业绩是看他砌了多少平方米的墙，以此来衡量并给予奖金。在此种情况下，有一位工人说，我今天不想干了，钱我也不要了，在那里休息，其他工人是不会管他的。但是如果实施团队运作，奖金不对每个工人，而是对团队的整体成绩，然后再由团队负责人根据每人表现二次分配，这时候前面那个工人还说我不想干了，如何如何，这个团队中的其他工人会不会去帮他？当然会，因为你不干，把我们大家都拖下水。而且在帮这个员工的时候，其他人的态度也不会好到哪里去。这个时候，这位员工如果还不干的话，大家会群起而攻之。这就是团队的另一个最大好处，我们称为"兜底"。**团队的兜底作用，使团队的平均业绩高于非团队运作的平均业绩。**

群体和组织有相同之处，也有很大区别。相同之处在于群体和组织都有共同的诉求。例如，老年人是群体，老年协会是组织，他们都有共同的老有所依、老有所养、被孝敬的诉求；但是老年协会有组织、有纲领、有计划、有长短期目标、有纪律。这些东西老年群体是没有的，这就是组织和群体的根本区别。

组织要研究的问题，第一就是组织纲领。纲领就是旗帜（旗帜有感染力和号召力。这就是为什么攻入敌人阵地，第一件事就是要插旗），通过什么纲领把群体成员吸纳到组织里来，通过什么纲领使组织具有凝聚力。第二就是怎么样使组织具有效率，"特别能战斗"。第三就是组织变革。随着时间的推移和外部环境的变化，可能组织的情况越来越远离了我们成立组织时候的"初心"，组织已经呈现出很多与时代和现实的不适应性。但是由于组织的长年"积淀"，已经形成了组织内的一定利益格局，如果变革，必将动到组织内某些成员的"奶酪"，换句话说，组织内的任何变革都是有阻力的。**组织变革理论要求我们在最恰当的时间点和空间点，找到变革阻力最小的方法，获取变革的成功，并固化这种成功，成为常态。**

　　一般来说，增量变革获得组织变革的成功概率比较大，也就是说通过变革组织成员的利益增加而非减少了，或者起码持平。例如，在企业组织处于非常好的市场阶段，变革就容易成功，因为企业可以通过变革获取更大的利益，受惠的是组织成员。相反，如果是缩量变革，就比较艰难，即通过组织变革，组织成员的利益反而受损。但是，比较令人头疼的是，**增量变革的必要性小于缩量变革的必要性。**往往组织到了生死存亡的关头，人们才会想起来变革，其实是不得不变的情况下，不得已而为之。这种情况下的变革不可能是增量变革。

第四节　人力资源管理到底管什么

　　前面谈到，行为科学的术，就是人力资源管理。人力资源管理主要研究四个问题：一是招聘；二是绩效管理；三是薪酬设计；四是职业发展。

　　组织通过什么样的手段可以找到与岗位匹配的人员，而且这个过程成本最低，这是招聘最核心的问题。从招聘的技术角度来说，有两大方面，一是主观测评，二是客观测评。主观测评主要靠招聘人员对应聘者的主观判断，包括面谈和一些方法，诸如模拟测评、无领导小组、设计各种维度和指标考核等。这种主观测评有一个最大的局限，就是主观判断招聘的质量高低取决于招聘者的水平高低，有可能由于招聘者的水平不高，把符合岗位要求的优秀人员提前淘汰出局。客观测评是依据心理学原理，针对应聘者的职业性格、应聘者的主观愿望（职业锚，即选择职业的价值观）和应聘者的能力与岗位匹配方面进行各种测评（岗位素质模型）。以上这些测评体现了应聘者应聘前个人身上固有的特性、价值观和能力与岗位的匹配程度。一般而言，主观测评与客观测评联合起来使用，并以客观测评为主体，可以取得比较好的效果。

　　员工的绩效管理分为绩效过程管理与绩效考核两个部分，绩效过程管理包括确定绩效目标，做员工绩效辅导，这包括了管理的计划、组织、领导、控制四大环节的所有方面，这是企业组织中从 CEO 到各级干部（统称为直线干部）的责任。而绩效考核是为了奖勤罚懒，多劳多得，分配公平。员工非常在意绩效考核，因为绩效考核与员工的奖金挂钩。绩效考核首先就是企业目标的分解，在企业目标中寻找岗位的关键指标（即 KPI，一般关键指标主要指经济指标），关键指标大多可以量化，便于考核。另外，对管理层还有很多定性的指标要进行考核。例如，管理能力、工作的主动性、协作精神等。这些指标是过程指标，管理就是管理过程，把过程管理好，出现好的绩效指标（结果类指标）才有保障。因此，定性的管理指标对考核管理层是不可或缺的。一般把定性指标通过量表，以定量的方式进行表达，以达到考核的要求。

薪酬不是万能的，但是员工工作没有报酬作为支撑，不可想象。更重要的是，在对人的激励中，物质激励、精神激励和目标激励三种方法中最有效的就是物质激励，物质激励中最有效的就是金钱激励，金钱激励中最有效的就是现金激励，而薪酬中很大的比例就是现金（Cash）。

薪酬设计在一个企业组织里要达到四种公平：一是外在公平。指的是本企业的薪酬要与本地区、本行业其他企业的薪酬水平基本相当，如果差距过大，就会引起员工较大的流失。二是内在公平。指的是企业内部岗位之间要公平，内部公平是制定企业薪酬的基础，这个公平是按照各岗位责任大小来划分的。三是个人公平。指的是个人的付出与个人的所得应该公平，值得注意的是，个人的付出还包括在本企业之前的付出。例如，在同一个时间点，在同一个企业，一个大学本科毕业生首次就业的薪酬与一个研究生首次就业的薪酬，哪一个应当高一些，当然研究生应当高一些。这是因为研究生为自己的知识和技能的提高付出了更多的劳动和资金，社会也承认这种付出，所以这种付出也必须反映在薪酬上。四是过程公平。指的是在企业内部制定薪酬的过程是否令人觉得公平，法律上有"程序正义"的说法，如果程序没有正义，那判决也没有意义。恐怕这是对薪酬过程公平比较好的注解。

员工的职业发展是作为职业人一直追求的目标。越是有能力、有水平的人越在乎自己的职业发展空间和社会定位。一般而言，企业都有"正式的职业阶梯"。如工人经过一段时间的努力有做到厂长的可能，技术人员有做到总工程师的可能。这种东西就叫作正式的职业阶梯。但是光有正式的职业阶梯是不够的，还要有其他措施保障员工的发展，如技能培训，考取某项专业技术资格等。比较好的做法就是，员工职业的发展能够得到企业的正式认可，这种正式的认可包括企业给予使用的同时，也给予薪酬方面的承认。

在企业中，我们发现基层员工流失率比较高的时期是企业录用后的三个月内。而中高层员工的流失率却是在入职三年后最高。因为，中高层员工都是有本事的人，他们在选择企业和工作时，不盲从，很慎重。所以，如果刚来的时候尽管遇到各种不如意，他们一般也会忍耐，不会轻易跳槽。可是三年以后，他们就会产生三个基本哲学问题，即我是谁？我从哪里来？我要到哪里去？**企业这时要为他们提供两个答案，即我不管你从哪里来的，但我可以告诉你，你是谁，你要到哪里去。**如果企业组织无法回答这些问题，那这位核心员工离职也就不足为怪了。

员工职业发展的另一个问题，就是把员工个人的特长和发展意愿与企业的战略结合起来，也即做员工的"职业生涯规划"。例如，一个喜欢计算机的年轻人，我们送他到大学计算机学院学习专业的电子商务，在送他学习之前，企业已经确定了要开展电商拓展，并且此人是这块业务的中间力量。通过这样的举措，使这个员工的个人特长和企业战略结合起来，达到企业与员工的双赢。**企业"职业生涯规划"的一个关键点是，企业必须对个人"做出承诺"。如果企业没有做出承诺，那是这位员工的个人的生涯规划，不是组织的生涯规划。**但是权利与义务是对等的，一般企业为个人做出承诺，个人也要承诺为企业的服务年限，这是一般企业的正常做法。

【本章要点归纳】

企业管理发展至今，已经形成三大学科：一是科学管理。以制度化、过程化和层级化为核心追求组织效能。二是管理科学。以数量化思想，借助计算机硬件和专家系统软件实施管理科学化的实践，量化地管理、调配、运作企业所有资源。三是行为科学。以人为本的管理理论和实践。管理本身已经出现了硬化和软化两种趋势，**即对管事的硬化的趋势，对管人的软化的趋势。**

霍桑试验提出了正式组织内存在着非正式组织，非正式组织中存在着意见领袖。非正式组织对正式组织有正反两方面的影响。

行为科学的组成分为"道"与"术"。道就是组织行为学，术就是人力资源管理。在 MBA 和 EMBA 的教学中，组织行为学是人力资源管理的先行学科。

组织行为学研究的第一个问题是个体。对个体的研究主要集中在研究人的气质和性格方面。气质可以包含性格，但性格不能概括气质，性格是气质的外在反映。性格本身没有好坏，但的确存在着"职业性格"问题。了解个体，就是了解自己、了解他人。依据"职业性格"的科学判断，最大限度地发挥每一个人在社会上的正向作用。另外，人与人是互相依存的，不同的人互相影响、互相依存组成社会。

组织行为学研究的第二个问题是群体。群体研究人与人之间的关系和团队。人际关系的好坏，直接决定着一个人的生存质量。判断一个人的人际关系好坏，要看他和其他人的互动频率（组织中工作关系除外）。团队是由三种不同的人和一个相同的目标组成的。团队适合于目标单一、要求多方面配合的任务，也就是项目类的任务最适合团队运作。企业内的大多数组织是职能化运作，但是确有必要在职能化组织里强调团队精神，团队精神就是团结协作、互相配合、顾全大局的精神。有本事的人是不愿意组成团队的，因为团队的平均业绩达不到他的个人业绩水平，也就是说，他个人的业绩将在团队整体运作中表达出来，而非他个人表达。但是团队平均业绩可以比非团队平均业绩提高 25%，因为团队有强大的"兜底"功能。

　　组织行为学研究的第三个问题就是组织本身。组织与群体的相同之处在于都有基本一样的诉求，不同之处在于，组织有纲领、有目标、有计划、有纪律。组织研究方面，要研究组织纲领，通过什么样的纲领把组织成员凝聚起来；研究组织结构，通过什么样的组织架构和流程匹配，使组织更有效能；研究组织变革，通过什么样的手段使组织在变革的时候阻力最小，并且得以固化。

　　行为科学的"术"，就是人力资源管理。人力资源管理主要研究招聘、绩效管理、薪酬设计和员工职业发展问题。现代招聘手段主要有主观测评和客观测评，一般以客观测评为主，两种方法综合运用比较好。绩效管理分为绩效过程管理和绩效考核两部分，绩效过程管理涉及管理的计划、组织、领导、控制所有环节，是企业直线干部每天的责任。绩效考核是为了奖勤罚懒，关键是寻找反映该岗位的关键指标 KPI。绩效考核与奖金挂钩，体现了多劳多得的公平原则。薪酬是最有效的激励手段，因为它的主要成分是现金（Cash）。薪酬要体现外部公平、内部公平、个人公平和过程公平的原则，在这四大公平中，最重要的是内部公平。越是有本事、素质高的员工，越注重自己的职业发展。一般企业里都有为员工搭建的职业阶梯，现在的职业阶梯不是单一的，有多元倾向。对于核心人才，企业会为其做"职业生涯规划"。所谓职业生涯规划，是指企业对员工有某种"承诺"，没有承诺的是个人生涯规划，与组织关系不大。

第十二章　员工管理创新

——员工交往的管理学意义

第一节　员工有动机不一定有行为

　　人与动物有什么区别，恩格斯在他的著作《自然辩证法》里面曾有阐述：人会创造工具，动物是不会创造工具的。现代科学技术证明这一点是不准确的，不是说恩格斯不伟大，而是历史的局限性而已。1952 年，美国的一位动物摄影学家用黑白胶片拍摄了一组黑猩猩的照片，在冲洗照片的时候，发现了有意思的场景：黑猩猩想吃蚂蚁，蚂蚁洞又小又深，黑猩猩的手指无法入内。结果黑猩猩找了根细细的草棍转着转着就进去了，可是抽出草棍一个蚂蚁没有，黑猩猩把草棍放在嘴里嘬了一嘬，又放进去，这次再抽出来时草棍上有很多蚂蚁，因为蚂蚁喜欢吃唾液。行为学家认为，这根草棍和黑猩猩的唾液，就是黑猩猩创造的工具。现在动物会创造工具已经是一种很普遍的自然现象，我们给猴子一个核桃，猴子会用石头砸开。

　　所以，动物和人的最大区别不是会不会创造工具，而是在于"动机"。只有人才有动机，动机是一个人有明确计划性的想法。而动物对应的是"本能"，本能是自然的属性和不受控制的反应（见图 12 - 1）。

　　解释动机与本能的区别，可以用一大块牛肉放在人的面前和放在狗的面前时，人与狗的表现完全不同来解释。人看到一大块牛肉会想到怎么处理，要不要送给亲戚朋友一点，要怎么做，要不要放在冰箱里面；而狗会马上拖下来吃，不会有任何有计划的想法。

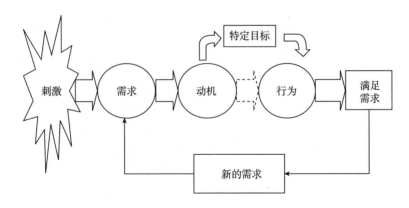

图 12 - 1　人的思维与行为模式

那么动机前面是什么，是人的需求，人的需求来源于受到外界的刺激。例如，一个中年妇女，看到她的朋友拿着一个 LV 包，结果她会受到这个事件的刺激，与她的朋友去比，也许她也有了要一个 LV 包的需求。人的动机后面是什么，是人的行为。但是图 12 - 1 中，人的需求到动机是实体箭头，而动机到行为是虚体箭头，也就是说，人的动机不一定会导致人的行为。

例如，一个 25 岁的小伙子，有没有结婚的动机呢，如果他的性取向与大多数人一致，那么他肯定会有。但是他会不会结婚呢，那可不一定。他连个结婚的对象都没有，怎么结婚呢。可是他工作的单位来了一个女大学生，这个小伙子左看右看，前看后看，觉得比较适合他，然后就会出现一连串的偶然事件：当这个姑娘在食堂吃饭的时候，小伙子偶然出现在姑娘的后面；当姑娘下班在等公交车的时候，小伙子又偶然出现在她的前面。经过这一连串的偶然事件，终于走向了婚姻的殿堂。那这个姑娘是这个小伙子的什么呢？如果说是小伙子的"猎物"也可以，但这不是本书的语言，而应该说这个姑娘是小伙子的"特定目标"。也就是说，人只有动机不会产生行为，但是当有了特定目标以后，就会产生行为。

对于企业的管理者而言，我们要不要了解员工的需求，调整他们的动机，给员工设立某种特定的目标，让员工的行为能够符合企业的规范？当然需要。这一过程，就是行为科学运用的过程。

行为科学的基础理论很多，但是经常被人们提到的有两个，一个是马斯洛提出的人的五个需求，另一个是赫茨伯格提出的双因素理论。并非这两个理论有多高深，恰恰相反，他们用很简单的道理，比较准确地描述了人们需求的递进关系。

马斯洛认为，人的最底层的需求就是生理需求，这个需求指的是人活着的需求。人要活着就是两件事，第一吃饭，第二睡觉。美国在伊拉克战争以后，不让战俘睡觉，成了当时最大的丑闻。人不睡觉，会崩溃。一位美国医学家写过一篇科普文章，说一个人不吃饭只喝水，根据每个人的身体条件不同，可以存活10～15天。可是如果一个人不睡觉，三天大概就不行了。如果一个人这两个基本需求都得不到满足，那么这个人就没有任何尊严。就像中国人说的："没有肚子，哪有脸"，大概就是这个意思。

一个年轻人正在城市的天桥上乞讨，如果上前和他说，跟我走，我来给你做职业生涯规划，谈谈你的前途。他恐怕毫无反应，甚至懂都不懂。反过来拿出15块钱给他，让他到天桥下面买个10块钱的快餐，然后用这5块钱，多要几块排骨或几块肉，这对他的激励最大，因为他正饿着肚子。相反地，如果这个年轻人拿出15块钱，把我和他说的话，和我说了一遍，要我多要几块排骨或几块肉，我是什么感觉，我可能会说，你有没有侮辱我啊。这是因为我给他15块钱对他当时的状态是"雪中送炭"，而他给我15块钱对我现在的状态是"锦上添花"，但是花太小了，小到我不舒服。

因此，马斯洛的五个层次的需求理论，很多人包括很多老师也没有讲清楚。它的含义是，**首先分析员工的生存状态，力求用最低的管理成本获得最大的激励效果。**管理人、激励人是有成本的，而且这个成本是一个无底洞，因为人的欲望是无止境的。

我有一位农民朋友，好几年没有去看他了，最近准备去看看他。看人嘛，不能空手去，要带点礼品，但是买什么东西送给他真的拿不定主意。就在家里的小区里转，不知道要买什么。走到一个药店的旁边，看到药店橱窗里有一盒包装很漂亮的东西，一看是脑白金。问问店员多少钱一盒，对方说400多。来两盒，800多的东西拿得出手。

到了农民朋友那里，吃饭的时候，农民朋友问我，这两盒是送我的？我说是啊。问是什么东西啊，我说脑白金。他问脑白金是什么东西啊，我回答：对脑袋好，保健脑子的。农民朋友问我，我的脑袋怎么了？我说不是你的脑袋怎么了，这东西对睡眠好，睡眠质量高。我农民朋友嘟囔说，老丘啊，我坐着都可以睡着啊。

你看，你花了800多，朋友还认为不是个东西。是因为你没有注意到人家的生存状态，买什么脑白金啊，花四五百块钱，买两个猪头去不就好了，人家一看，猪头下酒菜，多好。相反你给我送礼，是送脑白金呢还是猪头呢。

这个例子说明了，什么叫作首先分析员工的生存状态，力求用最低的管理成本获得最大的激励效果。

马斯洛认为，如果一个人的生理问题得到了基本满足，就会追求更高的东西，那就是安全的需求，现代的安全观和以前的安全观不大一样，以前我们指的是人身安全。现代的安全不但包括人身安全，还包括"周边事态"。由于国内的贫富差距比较大，再加上包括中国在内的全球反恐形势十分严峻，这个问题也将成为中国人面临的长期挑战。

第二节　交往是员工自我约束与对外宣泄的最佳渠道

马斯洛认为，如果将上面两个基本生存和安全问题解决以后，第三个层面的问题就是交往的需求。目前在国内企业调查的结果显示，底层的新员工在入职前三个月最容易产生各种问题，例如，离职、打架斗殴、小偷小摸等；而学历高的员工却是在入职三年后离职率比较高。这是因为，底层新员工找工作比较随意。

一个年轻人远离了家乡，远离了亲人，从农村来到大城市的企业打工，这个人比在家乡的胆子是大了一点，还是小了一点？当然是大了一点。在家乡人家是看着我长大的，不但认识我，还认识我的父母，我做任何事情，都要考虑对他们的影响。可是我现在在这个城市、这个企业里，谁也不认识我，我也不认识谁，我是流氓我怕谁？很多年轻人都有这样的想法。

是一个孤独的人容易出事，还是一个亲戚朋友很多的人容易出事，当然是孤独的人。一个亲戚朋友很多的人，每一个亲戚朋友都是"一条线"，把他拉起来，拉在社会网络中，他成为社会网络中的一个节点。这个时候，这个人想动一动很不容易，他会想，做这个事情，对父母什么影响、对领导什么影响、对同事什么影响、对朋友什么影响，他会瞻前顾后，左顾右盼。当他在回答这些问题的时候，很可能就放弃不做了。不做了，这个人就是"稳定分子"，这些交往把他约束住了。

因此，**交往的管理学意义，第一个就是"对人的约束"**。弗洛伊德认为，我们每个人的心中都有"罪恶的邪念"。这和我们老祖宗讲的"人之初，性本善，性相近，习相远"是没有矛盾的。人之初，性本善，但是在这个人成长的过程中，社会上的丑陋现象有没有在他心底里留下烙印呢，这些烙印就可能成为罪恶的邪念。例如，一个人最近看帝王将相、才子佳人的宫廷电视剧，诸如《甄嬛传》《芈月传》等，也许他看着看着，就开始做白日梦，心里可能会想，我要是皇上多好，为什么好，你看其他的不说，三宫六院就爽得很！

又如，有人希望有小三，但是他并没有实质的行动，为什么？是因为弗洛伊德已经指出，我们每个人的心头都有三把锁：第一把锁，叫作伦理；第二把锁，叫作道德；第三把锁，叫作法律。这三把锁，把人的罪恶的邪念压在心底。伦理和道德是有区别的，伦理是几千年来人类留下的共同遗产，不分种族、不分国家的东西是伦理。例如，克隆人类是伦理问题，还是道德问题，当然是伦理问题。不论哪个国家和民族的人都是不可以克隆的。而道德不同，不同的国家和民族有不同的道德观。在非洲的埃塞俄比亚，一位15岁的少女赤裸上身在椰子树下跳草裙舞，我们觉得很美丽、很纯洁。可是在我们的企业门口，能看到一个15岁的少女赤裸上身吗，还没有等她赤裸呢，我们已经把她送到精神病院去了。

有人说，丘老师你想娶两个老婆对不对，我说对。那你讲不讲伦理，我说少来这套，有的民族容许娶多个老婆，哪有伦理问题。那你讲不讲道德，我说我都不要脸了讲什么道德。但是在我娶第二个的时候，手铐已经铐了起来，因为你违反了中国的法律，犯了重婚罪。所以，弗洛伊德说，伦理和道德是自我约束，法律是他我，有的书上翻译成超我。也就是说，当你自己管理不了你自己的时候，外力强制干涉你。

从管理学的意义上来看，交往的第二个作用就是宣泄。这个宣泄指的是情感的宣泄。一个员工在一个企业里，总会遇到各种问题，欢乐有没有人分享，郁闷和委屈有没有人倾听化解，这是非常重要的，所有的人，不论高层人士和底层人士都需要宣泄。

一位员工来找他的朋友，说某某经常欺负我，今天他又欺负我，我真恨不得拿刀捅了他。他的朋友怎么说，走拿刀去。大概没有这样的朋友。他的朋友可能会拉着他喝酒去，在喝酒的过程中，这位员工还是拍桌子拍板凳骂那个人，他的朋友回答：嗯，啊，哎呀，真的啊。就说一些"虚词"。这位员工有没有说完的时候，有没有骂完的时候，当然有。他没话了，他的朋友问他：走，拿刀去。他会回答：算了，不要和这个小人一般见识。为什么他退缩了，因为他已经得到了宣泄。而问题是，如果这个员工没有宣泄对象，则非常危险。

六年前，广东东莞一家制造业的台资企业出了这样一件事情。一个江西小伙子19岁，到这个厂打工，刚刚一周，就把左手掌轧掉了一半。出了这样大的事故，企业送他到医院，住院处理完了，免不了要谈赔偿问题。小伙子咨询了律师，律师说你刚来没有一周就出这样大的事故，主要是企业老板的责任，他对你的培训没有到位，他应当赔偿你18万元。台湾老板也咨询了律师，律师说，这事主要是员工的问题，因为他完全违反操作规程，所以才导致了这样的事故。但是你是老板，你的确有培训不到位的责任，你应当赔偿他8万元。

一个18万元，一个8万元，中间差了10万元。双方谈不拢，上诉法院。在等待法院判决的过程中，台湾老板把这个员工留在了企业，给他单独安排了一个房间，还特地为他安装了一台空调，并且告诉饭堂，这个员工来吃饭，你们不要给他打现成的饭菜，问他要吃什么，给他现炒。但是，很不幸的是，这个员工才来了一周，就出了这么大的事情，他谁都不认识。更糟糕的是，这个企业里一个江西老表都没有。他的性格也内向了一些，整天在那间宿舍里，每天两点一线出来三次，宿舍饭堂，饭堂宿舍。很热的天，也穿一件长袖的衬衣，把受伤的左手藏在袖筒里。就这样到了第10天，这个员工受不了了，他的脑海里最后就变成了两个数字：8万、18万。第10天的中午，他在企业行政楼前拦住了老板（现在看来，他是算好这个时间老板会出来吃饭的），说你要给我18万，老板说我只能给你8万，不行你现在就要给我18万！老板说我们在等法院的判决，法院判了给你18万我就给你18万。结果两个人就站在那里吵起来。这时候，行政楼里出来一个60多岁的台湾人，是企业的协理（副总经理），就来劝架，还没有等他说几句话，年轻人突然用好的右手从左袖筒里面抽出一把杀猪刀，对着老板就捅了过去，那位协理看到这种情景，就往前跑，一边跑一边喊，杀人啦，杀人啦。小伙子听到喊声，一下激怒了，从老板的身上抽出杀猪刀，几步赶上去，对着协理又是一刀。不到几分钟的时间，杀死了两个人！

后来法院判决了这位19岁的年轻人死刑，他在法庭上说，我杀死两个人该死，可是我不服！这句话真的很让人揪心，一个19岁的孩子，来了一个星期就把手掌轧掉一半，现在又面临着生命的终结。回想起事情的过程，应当说，台湾老板没有考虑到这个年轻人的心理问题。如果老板能够经常到宿舍去看看这个年轻人，或者老板自己不方便，让年轻人原来的领导经常去看看年轻人，把他拉出来，喝喝茶，聊聊天，吃吃饭，这样的悲剧完全可以避免。产生这样的悲剧的原因，就是这个员工心中的痛苦与愤怒没有任何的宣泄渠道。

从这个意义上来讲，在一个企业里，员工在背后骂老板，是好事还是坏事，当然是好事。员工在不断地宣泄某种不满，如果他不骂你，把很多不满一直憋着，那才是最危险的事情。

因此，交往的管理学意义非常明显，一是对自我的约束，二是感情的宣泄，以便取得心理的平衡。

【延伸阅读】

2012 年 6 月 1 日，加拿大蒙特利尔警方证实，在蒙特利尔康科迪亚大学就读的 33 岁中国留学生林俊，在 2012 年 5 月 24 日或 25 日在当地遇害。犯罪嫌疑人卢卡·罗科·马尼奥塔将其杀害后分尸，部分尸块通过邮包寄给在加拿大首都渥太华的两大政党总部。

罪犯将林俊身体斩成六大件，包括头颅、四肢及躯体。疑凶更把斩下的一只脚寄给多伦多保守党总部，断掌则准备寄往自由党总部，后在邮局被截获。

国际刑警组织在其网站上发布了全球通缉加拿大蒙特利尔居民、当时 30 岁的马尼奥塔的通缉令。警方怀疑，林俊可能是犯罪嫌疑人的同性男友。2012 年 6 月 4 日，德国警方在柏林一家网吧将涉嫌杀害中国留学生林俊的加拿大分尸案嫌犯卢卡·罗科·马尼奥塔抓获。

加拿大警方表示，从加拿大分尸案嫌犯杀死和肢解受害人过程的视频来看，马尼奥塔很可能吃掉了受害者的部分尸体。从 10 分钟网络视频中显示，一名男子正用冰凿猛刺赤身裸体的受害者。随后，攻击者将受害者砍成碎块。抓到了马尼奥塔之后，这些推测都得到了证实。

在这个骇人听闻的案件中，有几个值得观察的方面：第一，吃人者马尼奥塔的身世。与马尼奥塔有过三周恋情的前女友尼娜说，马尼奥塔恨自己的爸爸和家人，脾气很坏，有自虐倾向，洗澡时会用拳头猛击自己的头部。第二，他的旧友称，他是一个反复无常、情绪激动的人。第三，有证据证明马尼奥塔具有极端种族主义立场，他曾多次表达过"歧视华人和犹太人"的观点。

后来，一位美国的心理学家就这个案件写过一篇文章，文章说，在人们身边往往都存在一些"危险分子"，这些"危险分子"一般都有三个特征，如果一个人同时具备这三种特征，大家要远离这样的人。第一个特征：这个人和他的家庭其他成员，诸如父母、兄弟姐妹的关系非常不好，几乎没有什么来往；第二个特征：这个人几乎没有什么朋友，总是独来独往；第三个特征：这个人见到你非常客气，但是仅仅限于客气，你和他住了几年邻居，见面还是那两句话，回来啦，上班啊。当你准备再走近他一步，想多交流一下的时候，你会感到，他在你和他之间立起了一道无形的墙，他是不愿意你再走近他一步的。

基于这位心理学家描述的这个人的三种情况，再看看他与社会其他人有多少交往，他身上有没有线，有没有约束。如果没有，那他就是天王老子，他就可以为所欲为，这是非常可怕的。

第三节　怎样在组织的框架内促进员工交往

一个人是讲湖南长沙话的，他在长沙街头听到背后有一个人讲长沙话，他会不会回头关注一下，不可能，因为满街都是讲长沙话的。但是这个长沙人在荷兰首都阿姆斯特丹街头听到背后有一个人讲长沙话，他是什么反应，很可能会很激动，甚至要拥抱对方一下。为什么？有的人说是他乡遇老乡的缘故。其实不然，心理学上证明，当一个人感到压力很大的时候，他有危机感，在这种情况下，他有主动与别人交往的需求。

那么，一个新员工刚到一家企业里，是不是也像这个长沙人在阿姆斯特丹街头一样，有主动与别人交往的需求呢，这是不言而喻的。问题是作为企业组织，怎么样从组织的角度加强员工的交往，加大对员工的约束和给予他们情感宣泄的渠道和环境呢，这是企业管理者要考虑的核心问题。

解决这个问题的钥匙，就是搞好企业的组织文化，也即企业文化。企业文化分为三个层面，如图 12 - 2 所示。

图 12 - 2　企业文化的三个层面

如图12-2所示，一位新员工来到企业里，他最先感受到的是物质文化。物质文化不仅是一个 Logo 的问题，企业的整个环境都是物质文化的组成部分，他的企业在城市的什么地理位置，企业旁边有些什么建筑，他的领导长得什么样子，厂区的楼宇是什么样子等。就比如，我们进入一个大学校园，在大学校园里面看到一个老者在悠闲散步，与我们在一个小区里面看到一个老者在悠闲散步的感觉是不一样的，大学校园散步的老者是什么人，你可能想象他也许是大学教授，而小区里那位也许就是个退休老人。为什么会给你这种印象呢，原来整个大学校园都是大学物质文化的组成部分。

我是2003年9月底调入现就职大学的，没过几个月就到了年底。年底工会发通知要求老师去领东西，发福利了。我很高兴，没来几天就有东西领。结果去领的时候，领不走，发的东西体积太大了，发的是卫生纸。卫生纸不是一包一包发，也不是一条一条发，而是一箱一箱发的。还有两袋大米，两桶花生油，若干袋洗衣粉，若干块肥皂等。结果喊同学帮老师搬回来，搬回来的东西像小山一样堆在我的座椅后面，我坐在椅子上，背后像小山一样的东西都是我的，我什么感觉，就一个字，爽。正高兴呢，有人敲门，原来是和我同时调入学校的一位年轻老师，他进来就问，丘教授，领东西没有，我说领了，你看这学校真不错，没来几天就有这么多东西分。结果这个老师一撇嘴，好什么好啊，这些东西值几个钱啊。一句话提醒了我，仔细看看那堆东西，确实也不值几个钱。我们就拿出计算器算了一下，这些东西大概也就500元钱。

有意思的问题是，如果你作为组织的领导，已经做出决定给每一位员工分配500元的福利，那你是分钱呢，还是买东西呢？如果你说分钱，你距离领导的位置还比较遥远。那么买东西，你是500元钱买一个体积很小的东西，揣进口袋里就没了呢，还是买体积相对大的东西分给员工？当然是大的。因为这是物质文化，**物质文化是给别人看的。给谁看的，给员工本人看的，给员工家属看的，给整个社会看的，使员工有一个家的感觉，对组织有归属感。**

所以，每年冬天我们学校都有一道亮丽的风景线，我们的老师大包小裹拎着卫生纸招摇过市。我们那里是高校区，还有其他高校老师，结果其他高校老师看到了说，你看某某学院连卫生纸都发，你说它什么不发！我们的老师听到这样的话什么感觉，非常自豪。可是回到家里我们也很冤枉，确实只发了卫生纸，没发别的。

从这一点上看，学校的领导非常聪明，他们懂得组织物质文化的基本内涵。物质文化在加强员工对组织的认同、加强员工互相间的交往、加强员工家属对员工在本单位的支持、加强员工的自豪感融入周边社会方面都是强有力的举措。

一个员工在一个组织里面不可能总在物质文化之中沉迷，他工作一段时间以后，一定会认识到这个组织的制度文化，因为制度文化管理着员工，约束着员工在组织中的日常行为。这个阶段，员工与组织、员工与其他员工的冲突是最大的。如果这位员工受不了这个企业的制度约束，也就是说，他的价值观与这个企业的价值观有非常大的冲突，领导在上面讲话，他在底下嗤之以鼻，对制度非常抗拒，那这位员工也就到了离开这个企业的时候了。这个过程是一个比较漫长的磨合过程。

当这个员工在组织的制度文化里面慢慢安定下来，也许他会感受到企业文化的核心层，即这个企业的价值观。一个企业的价值观，与一个企业的领导人密切相关，他喜欢什么，强调什么，厌恶什么，忽略什么，就会在企业制度里面反映出来。所以有人说，企业的价值观就是老板的价值观，这是有一定道理的。例如，一个员工有一天听老板讲话，突然恍然大悟，难怪这个企业的制度是这个样子，老板就是这样想的，所以是这个样子。再一想，他的想法也没有什么不对，按照现在企业的样子，也只能这样做。

请注意，如果员工有这样的认识，他的价值观与企业的价值观已经从磨合达到了部分的"融合"。当一个下属的价值观和一个领导的价值观达到融合，上级对下属就不用怎么管，因为上级的想法就是下级的想法，你想的就是我要做的，这便达到了管理的最高境界。

一个员工通过交往的物质文化、制度的管理文化、价值观的融合文化，他会在这个组织里面过得比较舒适和愉快，由于他过得舒适和愉快，他会不会把领导交代的工作做得好一些，当然会；由于他工作出色，他的领导会不会高看他一眼，当然会。因为领导认为，这个员工与自己"志同道合"。这样的员工不提拔，提拔谁，这样的员工不依靠，依靠谁。

所以，交往的管理学意义非常大，要通过组织文化加强员工的交往，加强员工对自己的认同感、对员工群体的认同感以及对企业组织的认同感。

【本章要点归纳】

人与动物最大的区别就是"动机"，而动物对应的是"本能"。动机并不一定直接导致"行为"，只有当人有了特定目标的时候，才会产生行为。

作为企业的管理者，要了解员工的需求，调整他们的动机，给他们树立某种特定的目标，让员工的行为能够符合管理者的预期。这个过程，就是行为科学运用的过程。

马斯洛的五个层次需求理论的实质是：首先分析人的生存状态，力求用最低的管理成本获得最大的激励效果。

从管理学意义来说，交往对人来讲有两个非常重要的作用：一是对人的约束；二是人的情感的宣泄，特别是负面情绪的宣泄。

从组织层面加强员工的交往，就是做好企业的组织文化。组织文化有三个层面的问题：最外层是企业的物质文化，中间层是企业的制度文化，核心层是企业的价值观。

企业的物质文化不但是给员工看的，也是给员工家属看的，还是给整个社会看的，让员工体会到组织的感觉、家的感觉，体会到组织其他人和这个大家庭对他的关心和爱护，他在这里有朋友、有同事，也加强了对他本人的约束和情感的呵护。

企业的制度文化是这个员工最终能否在企业里长期服务的根本，员工与企业制度之间需要磨合，这个过程比较漫长，最终体现在这个员工的价值观与企业的价值观的距离有多大。

企业组织的价值观，说到底就是这个企业主要领导人的价值观，他认为什么是对的，什么是错的，什么是有价值的，什么是无聊的，都会反映到这个企业的制度里面。如果员工的价值观与企业的价值观能够达到部分融合，那是管理的最高境界。

第十三章　被尊重的角色扮演与
自我实现的目标作用

第一节　教育员工做好三个基本角色

马斯洛认为，在交往、尊重和自我实现方面，没有一个截然的界限。可能是在同一个时期内，三种需求同时存在。

应当肯定地说，尊重纯粹是面子问题。一个很重要的人物，安排他坐第一排最边上的位置，他面前的那杯茶，与坐在中间位置的那位前面的那杯茶都是一样的，可是他特别愤怒。他的身体并没有任何损失，为什么会愤怒呢？因为他认为他的身份就应当坐在中间位置，没有让他坐到中间位置，就是挑战他的地位！

是否受到尊重也有一个比较问题，就是首先他认为，他是哪个群体的人，如果那个群体得到了尊重，他就应当得到。因此，尊重有层次问题。如果一个人在他的群体里没有受到尊重，他可能有奇耻大辱的感觉，如果他在那个群体里长期没有受到尊重，这个人可能自尊心和自信心都会受到严重摧残。

我们每个人都希望获得社会上、群体成员间的尊重，那么怎么教育企业的员工更好地获得领导和同事们的尊重呢？有一句现成的话，叫作："首先尊重别人，然后获得别人的尊重。"这句话迷惑了很多人，因为这句话从根本上来讲是错误的。

例如，我很尊重一个人，结果这个人一转身就骂我，一关门就骂我。这样的事情在我们身边很多。对这样的事情我们就没有办法解释，为什么我对你很尊重，你却一转身就骂我。所以，是否受到尊重，不是互相尊重的问题。要想获得别人的尊重很简单，连标点符号才四个字："我是谁？"

你问问你自己是谁，以笔者为例，丘老师是谁？我可以马上回答，我是一个大学教授，我是一个女人的丈夫，我是一个孩子的父亲。我一口气说出了三个角色，我作为大学教授，是否会受到别人的尊重呢？那就要看我的所作所为像不像一个教授。几年前，北京某某大学一个教授被一个女同学告状，这个女同学考这个教授的研究生。考就考呗，你告什么呢？原来这个教授在考之前给这个女同学事先透露了题目。透露题目不是更好吗，你怎么还告呢？这位女同学没考上，把题目都告诉你了，你没考上是你笨，告什么呢？原来据这个女同学讲，这个教授给她透露题目的同时，和她做了一个交易，叫"性交易"。如果这个女同学说的是事实，那这位教授会不会受到大家的尊重？根本不会，人家会说，什么教授，简直是"禽兽"。

作为一位丈夫，丈夫要承担哪些角色，你有没有承担？很早以前有一部电视剧，叫作《不要和陌生人说话》。这是中国第一部以家庭暴力为题材拍摄的电视连续剧。主角是一位外科医生，在医院里面是外科"一把刀"，很多病患点名请他做手术，受到了医院上上下下的尊重。但就是这个人，在家里是家庭暴力的主角，整天打老婆，把老婆打得要死要活。医生的弟弟是个警察，早就听说哥哥有打他嫂子的恶习，经常看到他嫂子鼻青脸肿，但是他嫂子家丑不外扬，今天说摔跤、明天说撞门框，总而言之不说实话。有一天这个警察弟弟突然到他哥哥家里，刚好遇到他哥哥打他嫂子，可以说是痛殴，揪着头发揍。住手！弟弟狂喊，但是哥哥像疯了一样停不下来，警察也急了，拔出枪喊住手。结果枪走火，把他哥哥打死了。这个医生毁灭了自己，毁灭了家庭。人家说，这是什么丈夫，简直是恶魔！

如果我作为一位父亲，我很忙，我夫人也很忙，今天给儿子麦当劳，明天给他肯德基，后天给他兰州拉面，大后天给他比萨饼。总而言之，没有给孩子做一顿饭。结果邻居的阿婆看不下去了，说这是什么家庭，这是什么父母，难怪他儿子长得瘦精干巴的，这个孩子连顿热饭都吃不上。如果老人家有这个议论，我这位父亲怎么可能在老人家眼里获得尊重呢。

一个人在社会上有很多角色，并不是每一个角色都要扮演好。这个连圣人都做不到。另外，获得别人的尊重，这个别人是多方面的。例如，那个家暴的医生，在医院里就获得了很多人的尊重，因为他像一位医生；那位没时间给孩子做饭的父亲，也许在他的单位里面也会获得别人的尊重，因为他全身心扑在工作上。

社会上的人，没有所谓非好即坏，非黑即白，人都是灰色的。我们也很难要求企业员工在所有的方面把所有的角色都扮演好，我们自己都做不到。但是，对企业员工，管理者要求他们一定要做好以下三个角色：

第一，你是企业的员工，你要模范遵守企业的各项规章制度。如果你能够遵守，作为管理者的我，当然认为你是企业的好员工。相反地，你今天迟到，明天早退，后天带头违反企业制度，管理者不但不可能尊重你，反而要处分你，甚至要开除你。

第二，你有你的父母，你不是石头缝里面蹦出来的。你要孝敬父母、赡养父母，不要让你的父母找到企业里来，找到社会上去，给企业、给社会造成困扰和负担。

第三，你有你自己的家庭，你是为人父、为人母的人，要承担起家庭的责任。以上三条，是对一个员工最起码的要求，如果他们能做到，企业领导怎么可能不尊重他们呢？所以，**要这样教育企业的员工：做好你自己，扮演好你自己应当扮演的角色**。这才是在组织里获得别人尊重的根本原因。

【延伸阅读】

人，往往都是灰色的，没有非黑即白。如果以黑白眼光看世界，这个人往往没有长大。回想一下，小的时候，大人领着我们去看电影，作为小孩子的我们，向父母问不停的问题是"谁是好人""谁是坏人"。因为在孩子的眼里，世界就是黑白分明的。可是我们长大以后知道了，好人里面有坏蛋，坏蛋里面有好人。人都是灰色的，而且黑与白是可以互相转化的。

下面是一个警察给笔者讲的一件事。说是广东佛山一个年轻人，二十几岁在佛山杀了人，畏罪潜逃。结果这个人很会反侦查而且神经质，在潜逃的过程中，如果谁多靠近他，甚至帮忙一下，他就会怀疑这个人是来抓他的警察，他就会把这个人干掉。结果他杀人杀红了眼，跑了七年，不算佛山杀的人，一路上他杀了六个人。七条人命的逃犯，最后终于在河南郑州被缉拿归案。

法院经过审理，很快就做出了死刑立即执行的判决。按照法律程序，警察问这个死囚犯，你还有什么要求。这个已经30岁出头的年轻人说，我从佛山跑的时候，我知道我老婆怀孕了，我也知道她生了个男孩，这个孩子应当已经七岁了，你们能不能让我执行前见见我儿子。警察一听，马上回答他，这件事情可有难度，首先，你老婆已经和你离婚了，她现在是你的前妻，孩子归她抚养，她如果不同意，那你见不到；其次，从保护孩子的角度出发，你儿子已经七岁了，如果孩子不同意来见你，你也见不到。

这个死囚犯给警察作揖，请求公安帮忙。警察想了一下，一个死囚犯临死前想看看他的儿子，好像也是人之常情，就去问他前妻，前妻一口回绝，非常愤怒：他养这孩子一天了吗？他是个父亲吗？他对得起他儿子吗？一顿臭骂。警察也不吭声，等他前妻发泄完了，警察说，你看这样行不行，我们大家都不和你儿子说，我也穿便衣，带着你儿子去游乐场玩，你就说我，这个叔叔领他去玩。我领他玩完以后，也中午了，我带他去某某酒店吃饭。这个时候，我同事也穿便装，把那个杀人犯带过来，让他在酒店大堂二楼那站着，我领你儿子从酒店大堂经过，停个一两分钟，让他在上面看看，不让他和你儿子有任何接触，这样对孩子也好，就算完了，你看行吗。他前妻不吭气，也就默认了。

这位警察还真的带他儿子到游乐场玩，由于这孩子长期没有父亲在身边，和大男人的警察玩得特别开心。快到中午，警察说，走，叔叔带你去酒店餐厅吃饭，然后送你回家，孩子很高兴。到了酒店以后，警察和死囚犯七岁的儿子一前一后，走向酒店玻璃门。说来也真是神奇，那个死囚犯从来没有见过他儿子，可是他一眼就认定那个还在推门的男孩，甚至还没有迈进酒店的男孩，就是他的儿子。结果出现了意外的情况，那个死囚犯突然挣脱了两个便衣警察，从二楼半圆形楼梯上冲了下来，抱住刚进门的男孩号啕大哭。下面领他儿子的警察刚刚推门进来，赶紧和二楼追下来的警察一起，上前把他和孩子拉开，由上面冲下来的警察立即把他押出门外。领着孩子的警察马上抱紧惊魂未定的孩子，和孩子说，疯子，那人是疯子，不怕不怕，有叔叔在，我们不理他，我们吃饭去……

这个故事给笔者留下了深刻的印象，那个杀了七个人的凶犯，看到他儿子的那一刹那，抱头痛哭，不是装的吧，是不是体现了一个父亲对儿子的真实情感，他那杀人的凶残，这一刻跑到哪里去了？

所以，人是复杂的，就像社会是复杂的一样，不能以非黑即白的观点看待人、看待事物。

第二节 给员工自我成长的快乐

马斯洛认为，人的最高需求是自我实现的需求。一个捡废纸的人有没有自我实现呢，这个捡废纸为生的人，在这个城市里每天的正常收入大概80元钱，可是他今天刚好遇上在他的"辖区"范围的一家单位买了很多空调，包装纸箱一大堆，他今天的收入一共250多元钱，是他平常收入的3倍还多。

这个捡废纸的人想到他的一双儿女一个月都没有吃到鸡肉了，下了狠心，用差不多100块钱买了一只土鸡，回到家里，什么家啊，天桥下面四处漏风的窝棚里，让老婆煮了一锅热气腾腾的鸡汤，看到他一双儿女吃得满头大汗，这个捡废纸的人什么心情，他有没有自我实现的感觉，当然有，他靠他自己的努力，让自己的儿女吃到了土鸡汤。

所以，**自我实现不分高低贵贱，人人都有自我实现**。然而，自我实现呈"边际效应递减"的态势，所谓边际效应递减是经济学名称，指的是边际投入与边际产出成反比的情况。例如，一个人非常饿的时候给他一个面包，他觉得非常好吃，给他第二个面包，他觉得也算好吃。再给他第三个、第四个呢？随着每一个面包的投入，他的满足感是上升的还是下降的，当然是下降的。这就是边际效益递减，自我实现遵循这个规律。

又如一个人爬山，他知道无限风光在险峰，当他爬到半山腰，看到不断有人从山上下来，问下来的人，山顶怎么样啊，那人说太美啦，于是他更加努力地往上爬。可是当他终于爬到了山顶，带来的是短暂的欢愉，然后就是深深的失落。他刚到山顶的时候十分兴奋，可是这看看，那看看，15分钟过后，他会怎么说，也就这样了，该下山了，我不可能再来第二次了。

自我实现呈现边际效益递减的原因是，一个人拼命地想要达到某个目标，但一旦达到了，也就等于失去了目标。这个问题的管理学意义在于，**管理者要不断地给自己的员工树立新的、可以测量的、可以实现的目标**。

一个建筑工地上有三位工人在干活，干一样的活。管理者问第一位工人，你在干什么，他说在砌砖头；管理者问第二位工人，你在干什么，他说在砌墙；管理者问第三位工人，你在干什么，他说在盖房子。那么这三位工人哪个人的工作状态和质量会好一些，当然是第三个。因为他目标非常明确，他知道他的每一块砖都是房子的一部分，他会以对待房子的角度来对待这块砖；第二位也好一点，起码他知道自己在砌墙，要吊一吊直线；第一位最糟糕，码一块是一块，没有任何的目标。

目标是一种刺激，是满足人的需要的外在物，合适的目标能够诱发人的强烈动机并规定行为的方向。心理学上把目标称为诱因，由诱因引发动机，再由动机到达成目标的过程称为激励过程。另外，目标激励属于"自我激励"，只有自我激励才是人最强大的激励。人对目标的期望就是人所追求的目标的性质，而人对目标的抱负水平，即是目标的高低。心理学也证明，取得结果被承认后，反馈给劳动者，会使其产生积极的情绪反应，激励这个人持续不断以更高的热情进行工作，进而形成一个正反馈的连锁反应，使两终端互为能量补充。

需要指出的是，每个人的抱负水平不同，高抱负水平的人对目标激励更敏感，因此目标激励对高端员工更加有效。一个人抱负水平的高低，取决于这个人的成就动机，以及过去的成败经验、目标的现实感、个体差异等。另外，也取决于社会因素，包括社会和集体的影响、角色的影响、对目标的提法等。

一个人对目标的抱负水平，是指对自己的工作做到何种数量标准的心理需求，这是个人从量上考虑目标的高低。抱负水平决定了人的行为要达到什么程度。目标又分为现实目标和理想目标两种，现实目标即为可能达到的目标，理想目标即为最高目标。

因此，对高、中、低端员工的目标激励，要看他们的抱负水平。一般而言，对低端员工的自我实现目标，要考虑现实目标，让员工感到可信。对中高层员工的目标激励，可以考虑现实目标与理想目标并重。

目标激励在企业里应当注意以下几点：第一，鼓励员工个人目标尽可能与企业目标一致，以便得到组织的支持；第二，设置的目标方向应具有明显的企业性和社会性，特别是社会性，能够与社会相容；第三，给员工的自我实现目标难度要适当可信；第四，给员工的目标内容要具体明确，有定量的要求；第五，应既有近期的阶段性目标，又有远期的目标。

【延伸阅读】

在民国史上，有一位著名的历史人物，要钱没钱，要枪没枪，要人没人，什么都没有，他就是有一个强大的目标。结果有了这个目标以后，没有钱，有人送他钱；没有枪，有人给他买枪；没有人，有人追随他。他由于力量太弱小了，打一枪就跑，聚集力量回来再打一下，屡败屡战，越挫越勇。这个人，就是孙中山先生。孙中山先生什么都没有，就是有一个全中国人民的自我实现的目标，即三民主义：民主、民权、民生。

桂系有两位将军在民国史上最为著名，一是李宗仁，二是白崇禧。白崇禧将军的第五个儿子白先勇，已经是美籍华人著名作家。2014年冬天，白先勇先生在广州购书中心签名售书，是他写他父亲的一本书。这本书笔者没有买，但是看到了当时白先勇先生在《南方日报》接受的长篇采访通信。白先勇先生谈道，1923年，孙中山先生在广东东莞石龙，聚集力量准备先统一两广（广东、广西），再向北打，要打败军阀，统一中国。这里面有一个观察点很有意思，就是为什么孙中山先生不在广州聚集力量，广州当时在两广的中心城市地位十分突出，各种资源比较充分。而1923年的东莞石龙是什么样子，有什么资源？后来孙中山先生又把北伐大本营搬到了粤北的韶关。他为什么就不在广州？现在看来这个问题也好回答，就是孙中山先生的力量太弱小了，广州军阀和地方势力强大，他根本就站不住脚。

尽管如此，孙中山先生仍然提出了北伐统一中国、打倒军阀的宏伟目标。其实我想孙中山先生当时自己都不相信这个目标，他知道可能他往湖南打，郴州能不能打下来都不知道。但是目标就是旗帜，孙中山先生曾经讲，我打与不打大不相同，就是向天上开一枪，都表明我们在打，给全国人民以信心。

当时28岁的白崇禧，在广西南宁已经是赫赫有名的将军了。白崇禧跑到广东东莞石龙，找到孙中山先生，要追随先生统一两广和北伐。孙中山先生看着这个英姿飒爽的年轻将军说，我无粮、无枪、无饷，只有三民主义，你跟着我干吗？28岁的白崇禧立即回答，我不要先生这些物质的东西，只要先生之理想！掷地有声的几句话，表明了白崇禧要的是先生的目标，也是他自我实现的目标。

第三节　小学老师对淘气的小男孩是怎么管的

双因素激励理论又叫激励因素—保健因素理论，是美国行为科学家弗雷德里克·赫茨伯格（Fredrick Herzberg）提出来的。双因素理论是他最主要的成就，在工作丰富化方面，他也进行了开创性的研究。

20世纪50年代末期，赫茨伯格和他的助手们在美国匹兹堡地区对200名工程师、会计师进行了调查访问。访问主要围绕两个问题：在工作中，哪些事项是让他们感到满意的，并估计这种积极情绪持续多长时间；又有哪些事项是让他们感到不满意的，并估计这种消极情绪持续多长时间。赫茨伯格以对这些问题的回答为材料，着手研究哪些事情使人们在工作中快乐和满足，哪些事情造成不愉快和不满足。结果发现，使职工感到满意的都是属于工作本身或工作内容方面的；使职工感到不满的，都是属于工作环境或工作关系方面的。他把前者叫作激励因素，后者叫作保健因素。为了更好地说明这个问题，参见图13-1。

组织手段	保健因素（外在）	激励因素（内在）
· 成就	10%	40%
· 赏识	10%	30%
· 工作本身	20%	25%
· 责任	5%	20%
· 进步	10%	15%
· 成长	10%	15%
· 与上司的关系	20%	5%
· 薪酬	10%	5%
· 与同事的关系	10%	5%
· 与下属的关系	8%	5%
· 地位	8%	5%
· 安全	8%	5%
· 督导	20%	3%
· 公司政策	35%	2%
共1844个案例令员工不满		共1753个案例让员工非常满意

图 13 – 1　赫茨伯格调查案例中员工的满意与不满

　　赫茨伯格的双因素理论和马斯洛的需要层次理论、麦克利兰的成就激励理论一样，重点在于试图阐明管理者应当更加重视某些与提高工作绩效有关的因素。这个理论强调一些工作因素能导致满意感，而另外一些则只能防止产生不满意感。

　　赫茨伯格认为，激励因素包括工作本身、认可、成就和责任，这些因素涉及对工作的积极感情，又和工作本身的内容有关。这些积极感情和个人过去的成就、被人认可以及担负过的责任有关，它们的基础在于工作环境中持久的而不是短暂的成就。保健因素包括公司政策和管理、技术监督、薪水、工作条件以及人际关系等。这些因素涉及工作的消极因素，也与工作的氛围和环境有关。也就是说，对工作和工作本身而言，这些因素是外在的，而激励因素是内在的，或者说是与工作相联系的内在因素。

　　赫茨伯格还认为，满意和不满意并非共存于单一的连续体中，而是截然分开的，这种双重的连续体意味着一个人可以同时感到满意和不满意，它还暗示着工作条件和薪金等保健因素并不能影响人们对工作的满意程度，而只能影响对工作的不满意程度。换句话说，工作条件和薪金比较好，可能对消除员工不满意有较大帮助，但是对提高人的工作积极性并不能有太多的正面影响。

　　从图 13 – 1 可以看出，组织让一个人取得成就，主要是激励因素，因为一个人有成就，可能他工作量更大、更忙碌，所以保健因素（可以理解为让这个人过得更舒适）只有10％，可是内在鼓励这个人的激励因素可以达到40％。我们再看责任因素，如果管理者让一个工人做班小组长，这个工人的生活质量很可能是下降的，因为他原来做好自己的工作就可以，现在不行，他还要管理别人的工作质量，而且可能某种情况下还要带头加班，所以他的保健因素只有5％，但是有了责任以后，这个人就像变了一个人，因为责任主要是激励因素，可以达到20％（图13-1中的数字是调查203人在保健因素和激励因素两者之间选择的比例，这也说明了在同一个人身上，这两种因素可以单独或同时存在）。

我们的小学老师可能没有学习过赫茨伯格的双因素理论，可是把这种理论运用得炉火纯青。小学老师往往把那个最坐不住的小男孩，让他当班干部。结果这个小男孩生活质量是提高了呢，还是降低了呢？绝对是降低了，原来打打闹闹多开心，现在不但自己不能打闹还要管别人。但是这个孩子像变了一个人一样，真的成为班级的一个管理者。这是因为责任本身更多的是一种激励因素。

在这里，管理者还应当注意第三项"工作本身"，如果一位员工喜欢自己的工作，则在保健因素里面是20％，在激励因素里面是25％。相差不多，因此笔者将其称为"平衡因素"，什么事情如果平衡了就非常好。保健因素和激励因素在同一个人身上互相矛盾地存在，如果矛盾太大，这个人就会舍弃一方面，顾及另一方面，这总是有遗憾的，就像工作狂，取得了非常伟大的成就，但是在谈起他自己的家庭生活的时候，往往会落泪。

对于工作本身，我喜欢干这个工作，你又安排我干这项工作，我不但身心愉悦，而且容易出成果，因为这是我的特长，这就叫作人力资源的"最佳配置"。以前我们说"专业对口"，现在这句话很少能够听到了，因为专业对口太狭窄，大学就是一个平台，这个平台告诉你怎么样学习，给你建立一个知识体系，但是你的专业并不一定就适合你。或者说，在大学学什么，不一定就在社会上干什么，这种现象越来越明显。这就又引出了一个话题，即一个人的"职业锚"，主要是这个"锚"字。轮船发动机一关，第一件事就是抛锚，锚是有倒钩的，可以抓地把船固定住。员工每个人的心中也有一个锚，这个锚就是选择职业的价值观，也就是说，当你有条件选择职业的时候，你总会选择自己喜欢的职业，而摒弃自己不喜欢的职业，这就是一个人的"职业锚"。

因此，**人力资源的最佳配置是既满足这个人的保健因素，也满足这个人的激励因素，实现两全其美。这一点对管理者有突出意义。**

我们再来考察一下"与上司的关系"选项，有20％的人选择了保健因素，他们认为与上司的关系好，可以在组织里面更愉快、更安全。然而由于和上司的关系好，是否一定会把领导交办的工作做好，这个选项只有5%。也就是说，如果这个人感恩戴德，可能会把工作做好，如果这个人"狐假虎威"，把与上司的关系好作为他的资本，他可能成为这个组织内的一个特殊的负面员工。

【延伸阅读】

笔者有两个校友，是夫妻，毕业多年创业有成，在广东某地开了一家办公家具企业，经营得还不错，企业发展需要人才。两个人很念旧，凡是大学同班同学愿意来的，都展开双臂欢迎。结果还真有一位同学来了，这个老同学原来是他们班的班长，毕业后做过很多职业，也管过财务，并有相应的职业资格。由于发展不是很顺利，从北方投奔老同学来了。这对夫妻热情地接纳了班长，还让他做财务总监，大家一起工作，相安无事。

但是有一天出了大问题，那天晚上来了几个重要客户，老板夫妻宴请客户，请财务总监作陪，吃完饭大家意犹未尽，又去K歌。唱歌的时候老板发现小瓶的喜力啤酒快喝光了，就对财务总监，即原来的班长说，你再去要一箱啤酒吧。这本来是非常平常的一句话，结果财务总监突然翻脸，你算什么东西，我在大学当班长的时候，你是什么，现在你来吆喝我。当时的场面可想而知，客人都愣住了，老板赶快安慰，没事没事，我去买我去买。

第二天早上，老板夫妻把财务总监请到办公室，对老班长说，你是我们永远的班长，我们是不如你，我们也很尊重你。但是昨天当着那么多的客户，我们是这个企业的法人代表，你要不要给我们点面子啊。结果这个班长同学也不示弱，当天就离开了这家企业。

还有一件事情，是笔者给总裁班讲课，听到他们班上的一件事。这个班级里面绝大多数是私企老板，也有少部分是职业经理人，有一天大家聚会的时候，一个非常能干的职业经理人发牢骚说，他的老板真应当来上这个班的课，最近和老板理念上有很大矛盾，准备离职。饭桌上有好几位老板，为这位同学打抱不平，大家都说你这样能干的人，老板上哪儿去请，他还这样对你云云。其中一位老板说，你马上辞职，到我这里来，我们哥们儿加同学，你来帮我。结果饭桌上大家认真起来，当时就敲定，这个同学任他们公司的副总经理。

半年过去了，大家发现这个职业经理人同学话越来越少，越来越沉默，那个要他去的老板同学，也欲言又止，一脸的无奈。最后这个职业经理人同学在干了七个月的时候，也离开了同学这家企业。

这两件事情都说明了赫茨伯格已经证明的与上司关系好是保健因素，不是激励因素的道理。维系企业正常运作靠什么，靠制度。维系亲戚、朋友、同学关系靠什么，靠感情。那么制度遇到感情，谁听谁的？如果听制度的，你会被你的亲戚、朋友、同学骂得狗血喷头；如果听感情的，那这个企业还要不要经营。所以不要把亲戚、朋友、同学搞到一个企业里来，很难有好的结果。

第一个故事里面，那位大学的老班长内心有一股气，这股气没有遇到合适的机会，但是它总会爆发；第二个故事里面，那位职业经理人同学和那位老板同学，大家都是平等的，无话不说，可是从平等的同学关系成了老板和雇员关系，这个转变不是什么人都能够适应的。

第四节　多管齐下激励员工

其实赫茨伯格的双因素激励理论同马斯洛的需要层次理论有相似之处。他提出的保健因素相当于马斯洛提出的生理需要、安全需要、交往需要等较低级的需要；激励因素则相当于受人尊敬的、自我实现等较高级的需要（见图13－2）。

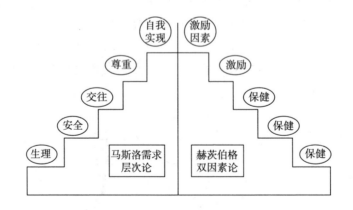

图13－2　马斯洛模式与赫茨伯格模式之比较

这两种理论在管理实践中的应用，要注意"直接满足"和"间接满足"。直接满足称为工作任务以内的满足。它是一个人通过工作所获得的满足，这种满足是通过工作本身和工作过程中人与人的关系得到的，它能使员工学习到新的知识和技能，产生兴趣和热情，使员工具有光荣感、责任心和成就感，因而可以使员工受到内在激励，产生极大的工作积极性。这在马斯洛的需要层次理论里面属于交往和尊重方面的内容，在赫茨伯格双因素理论里面属于激励因素的内容。这种激励的措施虽然有时所需的时间较长，但是员工的积极性一经激发起来，不仅可以提高生产效率，而且能够持久，所以管理者应该充分注意运用这种方法。

间接满足又称为工作任务以外的满足。这种满足不是从工作本身获得的，而是在工作以后获得的。例如，晋升、授衔、嘉奖或物质报酬和福利等，都是在工作之后获得的。其中，福利方面，诸如工资、奖金、食堂、托儿所、幼儿园、员工学校、俱乐部等，都属于间接满足。间接满足虽然也与员工所承担的工作有一定的联系，但它毕竟不是直接的，因而在调动员工积极性上往往有一定的局限性，常常会使员工感到与工作本身关系不大而满不在乎。研究者认为，这种满足虽然也能够显著地提高工作效率，但不容易持久，有时处理不好还会发生副作用。但是间接满足往往能使人感到温暖，特别是基层员工，甚至可以从这种间接满足中感受到管理者意想不到的"人文关怀"，其作用不容小视。

我们可以把这两个理论在当代中国企业中的应用总结如下：在员工管理中，组织采取了某项激励的措施并不一定就带来满意，要提高职工的积极性首先得注意员工的生理需求、安全需求和交往需求这些保健因素，以便消除职工的不满、怠工和对抗，也使他们感受到组织的"人文关怀"。但更重要的是要利用激励因素（尊重与自我实现）来激发职工的工作热情和工作效率。

另外，在企业管理实践中，薪酬系统中的奖金是非常好的激励因素，必须使奖金与职工的工作绩效密切挂钩，做到多劳多得，如果没有达到这个公平，奖金就会变成"大锅饭"，当然也就沦为保健因素，奖金发得再多也难以起到激励的作用。这两个理论还告诉我们，对某一个岗位而言，如果长期为一个人所占有，没有来自外部的竞争压力，该职工的惰性就会自然而然地释放出来，工作质量随之下降，企业为了激发职工的工作潜能，应设置竞争性的岗位，并把竞争机制贯穿到工作过程的始终。

【本章要点归纳】

人的尊重的需要是一个人的面子问题。要获得别人的尊重不在于互相尊重，而在于你是谁，你有没有扮演好自己在社会上和别人眼里的这个角色。

教育员工获得别人的尊重，要求他们做好三个基本角色：企业的好员工；老人的好子女；孩子的好父母。

自我实现的需要是人的最高需要，但是人人都有自我实现，自我实现不分高低贵贱。自我实现在现实生活中呈现出"边际效益递减"态势。这是因为，当员工拼命地达到了某一个目标的同时，他也就失去了目标。

在自我实现这个环节上，鼓励员工最好的方法就是：不断地给员工树立新的、可以测量的、可以实现的目标，管理者也将其称为"目标激励"。目标激励是内在激励、自我激励，因此目标激励是最强大的激励。

赫茨伯格的双因素理论提出了保健因素和激励因素的概念，保健因素可以消除员工对企业的某些不满，但是并不一定会激励其把企业交给他的工作做好。而激励因素并不一定能够提高员工的生存质量，也不一定能够消除他对企业的某些不满，但是激励因素的确鼓舞员工把工作尽可能做好。另外，这两种矛盾的因素互不隶属，可能同时在一个人的身上存在。

赫茨伯格双因素理论的管理学意义在于，管理者要善用这两种因素，既要有保健因素的"人文关怀"，又要有激励因素的制度安排。

在赫茨伯格双因素理论中对员工有平衡意义的因素就是"工作本身"，因此引出了"职业锚"的概念，如果企业能够安排员工干他喜欢的工作，那对这个员工来讲就是保健因素与激励因素的平衡，我们称其为"人力资源的最佳配置"。

不要把亲戚、朋友、同学搞到一个组织里来，企业运作靠的是制度，维系亲戚、朋友、同学的关系靠感情，制度遇到感情，让企业家往往无所适从。

马斯洛的五个层次需求理论和赫茨伯格的双因素理论是相通的，只是他们揭示问题的角度不同，马斯洛的尊重以下的需求，在赫茨伯格看来，就是保健因素；而尊重和自我实现的需求，就是激励因素。

第十四章　员工幸福感与企业运营管理

第一节　员工幸福感与企业运营的关系

笔者认为，中国的发展在 2018 年以后，是一个新的里程碑：产业结构升级速度加快、社会老龄化到来、劳动力成本蹿升、低端产业向东南亚和"一带一路"沿线国家转移，加之中美贸易摩擦加剧，就业不难招工难，特别是制造业等实体企业招工更难，今后将愈演愈烈。可以这样认为，整个国内企业的经营环境已经发生实质性的巨大变化。目前"90 后"成为劳动人口的生力军，"00 后"最大的已经上了大学。这些跨世纪和 21 世纪的一代，代表着中国的未来。中国企业的生存和发展也要依赖于他们，他们对企业和对社会的感觉，就是未来企业常青的基础。因此，在这个时间点上提出企业员工的幸福感课题，的确具有非常现实的意义。

什么是员工的幸福感？国内外普遍认为，员工幸福感是指员工对工作经历和职业的整体质量评价。员工幸福感（Employee Well - being）与"员工工作满意度"（Job Satisfaction）既有联系也有区别。联系是工作满意度带来幸福感，区别是员工幸福感比工作满意度更宽泛，幸福感的内涵在临床医学界、心理学界、社会学界和哲学界的共识是，幸福感包含心理、生理和社会三个维度。心理维度包括能动作用、满意度、自尊和能力，生理维度包括衣食住行和身体健康，社会维度包括参与社会活动、为公众所接受。而工作满意度代表的是对工作积极的情感取向。由此可见，工作满意度只能代表个人对其工作喜爱程度，而无法表现个人对工作的情感反应。

员工幸福感与企业经营管理的关系,国外一直在研究。从亚洲来说,日本研究的比较深入,日本学者坂本光司教授在这方面目前比较活跃。他研究了日本长寿企业与员工幸福感的关系发现,几乎所有长寿企业都是把员工作为家人来对待,他们提出"企业幸福经营"和"员工第一主义经营"的理念(该部分将在第三节讨论)。一般认为,员工的幸福感有主观幸福感和心理幸福感两种不同取向。员工对企业的满意度是员工幸福感的基本来源。在国外,大众传媒出版了大量指导组织如何维持和提高员工满意度、自我实现和保持健康的方法,《财富》杂志每年都会挑选100家最佳雇主的公司名单。在这些企业中,管理层、具体部门领导和员工,都认为如果员工在企业里感到幸福和健康,会促使员工更加努力、乐于奉献、更具有创造型生产力。而企业管理层也会投入更多的组织资源,从各方面提高员工幸福感,形成良性循环。

现代意义上的幸福感研究中,比较有影响力的两种取向是主观幸福感(Subjective Well - being,SWB)和心理幸福感(Psychological Well - being,PWB),它们的哲学基础分别是快乐论(Hedonism)和现实论(Realism)。所谓的快乐论,是由伊壁鸠鲁(Epicurus)提出的,他认为幸福就是快乐的主观心理体验。他的快乐主义倡导有节制的快乐,并以精神快乐为根本,该理论在后来的发展过程中,逐渐演化为西方功利主义创始人杰里米·边沁(Jeremy Bentham)所提出的享乐主义论,即人的本能都是追求快乐、逃避痛苦。这在很大程度上反映了人类的本能反应。而现实论也称幸福论,其代表人物是亚里士多德(Aristotle),他强调幸福是人的一种完善自我的活动,而非"享乐主义"这一"庸俗的思想"。他的一个著名的观点是"至善就是幸福",即人活着就要追求一个伟大的目标,在实现人生价值的过程中体验快乐和幸福。这一理论构建了人的社会层面的普世价值观对"幸福"的诠释。

建立在快乐论基础上的主观幸福感,是指人对自己生活的整体评价和情感体验,这包括对过去、现在和未来生活的满意度;自己的主动情感体验;自己的被动情感体验;对生活各方面的满意度四个方面。一般来说,具有较高主观幸福感的员工对生活比较满意,经常体验到积极的情感,少有消极情感,就是现在社会上所说的正能量多的人(其实从物理学上讲,能量是没有正负的)。

而建立在现实论基础上的"心理幸福感",将幸福定义为"努力表现美的真实的潜力"。这种潜力体现在个人展现的幸福,它是指个人全心全意地投入到某项活动中时,意识到自己的潜能得以充分发挥,自我得以充分表现,进而有助于达成自我实现的体验,是实现自我的愉悦;另一种是尽情享乐的幸福,指在活动中体验到自己的生活或心理需要得到了满足。这些幸福可以概括为六个不同的维度：自我接受、个人成长、生活目的、良好人际关系、情境把握和独立自主。这些维度为组织营造员工幸福感指明了方向。

第二节　国内提高新生代员工幸福感的方法与路径

这方面比较新和比较系统的研究成果是，西安交通大学管理学院陈丽莹2018年6月的硕士学位论文《先进制造业新生代员工幸福感影响因素及影响机制》。该论文聚焦中国"先进制造业"和"新生代员工"研究幸福感问题，有很大现实意义。

关于先进制造业界定。先进制造业一般有以下几个特点：一是传统制造业综合运用电子信息技术、新材料及现代管理技术等高新技术成果后的进步与提升，大多体现在研发设计制造产品、检测产品质量、销售和管理产品的全过程中。广泛运用信息化、自动化、智能化及生态化技术手段，取得较好经济收益和市场效果。二是先进制造业并不是新的行业类别或新行业群体，它的"先进"主要是一种综合创新，不仅指技术创新，还包含生产组织方式创新、制造模式创新及技术与服务功能相连的模式创新等。三是先进制造业是传统制造业衍生出的概念，不仅包括高新技术产业，也包含利用高新技术改造升级的传统产业，较之传统制造业，具有服务功能全、高级人才需求大、增加就业量等较多新特点。

关于新生代员工的界定。所谓的新生代员工，是指在计算机及互联网等信息技术发展的时代背景下，出生于20世纪80年代后的劳动力群体。但由于"80后"和"90后"，在成长经历、生活环境和职业价值观等多方面依然存在明显的差异，目前学术界尚未对新生代员工形成统一界定。一般认为"80后"员工在职业发展和价值观等方面，比"90后"员工表现出更大的稳定性。结合前人研究及时代特征，定义新生代员工应当是出生于20世纪80年代初到90年代初，并成长于中国改革开放、市场经济体制确立和全球化、高科技产业革命时代背景下的可识别群体。

该研究根据《中国制造业发展研究报告2016》选择西安、深圳、山东、广东和北京周边五个大中城市的企业作为样本地点。在行业选择方面，囊括了机械设备、通信设备、交通运输、医药制造等行业。发放新生代员工幸福感调查问卷

300份，回收266份，共采集有效问卷201份，有效问卷回收率是75.6%。提交有效样本的新生代员工基本情况构成如表14-1所示。

该项研究得出如下结论：

1. 企业组织支持（正向工作特性）与负向工作特性

其中，有七项指标与新生代员工幸福感关系最为密切。它们是工作回报、变革型领导风格、自我满意度、员工心理契约（正向工作特性）、不安全感、工作的复杂性、工作的枯燥性（负向工作特性）。

表14-1　新生代员工问卷调查对象样本基本情况

统计量	项目	人数	比例（%）	统计量	项目	人数	比例（%）
年龄	18～21岁	7	3	学历	高中及以下	17	7.4
	22～24岁	46	19.9		大专	34	14.7
	25～28岁	98	42.4		本科	115	49.8
	29～33岁	54	23.4		硕士	61	26.4
	34～38岁	26	11.3		博士及以上	4	1.7
婚姻状况	未婚	122	52.8	性别	男	130	56.3
	已婚	108	46.8		女	101	43.7
	离异	1	0.4		N=201		

2. 关于组织支持与员工幸福感

（1）要强化幸福企业文化建设，增强新生代员工凝聚力。幸福的企业文化能带给员工较高的工作幸福感，提高企业的凝聚力。该研究还证明非制造业的新生代员工整体幸福水平与友好关系均显著高于制造业（这可能是非制造业员工的人际间交流比制造业容易与频繁所致）。

（2）企业高层领导者应将幸福的理念作为工作价值的衡量标准。企业管理者要将幸福管理运用于管理的各个方面，在以人为本和市场竞争方面做出员工比较满意的平衡选择，让员工体会到组织的"人文关怀"，用实际的举措让新生代员工体验和感知到幸福。

（3）要组织新生代员工积极与管理者进行有效沟通与交流。营造快乐、友好的工作氛围，并能够有效及时地反馈新生代员工的诉求，促使幸福管理文化取得良好效果。

（4）要有计划、有组织地为新生代员工提供培训菜单。在前一年底或新一年初，就应当向新生代员工提供业务成长培训菜单，把组织学习和构建学习型组织作为提高新生代员工岗位胜任力的根本途径，使他们具有职业进步的感觉。

（5）有能力的企业要尽可能满足新生代员工追求自我的特性需求。与老一代员工相比，新生代员工对个人成长的关注大于企业成长。同时该研究发现，新生代员工多局限于重复单调的工作，这些工作缺少技术性或创新性，日常的机械重复让他们无法得到成长。企业应充分认识到这一现状，基于岗位的工作分析，结合新生代员工个性特征及员工能力测评结果，建立针对个人优势与劣势的个性化培训方案，不仅要使新生代员工学习到新的业务能力，也要培养他们融会贯通，成为企业的多面手，在提升能力的同时，提升他们的幸福感。

3. 在变革型领导风格方面

（1）提倡变革型领导行为。先进制造业企业多是金字塔型组织结构，这决定了其主要采用传统交易型领导行为，但这种领导行为只强调下属的顺从，员工缺乏上级的支持和关怀。而新生代员工有较强的自主性，对于领导与组织不再言听计从。因此，先进制造业企业应该提倡变革型领导行为，通过对新生代员工需求的关心来优化组织内的成员互动，拉近上级与新生代员工的关系，提高其对上级的人际信任，进而提升新生代员工的幸福感。

（2）实现高质量的领导成员角色变换。先进制造业企业的工作较多且繁杂，领导者可能会陷于日常管理事务而忽略与新生代员工的互动，甚至有时忽略其感受，导致更在意别人看法的新生代员工被冷落。基于此，先进制造业企业应该注重增加直接上级与员工的沟通，领导者给下属提供更多的支持与赋能、信任与帮助，达到相互尊重、彼此信任的状态，实现高质量的领导成员角色变换，从传统的领导角色，转变为导师和职业生涯的咨询顾问。

4. 在负向工作特性方面（工作的不安全感、工作的复杂性、工作的枯燥性）

（1）努力改善员工工作条件。先进制造业企业员工可能需要在车间工作且时间较长、内容重复枯燥乏味。因此，企业可适当增强工作时间的灵活性，分阶段为新生代员工设置不同的任务或改善轮岗机制，提高新生代员工的新鲜感。同时，也要注意减少新生代员工的工作不安全感，提高新生代员工的物质保障，增强其在本企业的稳定性感知。

（2）建立科学有效的工作反馈机制。由于先进制造业企业的部分工作内容较为琐碎、细小和单一，无法看到较大的成果输出，但新生代员工又极其渴望被关注和被肯定，尤其是"90后"员工很多人情绪敏感，他们的辛劳希望被看到并得到相应回应。因此，先进制造业企业要能及时肯定新生代员工在工作上的成就，对于他们付出的努力要及时给予肯定，同时通过不断反馈促使新生代员工发现其在工作中的优势与不足，在不断总结中进步成长，提高其工作的积极主动性，实现自我、突破自我，从而提升其幸福感。

5. 在薪酬回报方面

（1）健全晋升制度，为新生代员工尽可能提供发展空间。员工的晋升不仅能促使员工感知到企业对其工作成绩的奖励，也能够从成就感、愉悦感与工资福利待遇提升两方面增强员工幸福感受，对于渴望实现自我价值与成功的新生代员工来说更为重要。目前在高端制造业，新生代员工占比已经在50%以上，企业组织结构也有扁平化的趋势，管理层级减少，实现这一群体全部的职务晋升显然是不现实的，因此要拓宽晋升渠道，通过改变薪酬制度，设计宽带薪酬①，为其带来更多的物质回报。也可以增加学习培训的机会或学历进修让他们获得成长。另外，推行储备干部培养制度，给予他们肯定与希望等。以上这些措施都能够在一定程度上增强新生代工作信心和成就感，缓解这一群体的晋升压力，也能显著增强新生代员工对幸福的感知。

（2）制定激励性的薪酬制度。先进制造业企业可能同一岗位有多人任职，但即使处于同一岗位的员工也可能因为能力不同，具有不同的工作表现，如果不同的付出得到同样的收获，很容易导致新生代员工不公平感知，激发其惰性及离职等消极行为，降低其幸福感。因此，新生代员工的薪酬不能一概而论，应与其能力充分挂钩，进行薪酬的差异化管理。具体建议采用日本丰田的经验，同一工种员工按照能力不同，标志不同符号服装和看板，在薪酬方面得以体现。例如，在同一职位薪酬幅宽（同一职位最低薪酬和最高薪酬之间）中，设置薪酬等级，以达到相对公平。同时改变整体薪酬结构比例，使这个比例（基本工资、奖金、福利、津贴比例）既要实现薪酬的激励与保障作用，同时也要注意到薪酬的多样性。目前，包括公积金、带薪休假、年假等都对新生代员工具有较强的吸引力，尤其是应届毕业生这一群体。通过激励性薪酬制度，促使新生代员工收获物质与精神双重激励与满足。

6. 提升员工自我满意度

（1）对新生代员工开展心理辅导，使他们学会构建和谐社会关系，维持工作家庭平衡。新生代员工尤其是"90后"员工大多是独生子女，成长环境的优

---

① 见笔者另一本著作《协同创造：人力资源业务合作伙伴》，经济管理出版社2018年版，第十八章第四节第262～267页。

越及家庭结构的简单，使他们缺乏与他人维持良好关系的技能。因此，新生代员工要学会维持好与他人的社会交往，与同事或领导的良好交往关系能够帮助他们获得对企业的情感归宿，减少精神孤独感，促使与他人的关系更紧密，有利于增强企业中的和谐人际氛围，提高员工幸福感。同时，新生代员工要平衡工作与家庭的关系，尤其是当出现问题时，不能选择逃避或掉以轻心，而是要努力寻求解决办法，及时解决问题，从而减少自身的心理负担，释放压力，这方面企业组织应当帮助他们，积极介入心理干预。

（2）帮助新生代员工全方位拓宽自身成长空间，满足自身成就感，提升个人影响力。在该研究结果中提示，新生代员工表现欲强烈，具有较强的成就导向。因此，对新生代员工要在职业生涯规划方面给予辅导，例如，为他们做"职业性格测评"和"职业锚测评"（见《协调创造：人力资源业务合作伙伴》第八章、第九章、第十章的测评问卷与测评指导），并在企业中提供相应培训课程，为他们提高自我价值和影响力创造条件。

7. 呵护员工合理的心理契约（员工期望与企业能够提供条件之间的彼此认同）方面

（1）培养员工自身耐性，强调不断提高自我价值，主动融入组织。新生代员工处于知识快速迭代的时代，瞬息万变的移动互联网环境导致新生代员工缺乏耐性，稍不如意就离职的现状让新生代员工无法真正融入组织。因此，企业要教育新生代员工端正工作态度，踏实工作，不能急于求成，遇见问题时积极寻找解决办法，而非不断跳槽。新生代员工要想在竞争激烈的人才市场中站稳脚跟，必须加强学习，不断提高自身价值，在发挥个人特长的同时，懂得相融他人长处，加速个人成长，提高自身对组织的认同度，提高其工作投入，增强了对企业的感情。

（2）教育新生代员工正确认识自我，避免工作倦怠。先进制造业离职率高的很大一部分原因在于其工作特性过于枯燥，新生代员工无法体会到工作的乐趣，日渐增加的工作倦怠消磨了他们对工作与企业的情感。当新生代员工遭遇工作倦怠时，一方面企业应当在可能的情况下提供一定的轮换岗位机会，另一方面教育员工从自身开始调整工作心态，为自己设定合理的奋斗目标，分配自己的时间与精力，保持积极向上的精神状态，学会与人与同事、领导、家人的交流沟通，为自己争取更多的认同、支持和理解。对自己的职务责任和个人能力有一个清醒的认识，客观规划自己的未来发展。

8. 基于个人传记特征（年龄、性别、学历、婚姻状况、收入等）方面的建议

（1）关于性别。该项研究表明，被调查的新生代员工女性总体幸福感略高于男性，且女性对自我价值和个人成长感知比男性略高，男性对友好关系感知比女性略高。因此，先进制造业在对新生代员工日常管理的过程中，要特别注重女性员工之间的人际关系和谐度，有意识地营造企业和谐的人际关系氛围，条件允许的情况下，设立专门的人际关系调节员，让女性员工感知到上下级及同事间的友好情感，从而提升她们的幸福感。注重男性员工自我价值的发挥及个人成长通道的顺畅，只有让男性员工在企业中感知到自己的重要价值，并确保其能在企业中不断成长，才能促使其在工作中保持激昂的状态，投入更多的时间与精力，进而增加激励因素，增强员工幸福感。

（2）关于年龄。新生代员工的幸福感低于非新生代员工，在新生代员工群体中，22～24岁员工幸福感最高，而18～21岁员工幸福感最低。因此，先进制造业在管理新生代员工时，应当针对每个阶段新生代员工不同特性采取相应的措施。对于员工幸福感最低的18～21岁新生代员工群体，可以增强对他们的技能培训，让他们拥有一技之长，增强工作安全感。对于22～24岁的员工，可以提供内部学习机会或更广阔的晋升空间，让他们取得较快的个人成长。对于24岁及以上的员工，尤其是面临家庭压力的员工，可以注重提高他们的福利待遇，帮助他们实现工作家庭平衡。

（3）关于新生代的婚姻。已婚新生代员工的总体员工幸福感、个人成长及自我价值评价，均高于未婚的新生代员工。因此，企业可以在内部设置相亲会，提高未婚新生代员工在企业的内部稳定性。对于已婚的员工，定期了解他们的情感变化，组织活动加强他们与企业及同事的沟通及联系，增强他们对企业的归属感。

（4）关于月收入水平。月收入水平较高的新生代员工在员工幸福感及其各维度方面的评价均高于月收入水平低的新生代员工。先进制造业企业要注重提高新生代员工的薪酬福利，不仅要注重直接薪酬的竞争性，还要确保间接薪酬的多样性（包括休假、脱产培训等），满足新生代员工需求。同时，考虑到新生代员工竞争性较强的特性，根据个人能力将薪酬适当拉开分配档次，将薪酬从保健因素变为激励因素的一部分，促使员工不断保持提升自我的动力。

（5）关于学历。从学历上看，本科学历的新生代员工幸福感最高，硕士及以上学历新生代员工幸福感最低。先进制造业需要大量的高学历人才，但高学历人才留不住或对其缺乏吸引力的现状是先进制造业面临的一大困境。因此，先进

制造业可以配合政府的引进政策，实施吸引高学历人才的企业措施，在企业内部，也要注重发挥高学历人才的价值，挖掘其潜能，让他们获得物质与精神的共同成长，感受到自己在企业中重要作用的发挥，实现他们的人生价值。

第三节　日本长寿企业与员工幸福感的关系

为什么选择日本来谈企业员工幸福感问题？日本在历史上与中国渊源深厚，公元七八世纪，日本曾模仿中国唐朝都城长安建造起奈良。而19世纪中叶，随着日本封闭的国门被美国人用炮舰打开，日本人也首次接触到西方工业革命的先进成果。从此，日本走上全盘西化的"脱亚入欧"之路。日本政治家福泽谕吉（1835～1901年）是日本近代文明的缔造者之一。日本货币一万元上的头像就是福泽谕吉，可见他对日本现代文明的影响。福泽谕吉一方面介绍先进国家的情况到日本，以促进"文明开化"；另一方面又鼓励日本人发扬独立精神，保持自己的传统文化。走到今天，形成了日本独特的"菊与刀"文化。

笔者理解，西方文化特别强调"私有"，以及尊重对私有权（个人权利和私有财产权）的保护，强调个人自由在推进社会进步的作用。而以儒家为代表的中国文化，特别强调大一统的"家国情怀"和平均主义。所以，公有制在中国有文化基础。而这两点在日本现代文化中都可以找出影子，例如，日本人的"不给别人添麻烦"，就体现了独特的东方文化。而遵道守纪、民主自由，又体现了脱亚入欧的烙印。采用九型人格研究理论测评日本人的性格中，忠诚、独行、探索排前三位，而中国人则是成就、挑战、调解排前三位，几乎没有重叠，所以现代日本文化的确已经"脱亚入欧"，这是在研究企业幸福感选择日本做比较的第一个理由。选择日本的第二个理由是，日本已经走过了后工业化社会，而中国也已经跨入了后工业化社会的门槛，在这个时期，社会进入了动荡期，人们在迷茫中寻找新的方向。此时，日本成功企业的做法与员工幸福感的经验，就特别值得借鉴。

在日本研究企业员工幸福感比较活跃的学者，坂田光司教授是其中之一。坂本光司是日本滨松大学、法政大学等大学的教授，主要研究中小企业经营理论，近年来持续关注8000家以上日本小企业，总结出了优秀企业共同的经营哲学，他提出"人本经营"理念，并实地调研企业，证明"人本经营"的正确性与实用性。坂本光司教授认为企业是属于社会的，存在的意义是为了给社会、为员工、为企业所在地区的客户创造幸福，如果企业能够为他们而生存，就能够做到永续经营。笔者 2018 年 12 月初在日本东京有幸见到了坂本光司教授，也听他介绍了他的最新研究成果，在这里略做介绍。

坂本教授研究表明，在日本 360 万家企业当中，有超过七成的企业是赤字企业。在这 360 万家企业中，真正能够在过去 10 年、20 年间一直保持利润率 5% 以上的只有一成企业。这一成的优秀企业不特定存在于某个行业或某个地区，规模也有大有小。这些企业都不受外部经济环境变化影响，能够一直保持盈利。这一成的企业可以说是日本真正的卓越企业、幸福企业。坂本教授通过对 8000 多家企业近 50 年的研究，将这一成优秀企业经营上的共同点量化，从以下十个方面进行总结。并在每个内容下细分 10 条指标，共 100 条量化指标。坂本教授指出，在人本经营学会所举行的"日本最了不起的公司评选大会"中获奖的企业，基本上都满足这 100 条指标的 75 条以上，其中分数最高的公司接近 90 分，下面就让我们来看看这些指标。

一、企业员工方面的指标与幸福企业

001. 在过去五年以上，员工数量保持不变或有增加；

002. 在过去五年以上，没有进行过无故裁员活动；

003. 在过去五年中，平均正式员工的转职、离职率在 3% 以下；

004. 在过去五年中，没有发生过重大的工伤事故；

005. 定期由外部机构对员工进行关于劳动条件和就业环境等的员工满意度调查，其满意度达到 70% 以上；

006. 每年固定工作周期时间内，经营者或部门最高负责人对每位员工进行关于愿望建议的单独面谈；

007. 过去五年以上没有义务加班；

008. 有员工持股制度，无血缘关系的员工担任企业董事；

009. 财务内容等主要经营信息对全体员工公开，并加深员工理解；

010. 员工每人的月平均法律规定外的劳动时间在 10 小时以下。

关于 001～010 条，坂本光司认为，企业所要追求的最终目标在于实现企业相关联的所有人的幸福。在一般的经营学中，都将人看作是企业经营"人、物、钱"或"人、技术、情报"的三要素之一。企业为了追求利润、追求结果，很容易把人看作是企业经营的材料、工具或费用。这使企业不重视员工需求，从而

导致企业忽视员工感受，造成员工的不满和不信任。而一位对企业、对领导心怀不满的员工又如何去为企业而努力奋斗呢？坂本光司认为，"物、钱、技术、情报"都只是实现企业"所有人"幸福的手段和工具。这里提到的"所有人"指的主要是以下五种人：

(1) 员工及其家人；

(2) 外部员工及其家人（供应商和合作企业等）；

(3) 现在顾客和未来顾客；

(4) 地区居民、残障人士和高龄者等社会弱者；

(5) 出资股东及银行等相关机构。

企业经营的最终目的和使命，就是追求和实现以上五种人永远的幸福，即"五方好"的经营学。这五种人的排序有别于一般的经营学中所描述的"股东第一主义"和"顾客第一主义"。坂本光司认为，企业经营应该把员工和员工家人排在第一位。原因在于员工在第一线接触顾客，为了提高顾客的满足度，只有员工和支持员工的家人被足够重视，才能真正地提高客户的满意度。

二、"外部员工"（供货商及合作企业等）方面的指标与幸福企业

011. 过去五年以上对于供货商和合作企业没有进行过单方面的压低成本；

012. 订单价格在充分考虑供货商和合作企业的经营状况下进行设定；

013. 依存度70%以上的供货商和合作企业的业绩大部分是盈利的；

014. 供货商及合作企业的支付都通过现金交易而非承兑汇票；

015. 费用结算的支付日在20天以内；

016. 为供货商和合作企业提供充分的研修机会和信息共享机会；

017. 在不隐瞒现有供货商和合作伙伴的情况下，对流通商品进行竞争性估价；

018. 在过去五年中，没有以公司生产能力不足为由，将外包给供货商和合作企业的工作内部化；

019. 就算是季节性产品，也能够尽可能地向供货商和合作企业进行持续稳定订货；

020. 对外包企业及合作企业的接待和商品的赠送一律禁止。

关于011~020条，坂本光司认为，社会竞争日益激烈，如果不进行划时代的技术变革和产品开发，很难做到长期保持销售额的增长。增加企业净利润只有两个选择，一个是降低费用，另一个是提高销售额。在很难提高销售额的情况下，很多公司采取的是降低材料费，降低人工费，压低供货商价格。这种恶性循环下，必然会导致企业产品品质下降，因此，企业更应该去重视提供原材料的合作企业的员工及其家人。

三、老年人、女性和残障人士在企业的指标与幸福企业

021. 员工退休年龄在 66 岁以上或不规定退休年龄的；

022. 65 岁以上的求职者也有获得工作的机会；

023. 老龄员工的工资和劳动等诸多条件，能够定期与老龄员工本人充分商量后决定；

024. 全体管理职位中，女性占 20% 以上；

025. 在过去三年内为残障人士创造过工作机会，并雇用新的残障人士；

026. 过去三年内残障人士的雇佣率超过全体员工的 2%；

027. 为残障员工提供与正常员工同样的雇佣条件的同时，能够根据个人意愿决定工作安排；

028. 所有残障人士的工资都超过当地最低工资标准（残障人士工资标准）；

029. 最近 3 年内，残障人士的在职率大致维持在 90% 以上；

030. 平时企业有组织或参加过残障人士相关的社会公益活动。

关于 021～030 条，坂本光司教授认为，日本经济主体的主要生产力为 15～65 岁的日本男性，也可以说是以青壮年身体健全的男性为主力军的产业社会。但随着社会环境构成的演变，仅仅是青壮年男性的劳动力已经远远不能满足现代日本需求。日本社会迈进了一个需要携手老年人、女性、残障人士共同努力的时代。

工业化社会也可以说是成长优先型社会。老年人、女性、残障人士因为没有发挥能力的机会，一直都存在于社会边缘。近年来，日本社会属性变为高龄社会、软服务社会和人性社会，社会的主体重新向这三种人转移。这三种人在需求层面和供给层面都必将成为新的市场中心。可以说，在日本，被这三种人所需要的企业及商品才会有未来（这一点，笔者认为与中国有很不同的社会环境，中国刚进入老龄化社会初期）。

四、关于企业经营者的指标与幸福企业

031. 经营者常将企业的经营理念作为言论和行动的准则；

032. 经营者比公司内任何人都要勤奋工作、努力学习；

033. 在公司状况不好时，董事长、总经理比公司内任何人都率先大幅减少薪资报酬；

034. 经营者已经决定了自己的退休时间；

035. 为了能够促进经营者与员工的互相理解，积极参加全体员工的聚会；

036. 为了让事业顺利交接传承，事先提前准备接班十年的计划；

037. 企业内设有员工向经营者表达烦恼及传达信息的交流场合或组织架构；

038. 对于企业继承人的选定，公司内外都有能够给予建议和意见的人；

039. 经营者或部门负责人，除了员工姓名还大致了解员工的家族构成和生活状态；

040. 企业经营者与会计师（税务师）、经营咨询师、社会保险劳务师、律师等专业人士长期保持人际关系。

关于031~040条，坂本光司认为，不管在任何时候，决定企业盛衰的"方向盘"和大事件的"决策权"，都紧紧握在企业经营者手中。好公司有优秀的产品和优秀的管理系统，但更为重要的是企业经营者的魅力。坂本光司举了一个例子，一次，W社长跟夫人一起参加公司的新课长就职晚宴，一位课长太太含着泪水对社长和他的夫人说道：如果我老公说要辞掉工作，离开您的公司，那我一定会毫不犹豫跟他离婚。他居然背叛了为我和我的孩子、父母的幸福而努力的社长。完全不能想象这样的老公，如何能够让我和孩子幸福。

五、员工培养、员工考核方面的指标与幸福企业

041. 员工每年每人的人才培养经费在10万日元以上（约为6700元人民币），研修时间实际占总劳务时间的5%；

042. 公司会为每位员工确立职业规划，并以此为基础进行教育训练；

043. 公司设有独立的奖励制度和自我学习支援制度；

044. 定期招聘应届毕业生；

045. 基本上全体员工都直接或间接参与到留人计划中去；

046. 招聘时企业重视的不是员工所拥有的才能和毕业学校，而是是否对企业理念产生共鸣、是否有利他之心；

047. 雇用员工时，不限制性别、出身及国籍等；

048. 企业经营者对员工的考评分数占总考核分数的20%以下；

049. 下属员工是否能够得到充分培养，是评价管理者的最重要指标；

050. 公开加薪标准、升职标准和奖金评价标准等。

关于041～050条，坂本光司认为，决定企业盛衰的不是"有效需求"，而应该是"有效供给"。也就是说，公司能够为社会、为客户提供多少价值，决定了企业的盛衰。这些优秀企业不是"环境依存型企业"或"景气期待型企业"或"指示等待型企业"，而是无时无刻不在为社会、为客户孕育出新的"感动价值"。企业的盛衰实际上是由创造新"感动价值"的创造能力和提案能力决定的，具体来说，就是对优秀员工的评价体系和培养机制。坂本认为，企业对于员工的确保、培养和考核花费的时间和金钱是否充分，可以根据上面10条内容进行判断。

六、关于现存顾客和未来顾客指标与幸福企业

051. 过去三年，回头客比例占整体客户数量的90%以上；

052. 80%以上的顾客是通过他人介绍或凭口碑慕名而来；

053. 公司将顾客和员工放在组织结构最上层，呈倒金字塔形；

054. 在过去三年中，商品和服务的交货期限遵守率在99%以上；

055. 对想要利用店里厕所或休息间的"未来顾客"也能提供礼貌服务；

056. 有听取顾客抱怨意见的公司架构，有三个以上令顾客感动的服务制度；

057. 顾客的所有信息都对全体员工共享，从顾客得到的感谢信比同行业公司要多；

058. 过去三年，顾客对产品的不满意率在1%以下；

059. 近五年的新客户数是否呈增加趋势；

060. 顾客的不满和抱怨能在短时间内传递到公司部门，并针对这些问题公司应对机制能够起到作用。

关于051～060条，坂本光司认为，企业要发展，就是能够持续为顾客提供其渴望的、必需的产品和服务。只要了解一下那些被市场淘汰的企业就不难发现，一些只重视业绩，不重视产品、服务的企业，一定没有未来。正因如此，不论在什么时候什么地点，都必须做到对眼前的客户提供最优秀的服务。而不仅仅是将目光放在企业自身的需求和发展上。

企业可以将顾客分为两种，第一种是正在给公司产生效益的顾客，可称为"现在顾客"。第二种是偶然到店里问路或借用厕所的这些顾客，我们也应该去重视，去礼貌服务。因为除了"现在顾客"，这些偶然遇到的顾客，称为"未来顾客"。只要你能提供热情服务，他们就有可能从"未来顾客"转变为"现在顾客"。那么如何判定公司是否为顾客提供了优秀服务呢？可以从上面10个指标做

一个大致测评。优秀企业不管经营状况的好坏都会定期招收员工。这里不是说去寻找核心员工或从其他公司挖来的员工，而是花费大量的时间、人力、物力去招聘应届毕业生。并且，企业对于员工的培养也会非常热心，每年大致会为员工花费10万日元以上（约6700元人民币）的研修费用。一般员工的月薪为20万~30万日元。将一年劳动时间的5%分配为教育培训时间，这就是优秀公司人才丰富的秘诀。

七、企业员工福利措施方面的指标与幸福企业

061. 制定员工的就业规则、员工退休金制度及其他员工所必需的制度，并将其全部文本化；

062. 平均每年开展五次企业内组织的交流活动，员工的主动参加率平均都在70%以上；

063. 企业内设有员工能够吃饭休息放松的空间；

064. 有三个以上关于员工生育、抚养孩子，以及住院等的独立援助制度；

065. 企业设有员工因家人原因可获得连续五天以上的休假制度；

066. 有按小时为单位的带薪休假制度，并有员工实际使用；

067. 有独立的支援育儿制度，休假过后复职者在过去三年平均占90%以上；

068. 全体员工过去三年的年假使用率在70%以上；

069. 对于因病或事故不能工作的员工，给予一年以上现金补助制度。员工因故死亡后，公司一直支付补助金到其孩子大学毕业为止；

070. 在员工和其家人的重要纪念日时，公司会表示祝贺及赠送礼物。

关于061~070条，坂本光司认为，最理想的工作环境是没有紧张气氛，像温暖的大家庭。如果把公司看作是一个大家庭，社长就像家庭中的父亲、母亲，部长、课长就像是哥哥、姐姐，下属和员工就像是弟弟、妹妹。如果将员工看作是家庭一员的话，那么作为家长就理应在平时工作中去保护和重视员工的生活甚至生命。进一步说，做企业经营者更为重要的是应该去重视员工的家人。为公司为社会努力奋斗的员工们其实最担心的，是万一自己倒下了，自己的家人要怎么办。可以肯定的是，任何员工最重视的不是公司，而是自己的家庭。所以，企业要想员工之所想，不光要为员工，更要为员工的家人去设立行之有效的福利制度。

八、社会贡献活动方面的指标与幸福企业

071. 为了地区文化的发展和慈善活动，每年公司会将净利润1%以上的金额（包含人力物力），捐赠给地区、社区、各团体和国内外机构；

072. 定期或不定期开展针对地区社会的志愿活动；

073. 不只是在企业内部，定期实施企业周边的清扫活动；

074. 积极地接受教育机关的实习请求；

075. 企业的设施免费或有偿借给地区居民及团体；

076. 对周边地区发生的灾害，企业会组织现场援助，并提供公司设施进行积极的支援活动；

077. 积极接受周边地区居民和教育机关等的企业参观游学请求；

078. 以贡献社区为目的，定期开展企业活动；

079. 将社会贡献活动放在企业经营中重要的战略性位置；

080. 有志愿者休假制度，在过去三年内有员工申请并获此制度是安排。

关于071~080条，坂本光司认为，企业不是私人物品，不仅要雇用没有血缘关系的员工，而且企业是社会的公共财产，虽然这在一定程度上存在差别，但企业的生产销售活动一定会直接或间接对社会产生一定的负担。企业不光有雇用和纳税责任，从立足于社会来说，作为"企业市民"的社会贡献活动尤为重要。好的公司在这方面做得非常优秀，会定期举行社会活动。优秀企业一般没有"企业自身的时间、金钱宽裕，所以做公益活动"，或"如果做公益的话，企业的外部评价就会变好"等这种不纯动机。好公司对于志愿活动和地区文化的参加，以及地区活跃化都非常积极。所以，优秀的公司在社会上评价很高，地区居民会认为"这些优秀的公司是我们城市引以为傲的标志"。坂田教授举例说，在福冈县因销售明太子（鱼籽）商店而有名的FUKUYA，居然将所得利润的10%都奉献给地区社会，在社会上受到非常高的评价。

九、中长期经营计划、经营理念与幸福企业

081. 公司中长期经营计划在全体员工进行讨论后制定，其内容全体员工都清楚、明白；

082. 为了让中长期的经营计划不变成企业负担，有定期确认系统；

083. 企业中长期经营计划不光是全体、部门的计划，而是能够细分到个人；

084. 有意识地将中长期计划的增长设定到年比例20%以下；

085. 过去五年的计划平均达成比例在90%以上；

086. 有文章化、可读性的经营理念；

087. 在工作时间内进行早会，一周1次以上，时间超过30分钟；

088. 经营理念中强调要重视以公司员工为主的五种人（员工和其家族、合作企业的员工、顾客、地区社会、股东）的幸福；

089. 严格遵守经营理念，制定经营计划；

090. 有很多员工因对经营理念共感共鸣而加入公司。

关于081～090条，坂本光司认为，对于企业经营来说，经营理念比经营战略更为重要。经营理念是为员工的工作揭示所要追求的方向，而经营战略只是如何去实现这个目标的手段。"拥有梦想的苦难是能够忍耐的，不能忍耐的是没有梦想的痛苦和苦难。"企业经营不管规模大小，不管在任何行业，必不可少的都是优秀的经营理念和实现梦想的中长期计划。

十、企业经营相关指标与幸福企业

091. 进行以幸福为轴心的企业经营，不以业绩为轴心的经营；

092. 构成自家公司独立的信息系统；

093. 公司内业务交流的必需信息，首先是通过口头再进行电子媒体联络；

094. 日常进行研究开发、新业态开发、新市场开发等服务的开发占全体员工数的10%；

095. 自有资本占总资本的比例超过50%；

096. 过去五年的净利润与销售额之比一直保持在5%以上；

097. 内部预留现金高于每年的员工工资总额；

098. 企业的总务、人事、经理级别的比例在全体员工的5%以下；

099. 多数公司员工都会推荐自己的孩子或晚辈进入公司；

100. 公司生产活动对于环境保护的重视程度逐年增高。

关于091～100条，坂本光司认为，优秀的企业非常巧妙地运用电子信息。例如，大部分的卓越企业都构建了自己独特的信息交流系统，但又会重视与他人的面对面交流。优秀公司比其他企业都更重视财务。好企业的自有资本大多数都在50%以上，其中一半以上的企业在70%以上。好企业基本上是无借债经营，就算企业第一、第二年完全没有盈利，也维持和保护员工的幸福。好企业不去吝惜未来经费，比如员工教育经费、员工福利费用和新产品开发费用等。优秀企业的研究经费一般占销售额的2%以上，其中居然有的中小企业占到了13%。而研究部门的员工数和比例平均占全体员工的 10% 以上。优秀公司的总部规模都很小，好公司的比例一般在全体员工的 5% 左右。

这十方面的 100 条指标，集中反映了日本长寿企业、幸福企业的做法（调查结果显示，日本的长寿企业一定是幸福企业）。比较有意思的是，在东京见到坂本光司教授以后，国内的企业家对坂本教授的理念有比较多的不认同。特别是把企业员工的利益基于企业利益之上这一点感到尤为困惑。这可能是后工业化社会所处的阶段不同，还有就是劳动力人口规模和社会老龄化程度不同，以及文化价值观的一些冲突。但是不论怎么看，中国未来也会遇到后工业化社会的种种问题。笔者认为，仔细审视这 100 条指标，对中国企业提升员工在企业内的幸福感，是具有非常现实和紧迫的借鉴意义的。

【本章要点归纳】

2018 年以来，国内产业结构升级速度加快、社会老龄化到来、劳动力成本蹿升、低端产业向东南亚和"一带一路"沿线国家转移，加之中美贸易摩擦加剧，就业不难招工难，特别是制造业等实体企业招工更难，今后将愈演愈烈。

目前"90 后"成为劳动人口的生力军，"00 后"也进入了大学。这些跨世纪和 21 世纪的一代，代表着中国的未来。中国企业的生存和发展也要依赖于他们，他们对企业的感觉和对社会的感觉，是未来企业常青的基础。

员工幸福感是指员工对工作经历和职业的整体质量评价。员工的幸福感来自两个方面，一是建立在快乐论基础上的主观幸福感，是指人对自己生活的整体评价和情感体验；二是建立在现实论基础上的"心理幸福感"。

国内对"80 后"员工调查表明，企业组织支持（正向工作特性）与负向工作特性（企业工作本身带来的）中，有七项指标与新生代员工幸福感关系最为密切。它们是：工作回报、变革型领导风格、自我满意度、员工心理契约（正向工作特性）、不安全感、工作的复杂性、工作的枯燥性（负向工作特性）。在这些方面的强化和改善是提供员工幸福感的努力方向。

日本在历史上与中国渊源深厚，而 19 世纪中叶，随着日本封闭的国门被美国人用炮舰打开，日本走上全盘西化的"脱亚入欧"之路。西方文化特别强调"私有"，以及尊重对私有权（个人权利和私有财产权）的保护，强调个人自由在推进社会进步的作用。而以儒家为代表的中国文化，特别强调大一统的"家国情怀"和平均主义。所以，公有制在中国有文化基础。而这两点在日本现代文化中都可以找出影子。因此日本成功企业的做法与员工幸福感的经验，就特别值得借鉴。

　　日本研究企业员工幸福感的坂田光司教授的研究表明，在日本360万家企业当中，有超过七成的企业是赤字企业。在这360万家企业中，真正能够在过去10年、20年一直保持利润率5%以上的只有一成企业。这一成的企业可以说是日本真正的卓越企业、幸福企业。坂本教授通过对8000多家企业近50年的研究，将这一成优秀企业经营上的共同点量化，从十个方面，用100条指标进行了总结。

附录

企业员工满意度（幸福感）调查问卷

亲爱的同人：您好！

欢迎参加"员工满意度（幸福感）"的调查工作。此次调查旨在通过对员工满意度调查，倾听员工的心声、了解员工的需求，进而创造适合员工发展的组织文化，对公司的相关制度建设做出改进，激发员工对企业的热爱，提升员工在企业内的幸福感，与企业共同成长。您的感觉和意见对于公司未来发展至关重要，希望您抽出一点时间积极配合此项调查工作，认真填写问卷。

说明：您的选择没有对错之分，重要的是倾听您的感觉。请根据自己的实际感受进行回答，不必受他人影响。本次调查采用匿名形式，我们将严格保密您的信息，您可以放心作答。如果您不了解某一个问题或觉得这个问题与自己无关，可以跳过此题。选择时请直接在被选中的题目的字母上打"√"，本问卷全部为单选，复选无效（特别注明的题目除外）。感谢您的积极支持和参与！

第一部分：关于您（请勾选）

您的职级：□副总经理级含以上；　　□科长级至部长级；　　□科长级以下；
入职时间：□2011 年及以前；　　□2012～2015 年以前；
　　　　　□2016～2018 年；　　□2019 年以后

第二部分：工作本身方面

1. 我对目前担任的工作和实际履行职责的情况感到
A. 非常满意　　　　B. 比较满意　　　　C. 一般
D. 不太满意　　　　E. 不满意

2. 在企业工作期间，我在工作技能和经验方面取得了进步，对这一说法
A. 非常满意　　　　B. 比较满意　　　　C. 一般
D. 不太满意　　　　E. 不满意

3. 我认为自己拥有足够的能力和技能完成工作任务，对这一说法
A. 非常满意　　　　B. 比较满意　　　　C. 一般

D. 不太满意　　　　　E. 不满意

4. 目前的工作压力我是可以承受的，对此说法

　A. 非常满意　　　　B. 比较满意　　　　C. 一般

　D. 不太满意　　　　E. 不满意

5. 目前工作压力主要是来自任务量太大、难度太高，对此说法

　A. 非常满意　　　　B. 比较满意　　　　C. 一般

　D. 不太满意　　　　E. 不满意

6. 我能够从自己的工作中体验到一种成就感，对目前的成就

　A. 非常满意　　　　B. 比较满意　　　　C. 一般

　D. 不太满意　　　　E. 不满意

第三部分：上级主管方面

7. 我的直接上级表现出本职位应具备的专业知识和管理能力，我对直接上级

　A. 非常满意　　　　B. 比较满意　　　　C. 一般

　D. 不太满意　　　　E. 不满意

8. 我的直接上级能够以高度责任感来完成工作，对这一说法

　A. 非常满意　　　　B. 比较满意　　　　C. 一般

　D. 不太满意　　　　E. 不满意

9. 您对您的直接上级在管理的公平性方面

　A. 非常满意　　　　B. 比较满意　　　　C. 一般

　D. 不太满意　　　　E. 不满意

10. 当我遇到问题或有困难时，我的上级可以帮助我解决，对这一说法

　A. 非常满意　　　　B. 比较满意　　　　C. 一般

　D. 不太满意　　　　E. 不满意

11. 向直接上级请示工作时，否经常听到"需要向我的上级请示"才能给予
答复

　A. 每次都是　　　　B. 经常性　　　　C. 偶尔

　D. 都能直接答复　　E. 说不清

12. 本部门人员调配、工作分配和晋升奖惩方面需更大权力（管理人员回答）

　A. 权力过大　　　　B. 已经够了　　　　C. 需要

　D. 不需要　　　　　E. 无所谓

第四部分：团队协作方面

13. 我对目前部门内的团队合作感到
A. 非常满意　　　　B. 比较满意　　　　C. 一般
D. 不太满意　　　　E. 不满意

14. 我对目前跨部门间的团队合作感到
A. 非常满意　　　　B. 比较满意　　　　C. 一般
D. 不太满意　　　　E. 不满意

15. 在工作上我能主动为需要帮助的员工提供协助，对此说法
A. 非常满意　　　　B. 比较满意　　　　C. 一般
D. 不太满意　　　　E. 不满意

16. 当工作需要相关部门（或人员）协助时，能比较及时地获得，对此说法
A. 非常满意　　　　B. 比较满意　　　　C. 一般
D. 不太满意　　　　E. 不满意

17. 我经常能感受到上级和同事对我工作的关心，对此说法
A. 非常满意　　　　B. 比较满意　　　　C. 一般
D. 不太满意　　　　E. 不满意

18. 我认为部门之间协作存在这些不足：（此题可多选）
A. 跨部门协作流程职责不清晰
B. 各部门目标不统一
C. 团队意识不强
D. 特殊事件无相应程序，分工不明确、推脱责任
E. 其他（请详细说明）

19. 通常情况下，我的同事都表现出积极的工作态度，对此说法
A. 非常满意　　　　B. 比较满意　　　　C. 一般
D. 不太满意　　　　E. 不满意

20. 我对公司各部门的办事作风和效率，总体来讲
A. 非常满意　　　　B. 比较满意　　　　C. 一般
D. 不太满意　　　　E. 不满意

第五部分：工作回报方面

21. 我对公司的工作氛围、人际关系感到

A. 非常满意　　　　B. 比较满意　　　　C. 一般

D. 不太满意　　　　E. 不满意

22. 我认为目前公司的薪酬制度对人才很有吸引力，对此说法

A. 非常满意　　　　B. 比较满意　　　　C. 一般

D. 不太满意　　　　E. 不满意

23. 与您的工作付出相比，您是否对您的收入感到

A. 非常满意　　　　B. 比较满意　　　　C. 一般

D. 不太满意　　　　E. 不满意

24. 与外单位的同行相比，我对自己的收入感到

A. 非常满意　　　　B. 比较满意　　　　C. 一般

D. 不太满意　　　　E. 不满意

25. 与企业外我的朋友圈子内的朋友相比，我对自己的收入感到

A. 非常满意　　　　B. 比较满意　　　　C. 一般

D. 不太满意　　　　E. 不满意

26. 在我个人成长中，我的薪资与付出成正比，对此说法

A. 非常满意　　　　B. 比较满意　　　　C. 一般

D. 不太满意　　　　E. 不满意

27. 我对公司薪酬支付的及时性

A. 非常满意　　　　B. 比较满意　　　　C. 一般

D. 不太满意　　　　E. 不满意

28. 在目前的市场情况下，我对公司的福利

A. 非常满意　　　　B. 比较满意　　　　C. 一般

D. 不太满意　　　　E. 不满意

29. 如果可能，希望公司再增加一些福利：＿＿＿＿＿、＿＿＿＿＿、＿＿＿＿＿

30. 只要我工作表现不错或取得了进步，我的上级会及时鼓励我，对这一说法

A. 非常满意　　　　B. 比较满意　　　　C. 一般

D. 不太满意　　　　E. 不满意

31. 我对目前的绩效考核方式

A. 非常满意　　　　B. 比较满意　　　　C. 一般

D. 不太满意　　　　E. 不满意

32. 我的上级能向我提供重要的改进意见，以帮助我提高绩效，对此说法

A. 非常满意　　　　B. 比较满意　　　　C. 一般

D. 不太满意　　　　E. 不满意

33. 我的上级非常理解和清楚我的工作，所以能公平评估和考核我的业绩，对此说法

A. 非常满意　　　　B. 比较满意　　　　C. 一般

D. 不太满意　　　　E. 不满意

34. 我的上级能及时、适当地表彰我的努力和成果，对此说法

A. 非常满意　　　　B. 比较满意　　　　C. 一般

D. 不太满意　　　　E. 不满意

第六部分：后勤保障方面

35. 您对目前整体工作环境

A. 非常满意　　　　B. 比较满意　　　　C. 一般

D. 不太满意　　　　E. 不满意

36. 您对宿舍的环境（住企业宿舍人员填写）

A. 非常满意　　　　B. 比较满意　　　　C. 一般

D. 不太满意　　　　E. 不满意

37. 如果是不满意或不太满意，是什么原因，请勾选出您认为最主要的一条

A. 公共卫生　　　　　　　　　　B. 有人不讲公共道德影响别人

C. 下班后业余生活太枯燥　　　　D. 宿舍配置不足，如：_____

E. 其他原因：_____

38. 对企业食堂的总体满意度

A. 非常满意　　　　B. 比较满意　　　　C. 一般

D. 不太满意　　　　E. 不满意

39. 食堂在哪些方面需要改进

A. 就餐环境

B. 食材来源安全卫士和工作人员个人卫士

C. 饭菜口味、品种花色

D. 服务态度

E. 其他方面：_____

40. 对通勤车的满意度（坐厂车人员填写）

A. 非常满意　　　　B. 比较满意　　　　C. 一般

D. 不太满意　　　　E. 不满意

41. 通勤车在哪些方面需要改进

A. 发车及时性　　　B. 司机服务态度　　　C. 车辆卫生

D. 发车时间　　　　E. 暂时没有

第七部分：总体满意度方面

42. 只要有机会，我愿意主动向公司提出工作上的改善建议，对这一说法

A. 非常满意　　　　B. 比较满意　　　　C. 一般

D. 不太满意　　　　E. 不满意

43. 我非常在意岗位发展机会及个人成长空间，对这一说法

A. 非常满意　　　　B. 比较满意　　　　C. 一般

D. 不太满意　　　　E. 不满意

44. 我为自己能够在公司工作感到自豪，对这一说法

A. 非常满意　　　　B. 比较满意　　　　C. 一般

D. 不太满意　　　　E. 不满意

第八部分：开放问题（也可打印出，粘贴在下列空白处）

45. 您还希望针对这份调查问卷中的相关话题发表其他见解，如公司、工作、环境、人员。

46. 与您之前任职的其他公司相比，总体来说，您如何评价公司？

47. 您认为目前公司存在哪些问题？其中最迫切需要解决的是什么？

再次感谢您的积极支持与参与！

第四篇　如何提高组织效能

——组织架构设计

第十五章　组织架构的基本要素

第一节　企业运作是"联防"还是"人盯人"

　　企业组织架构的设计，取决于企业的业务流程，这在本书前文有详尽的论述。组织架构本身是没有什么好坏的，不能说这种组织架构好，那种组织架构不好。但是如果要求组织有活力、有效能、有效率，的确存在组织架构与干什么样的事情相关的问题。也就是说，组织架构存在与工作流程的最佳搭配问题。

　　我们看到一块木头，知道它是纤维结构，纤维结构就是容易刨削的，因此它就可以做家具类的东西；而一块钢铁，我们知道它是化学元素"碳"结构，碳就是硬而且脆度很大的物质，因此它可以做支撑类的东西，如角钢、工字钢、钢筋等。在自然界把这种现象叫作**"结构决定功能"**。

　　那么对组织架构而言，是否一旦确立了某种结构，组织架构也会像木材、钢材一样，反映出不同的功能呢？答案是肯定的，也是结构决定功能。

　　对组织架构的分析，首先从特殊入手，向一般推广，这是研究问题比较好的方法，一个现实企业的组织架构也是由许多特殊的架构混合而成。而这些特殊的组织架构，就形成了组织架构的基本概念。

　　首先，我们来分析一下扁平化组织（矩阵式）和层级化组织（纵高式）的特例（见图 15-1）。

　　图 15-1 左面是扁平化的组织架构，右面是层级化的组织架构。一般认为，少于四个层级的是扁平化的组织架构，多于四个层级的是层级化组织架构，以四

个层级为限。在左图中，如果我们先不看下面的 C 项目，上面只有两层，而右面的图一共有八层。

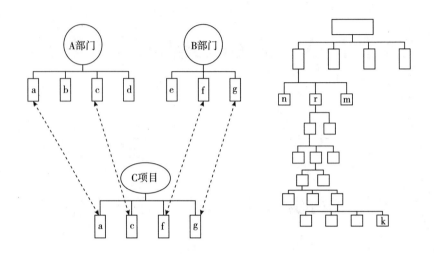

图 15 - 1   企业扁平化（矩阵式）与层级化（纵高式）组织架构

我们考察左图，在你的组织里有没有这样的事情：A 是一个部门，B 是另一个部门，A 下面有四个岗位，B 下面有三个岗位。现在组织突然有了临时任务 C，领导一看，我们就七八条枪，怎么办呢：小 a 你出来，当 C 忙的时候，你在 C 里面做，C 不忙的时候你在 A 里面做，领导对 a、c、f、g 都是这样安排的。而且 C 是临时任务，一旦 C 结束，a、c、f、g 各自回到原来的组织架构当中去。这种情况任何一个组织都会遇到，事情总是多的，人员总是要调配的。

请注意，扁平化的组织又叫作"矩阵式"，这是什么意思？其实是借用数学矩阵的概念描述扁平化组织的功能。请看图 15 - 2，这是一个矩阵。

$$\begin{pmatrix} a & b & c \\ a_1 & b_1 & c_1 \\ a_2 & b_2 & c_2 \end{pmatrix} = ab_1c_2 + a_1b_2c + a_2bc_1 + \cdots$$

图 15 - 2   数学矩阵实例

如果我们把横向看成"行"的话（如 a、b、c），这是一组人，把纵向看成

"列"的话（如 a、a_1、a_2），也是一组人，得到后面的结果，是不是"人员跨行跨列的重新组合"，也即人员跨组织的重新组合。这和图 15 - 1 左图下面 C 项目的情况是一样的。所以，所谓的矩阵式，就是说扁平化组织具有人员跨组织重新组合的功能。

下面，我们分别分析一下扁平化组织的特点和层级化组织的特点，然后再来论述做什么样的工作比较适合以上两种组织架构。

扁平化组织的特点如下：

● 责权利不够分明

考察图 15 - 1 左图可以看到，a 这个岗位上的员工本来归 A 管，但是在左图中，C 也可以调 a 来增援他。然而也许 a 刚来就接到 A 的电话，让他赶快回去。a 可能就要请 C 接电话，让他和 A 沟通，看看自己在哪个组织里面做事，因为在扁平化组织中，a 归两个人管，而且 a 也多了一个权力，即工作的自主选择权。

● 扁平化组织调整起来比较快，适应变化了的市场

由于层级少，组织比较灵活，"月亮走，我也走"，比较适合于变化频繁、动荡的市场。

● 扁平化组织容易产生管理失控

左图 a 岗位的员工对 A 说，我到 C 那里去工作，他又和 C 说，我到 A 那里去工作，结果是他两边都没去，跑到外面逛街去了，这种情况是存在并有发生的可能的，因为 a 多了工作的自主选择权，这就造成了管理失控。

● 扁平化组织工作流程不够清晰

扁平化组织中，人少事情多，头绪多，一个人承担好几项工作，因此工作往往是在一个员工身上，同时交叉进行的，很难看清楚完整的工作流程。

● 扁平化组织最大限度地发挥了员工的潜能

再考察左图 a，如果 a 这个员工对组织的忠诚度足够好，责任心足够强，那么 a 在扁平化组织里面一分钟都闲不下来：A 忙赶快跑到 A 那里去做，C 忙赶快跑到 C 那里去做，最大限度地挖掘了这个员工的潜能。

● 扁平化组织不利于员工的升迁

由于扁平化组织层级少，因此它的职数就少，员工很难有足够的机会获得提拔，因此这种组织架构不利于员工的升迁。

● 扁平化组织的运作成本比较低（先高后低）

任何组织架构一旦确立并运营，都会显现两大特征：一是它的功能；二是它

的运作成本。由于扁平化组织层级少，人员相对少，沟通协调比较快，因此成本比较低。至于说什么是"先高后低"，等分析了层级化组织的特点以后再来论述，现在讲起来不容易懂。

层级化组织的特点如下：

• 层级化组织责权利分明

考察图 15 – 1 右图中最右下角岗位 k，如果 k 出了问题，层级化组织老板的手机会不会响？肯定不会。因为 k 的上面可能是班小组长，他就会出来解决问题。如果他解决不了，第三层可能就是一位车间主任，他就会来越级解决 k 的问题。所以，层级化组织架构中，老板出差十天半个月，一个电话没有，这个企业也会照常运作。因为一级管一级，责权利非常分明。

• 层级化组织容易产生人浮于事的现象

我们来看图 15 – 1 中右图第三层 r，把 r 看成一个部门，这个部门和 n、m 同级，n、m 下面没有画出而已。如果 r 部门的人特别能干，n 和 m 部门的人用一天完成的工作，r 部门的人用半天就可以完成，试问，r 部门的人会不会去帮 n 和 m 部门？肯定不会，职能管理，我们是两个部门，管你那么多事情干吗。那么 r 部门的人半天就可以干完，那半天他们干什么，大概就会比较空闲，做一些与工作不相干的事情。这就叫作"人浮于事"。

另外，一位有本事的员工喜欢在扁平化组织里工作，还是在层级化组织里工作？回答当然是前者。因为扁平化组织最能显示这位员工的本事，组织哪里有热点，这个人就会出现在哪里。而他在层级化组织里面就会被组织职能框死，无法跨组织运作。

• 层级化组织僵化，不利于市场的调整

我们再来分析图 15 – 1 右面最下面的岗位 k，如果大老板想要调动这个人，是调得动还是调不动？他还真调不动，因为 k 上面的直接领导就会和老板说，调这个人可以，可是我们班组是"一个萝卜一个坑"，你把他调走，要再给我分来一个萝卜来顶这个坑。老板就会考虑，如果我无法找到人给他，他这个班长就完不成任务，而他完不成，他上面的组织也完不成，层层都完不成，怎么敢调。当真的找到一个萝卜来顶这个坑的时候，丧失了市场机会，"黄花菜都凉了"。因此，层级化组织比较僵化，很难调整。

这里讲一个现实当中的例子：在大学里面，教师是主体，校长、书记要布置工作、开会，也要找教师来开会。某位教师不来开会，有一个最佳理由，就是"我有课"。那领导听到这样的话，领导会说你先来开会吗，肯定不会。反过来，他会督促这位教师赶快先去上课。因为100多个学生等着这位教师呢，他倒是想来开会啊，那课谁来顶呢，如果这位教师找人顶替，那位教师也找人顶替，这所大学的整个教学秩序不是天下大乱了吗?

● **层级化组织工作流程比较清晰**

层级化组织是按照部门职能来运作的，而部门职能又是根据工作流程设计的，因此它们是相辅相成的关系。

● **层级化组织可以给员工提供比较多的升迁机会**

层级化组织层级多，职数就多，员工的职业阶梯就比较长，便于员工爬梯子，对激励员工有比较好的正面作用。

● **层级化组织运作成本比较高（先低后高）**

由于层级多，职数多，人员多，因此这三多造成层级化组织运作成本明显高于扁平化组织的运作成本。

下面分析一下什么叫作成本的"先高后低"和"先低后高"（见图15-3）。

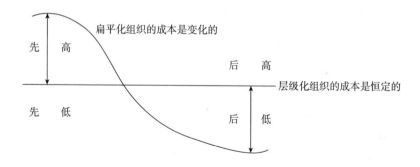

图15-3　扁平化组织与层级化组织的运作成本

图15-3中直线是层级化成本，组织层级化有多少层级，就有多少成本，因此一般来说，层级化组织的成本是"恒定"的；而图15-3中的曲线是扁平化组织的成本，它是变化的。扁平化组织刚开始运作是非常混乱的，每个岗位的人有比层级化组织大得多的自主权，工作有很多交叉，管理者对手下员工工作掌控远不如层级化组织，因此矛盾冲突也比层级化组织多得多，扁平化组织会议就比较多，开会就是为了协调，这个成本很大，所以扁平化组织的成本刚开始往往很高。但是由于层级少，人员也相对层级化组织少好多，在彼此熟悉各自工作以后，运作成本迅速下降。图15-3中如果以扁平化来讲的话，它的运作成本刚开始很高，后来降低，但是由于层级化组织成本是不变的，因此扁平化组织运作成

本"先高后低"，反之层级化成本也即"先低后高"。这其实是一个相对的概念，总体而言，扁平化成本还是比层级化组织运作成本低。

下面我们讨论一下，什么样的工作比较适合于扁平化组织，什么样的工作适合于层级化组织这一核心问题。喜欢打篮球或者喜欢看篮球的人都知道，篮球有两种防守技术，一种是"人盯人"，另一种是"联防"。从人盯人来看，对方队员手里拿着球，你是防守队员，你左后侧有一位对方队员，右后侧也有一位对方队员，你的防守对象是左边的对方队员，他往哪里跑你往哪里跑，你要防止你前方拿球的对方队员把球传给你的防守对象，这是人盯人；而联防不是，你前面的对方队员拿着球，你左后侧一位对方队员，右后侧一位对方队员，你既不看住左边对方队员，也不看住右边对方队员，而是看住你对面对方队员手里的球，球往哪扔，你往哪跑。

"人盯人"是人跟人走，那个人就是"流程"，因此，**人盯人是人跟流程走**；"联防"是人跟球走，那个球就是任务，因此，**联防是人跟任务走**。考察图 15－1，我们可以看出，左边的扁平化组织是联防，右面的层级化组织是人盯人。

因此，这里可以得出结论，是采用扁平化组织还是采用层级化组织运作，要看工作的性质，如果工作流程非常清晰，最好采用层级化组织；如果工作流程不够清晰，人少任务多，头绪多，最好采用扁平化组织。关键要看工作流程的清晰性。

例如，在一个做皮鞋的工厂车间里，第一道工序是轧鞋底，第二道工序是轧鞋帮，第三道工序是把鞋帮和鞋底轧在一起，这应当采用扁平化管理还是层级化管理比较好呢，当然是层级化管理。如果扁平化管理，就是你轧鞋底比较快，然后你再帮他轧轧鞋帮，那非出乱子不可，无法保证质量。但是就是这个做皮鞋的工厂，它的销售部门应采用什么样的管理模式，当然是扁平化的比较好。例如，一个客户来找部门的老李，说我们昨天和老李谈得不错，今天准备继续谈，看看能不能签约，你怎么回答，你说老李今天请假，你明天再来吧，行吗？肯定不行。你就会赶快顶上去，老李不在不要紧，老李有交代，和我继续谈是一样的。

这里还要说明一个重要概念，扁平化组织与层级化组织和扁平化管理与层级化管理是不同的概念。扁平化组织有矩阵式功能，层级化组织也有它的特定功能，即"结构决定功能"。而矩阵式管理方法在层级化组织局部仍然可以采用。也就是说，并不排除**在层级化组织中的局部领域采用扁平化管理的方式，也不排除在扁平化组织中的局部采用层级化管理的方式，主要取决于这个局部的任务本**

身的性质。

另外，现实中虽然没有是采用扁平化组织运作好，还是采用层级化组织运作好的问题，但是从扁平化组织成本低、组织灵活、适应变化的市场这三条来看，企业应当遵循这样的原则，即"能够扁平，尽量扁平"。

当然，运用这个原则也会引出两个问题。第一，扁平化组织不利于员工的升迁，你老板想扁平，想改革，可是第一个跳出来反对的不一定是中层干部，很可能是普通员工，他们会说，老板，你剥夺了我们的上升空间。那这个问题如何解决？从制度设计的层面来讲，最好的方法是在员工薪酬方面采用"宽带薪酬"。宽带薪酬可以起到"提薪不提职"的作用，既打开员工的升薪空间，又使员工的职务不发生改变。对这个问题感兴趣的读者，可以参考任何一本人力资源管理教程中的薪酬设计章节。还有一个问题是，组织内很讲权威的人是不愿意采用扁平化组织的，因为层级化组织的"官"最像官，扁平化组织的"官"最不像官。例如，部队是什么组织架构，肯定是层级化的。司令员爽不爽，非常爽。因为他下面有军、师、旅、团、营、连、排、班，每个班 12 名战士，都归他管，是一个标准的金字塔结构。所以，一个很想当官的人是不愿意采用扁平化的组织架构的。然而，办企业不是为了当官，而是为了盈利，因此上面那句话要再重复一次，组织架构"能够扁平，尽量扁平"。

【延伸阅读】

笔者曾经做过广东省政协委员，第一次开会的时候，好激动，早早就到了省委礼堂，因为省政协办公厅早就书面通知要求政协委员下午 2：45 坐到座位上，3 点钟省委书记要致开幕词。我 2：55 找到了我的座位坐下，但是发现我右面的座位还空着。一查资料，知道我右面那位是部队的副司令员，也是这一届的新政协委员。照说，我这个大学教授和这位副司令员在这间礼堂里面都是一样的。我在想他怎么还不来呢，这时候看到一位解放军小战士走得非常急，找排找号找座位。走到我这儿，说了句，这就是首长的位置，就出去了。再往门口看，来了一位 40 岁左右的军人，左手一个保温杯，右手一个文件袋，一看就是首长的秘书，走到空位那里，向我点点头，把文件放好，杯子放好，又出去了。这个时候，司令员出现了，在秘书的引领下坐到我旁边的座位上。我怎么能和他比呢，我这个教授"扁平化"已经扁平到一个人了。

第二节　职能部门和直线部门到底是什么关系

任何企业都有直线部门和职能部门。例如，一所大学的直线部门就比较简单，校、院、系部、教研室，再往下就是老师、学生。另外，这所大学还需要学生处、教务处、后勤处、财务处、就业指导中心等，这些是这所学校的职能部门；在企业里面有厂长、车间、工段、班组，再下来就是工人、产品，同样这家企业还需要财务部、生产部、采购部、人力资源部等，这些是这家企业的职能部门。问题是，一个组织的直线部门和职能部门是什么关系？当然不是领导与被领导的关系。它们之间的关系用两句话可以概括：**职能部门给直线部门提供专业的业务指导；职能部门在宏观层次上给直线部门合理地配置资源。**

一般职能部门可分为两种类型：一是突出职能部门的综合功能，即职能部门具有向下级单位下达工作任务或工作指令的权力，比较典型的是政府的组成部门，特别是跨行业的综合部门，如发改委、物价局等；二是直线部门作用加强，职能部门具有参谋功能。即职能部门不能直接向下级单位发布行政命令，需要经过共同主管同意方可，职能部门只有建议权、指导权和协调权。大多数企业的职能部门均属于第二种情况，如企业中的财务部、办公室、采购部、人力资源部、企业发展部等。

其实，职能部门与直线部门是"矛盾共同体"，例如，企业人才需求是首先由具体的直线部门提出来的，某部门经理向人力资源部（职能部门）提出要新增加五个岗位，但是由于企业的工资和奖金都不是某个具体直线部门发放的，是由企业层次发放的，因此，直线部门很可能实际需要三个岗位，但是提出要五个岗位。而人力资源这个职能部门就要去核实、去了解，从宏观上把握，这样就在宏观层次上制造了必要的平衡。但是相反的，如果人力资源部门权力过大，也可能对直线部门的资源配置造成困扰，延误或者干扰直线部门的工作。所以，不论是直线部门还是职能部门，还要有企业领导层这一层级的协调，以保证整体组织的平衡和适度。

下面我们分析一下直线式的组织结构，如图15-4所示。

直线式的特点就是企业各级单位从上到下实行垂直领导，下属部门只接受一个上级的指令，各级主管负责人对所属单位的一切问题负责。企业顶级不另外设

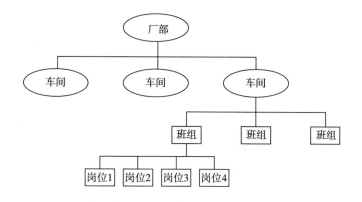

图 15 - 4　直线式组织结构简图

置职能机构（可以设置职能人员协助主管人工作，如设置助理），一切管理职能基本上由领导人执行。

直线式的组织结构简单、责任分明，命令统一。但是对这个企业的领导人要求高，他必须具有多种知识和技能，亲自处理各种业务（因为没有其他职能部门），这在规模稍大的企业里面是不可想象的。因为把所有管理职能集中在最高主管一人身上，的确难以胜任。

因此，图 15 - 4 这种单一直线式的组织结构现实中很少，只适合微小企业、生产技术特别简单的企业，例如，一个小型超市，一个理发店，一个加油站，对一般的现代制造业并不适用。

我们再分析一下职能式的组织结构，如图 15 - 5 所示。

职能式各级单位除主管负责人外，还相应地设置了职能机构，如厂部下面设立了各种职能部门和岗位，协助厂部领导处理各种职能的专业管理问题。这种结构要求行政主管把相应的管理职责和权力交给相关的职能机构，各职能机构就有权在自己业务范围内向下级行政单位发号施令。因此，下级行政负责人除了接受上级行政主管人指挥外，还必须接受上级各职能机构的领导。

这样的做法能够适应现代化工业企业生产技术比较复杂、管理工作比较精细的特点，能充分发挥职能机构的专业管理作用，减轻直线领导人员的工作负担。

另外，这种结构妨碍了必要的集中领导和统一指挥，形成了多头领导，不利于建立与健全各级行政负责人和职能科室的责任制，在中间管理层往往会出现有功大家抢、有过大家推的现象。另外，在上级行政领导和职能机构的指导与命令

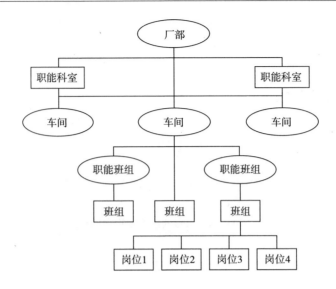

图 15 – 5　职能式组织结构简图

发生矛盾时，下级就无所适从，从而影响工作的正常进行，容易造成纪律松弛，生产管理秩序混乱。

　　由于这种组织结构具有明显的"双重领导"缺陷，因此，现代企业一般都不会采用职能制。也就是说，这种结构只有演示意义，没有多少实际意义（一个存在的例子是：一家国企，受发改委与国企直线上级的双重领导）。既然如此，为什么要讨论这种结构呢？是因为如果我们把图 15 – 4 直线式结构和图 15 – 5 职能式结构两者组合起来，就特别具有应用意义。

第三节　直线职能式是制造业最有效的架构

　　直线职能式组织是把直线式组织和职能式组织结合起来，如图 15 – 6 所示。它既吸收了直线式中直线领导权责分明的好处，又有职能部门的专业化指导和资源分配的制衡作用。这种结构特别适合于制造业，几乎所有的制造业中都可以看到这种结构的存在。一般制造业具有战略目标长期稳定、受外部环境影响比较小、讲求组织内部效率和产品技术质量的特点。因此，强化组织的经营目标，计划功能强，成本核算突出，直线经理权力突出，职能经理强化专业保障和维持组织内资源平衡。

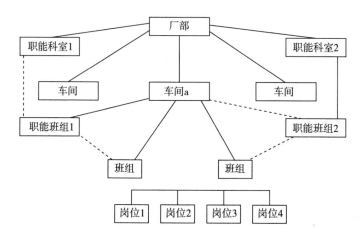

图15-6 直线职能式组织结构简图

直线职能式组织结构最大的优势就是：鼓励部门内的规模经济，促进组织内所有岗位技能提升，促进组织实现职能的目标。这种功能很适合中小企业，有一定生产规模、产品线宽度（品种系列）一般的企业。直线职能式的缺陷在于：对市场反应慢，各种问题（直线部门与职能部门的冲突矛盾）会引起高层决策迟缓，也存在着职能部门间缺乏横向协调，导致部门利益分割、企业整体性下降的问题。还有在创新方面，直线部门难以获得各个职能部门的一致性支持。

由于这种直线职能式结构在企业里面特别普遍，所以下面还要再做进一步的剖析。如果图15-6是一个做皮鞋的企业，左边那个职能部门是质检部，车间里面的职能部门是质检组的话，班组生产的皮鞋，没有质检组的签字是出不了车间的，出了车间的产品，没有质检部的签字是出不了厂的，确实起到了"专业的业务指导"的作用。但是我们发现，图15-6的左面结构和右面结构是不一样的。不光是虚线和实线的问题，前面已经讲过组织架构的重要特性就是"结构决定功能"，现在左面的结构与右面的结构不一样，因此左面的功能与右面的功能肯定也大不相同。

如果图15-6这家企业最近一段时间班组做的皮鞋质量非常不稳定，那么，采用左面的组织结构比较好，还是采用右面的组织结构比较好？当然是右面的。如果是左面的组织结构，班组做的皮鞋质量不好，质检部要求车间里的质检组不予签字，但是车间主任为了完成任务，要求其签字，那车间里的质检组是听质检部的还是听车间主任的。从左图来看，只能听车间主任的。因为质检组与质检部的关系不是直线领导关系，是指导关系，而与车间主任的关系是领导与被领导的关系，工资奖金都是在车间里面发放，不听车间主任的听谁的。可是到了这张图的右面，那个车间里的质检组具有了"钦差"的功能，这个组是直接归质检部领导的，这个时候车间主任为了完成任务，让质检组签字，质检组完全可以拒绝。

又如，目前我国各省都有省纪律检查委员会，简称"纪委"。那么现在省纪委是归同级省委领导呢，还是归中共中央纪律委员会简称"中纪委"领导呢。其实现在是左面的结构：假设图中车间 a 是省委，职能科室 1 是中纪委，职能班组 1 是省纪委，各省纪委归同级省委领导，即图的左面。左面的结构是一种放松的正常的结构，是给直线部门足够自主权的结构，右面的结构是抓紧的临时措施，是集权而非放权。从企业正常运作的角度来看，一般应当采用左面的结构。

但是，右面的这种结构在企业里面的确也可以看到。消费者一般认为，德国企业的产品质量是上乘的，其次就是日本的产品。在这两个国家的一些企业中，质检部门往往就是采用右面的结构，他们生产线上的质检部门是直接由企业级别的质检部领导的，而非由生产线上的领导管理的，他们只对质量负责。这样出来的产品当然质量可以得到比较大的保障。国内也有这样的例子，一家军工厂生产"军品"，一般都有部队的"军代表"驻厂监造。军品的质量合格与否，不是这家军工厂说了算，而是这位军代表说了算，这当然是右面的结构了。

【本章要点归纳】

组织架构没有好坏，组织架构要适应企业流程。组织架构遵循"结构决定功能"的原则，组织架构一旦确立，它就会反映出不同的功能。

组织的扁平化具有矩阵式的功能，也就是人员跨组织的重新组合，这种特性特别适合于市场变化快、任务头绪多、人员少、任务重的情况。层级化组织责权利分明，但是比较僵化，对市场的反应比较慢。两种组织架构相比较，扁平化组织运作成本比较低。是采用扁平化组织还是采用层级化组织，要看任务流程的清晰性。

直线式组织架构中，领导人要应对组织所有责任，因此只适合于微型企业的运作。职能式组织现实当中很少，因为产生了对直线组织的"双重领导"，它突出了职能部门对直线部门的权力干涉。

直线职能式组织是绝大多数制造业采用的组织架构，它突出了直线部门的工作内容，又有职能部门给予专业的支援，并杜绝了直线部门对资源的无限制需求，起到了平衡的作用。

第十六章 事业部结构

第一节 设立产品事业部的条件是什么

一家在北京的对外贸易公司从事三类业务：第一，纺织品进出口；第二，食品进出口；第三，小型家电进出口。那么，这家贸易公司要不要分成三部分来经营呢，当然要。每一个部门都是一个事业部，而且是以产品类型来分的事业部，因此叫作产品事业部（见图16-1）。

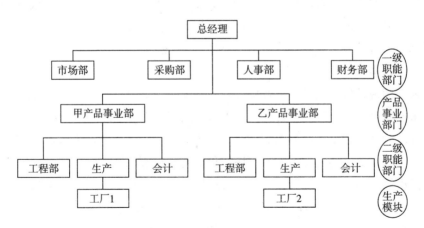

图16-1 产品事业部门结构

那么什么情况下企业要成立产品事业部呢？我们有如下定义：**当产品的原材料和最终的消费者都有很大不同的情况下，为了保证专业化生产和引起企业内部**

竞争，有必要采用产品事业部经营。这种按产品或产品系列组织的业务活动，主要是以企业所生产的产品为基础，将生产某一产品有关的活动完全置于同一产品部门内，再在产品部门内细分职能部门，进行生产该产品的工作。

这种组织架构有利于采用专业化设备，并能使个人的技术和专业化知识得到最大限度的发挥；每一个产品事业部都是一个利润中心，部门经理承担利润责任，这有利于总经理评价各部门的业绩；在同一产品部门内有关的职能活动协调比较容易，比完全采用职能部门管理来得更有弹性；更容易适应企业的扩展与业务多元化的要求。

这种组织架构需要更多的具有全面管理才能的人才，而这类人才往往不易得到；每一个产品分部都有一定的独立权力，高层管理人员有时会难以控制；对总部的各职能部门，如人事、财务等，产品分部往往不会善加利用（因为很多产品事业部往往具有二级职能部门），以致总部一些服务不能被充分利用。同时，如果一个企业产品差异化比较大，这种架构可能会引起企业的内部资源的争夺，这是我们不希望看到的。

我们再来仔细分析一下图 16－1。第二排是一级职能部门，第三排是产品事业部门，第四排是二级职能部门，第五排是生产模块。现在我们看一看第二排一级职能部门中的采购部。假如采购部在没有分成产品事业部经营前有七位工作人员，后来分了甲、乙两个产品事业部后，甲产品市场比较好，乙产品差一些，我们把四位采购人员配置给甲产品事业部，把三位采购人员配置给乙产品事业部，结果达到了市场的"动态平衡"，也就是说满足了市场的需求，这是完全有可能的。那么既然如此，是把一级职能部门的采购部一分为二好呢，还是保留图 16－1 这样好呢？

换句话说，成立了产品事业部以后，一级职能部门是取消分下去好，还是保留下来比较好？前面已经谈过，由于很多产品事业部有二级职能部门，确实存在着总部职能部门的一些服务不能被充分利用的情况。但是一般认为，一级的职能部门是不可以撤销的，因为外部市场变化很快，在这个例子中，一段时间后可能甲产品市场又不行了，反过来乙产品市场好起来，这时候乙产品事业部的采购人员就不够，如果取消一级职能部门的采购部，那乙产品事业部就会向甲产品事业部要采购人员，甲产品事业部不会轻易给它们。这就导致了部门利益的分割，反而是浪费资源。如果采购部还保留在一级职能部门的位置，这个问题便很好解决：首先把甲产品事业部的采购人员抽调到采购部去，然后再下派到乙产品事业部，问题就解决了。因此，我们可以得出结论：**成立了产品事业部的企业，一级**

职能部门轻易不要撤销，撤销反而是浪费资源。解决一级职能部门资源不能被产品事业部充分利用的问题，还是要加强一级职能部门的主动沟通，积极了解事业部需求，给予总部方面的专业业务指导与资源配合。

有一次，笔者到广东中山华帝企业去授课，华帝是做燃气具的上市公司。一进厂区，就看到一条通栏标语："热烈祝贺中山华帝厨房燃气具事业部销售额过亿！"试问，这条标语是谁要求挂的，是厨房燃气具事业部要求挂的还是这个企业的大老板要求挂的，当然是大老板要求挂的。因为不同事业部的负责人看到这条标语的感觉是不一样的。厨房燃气具事业部老板看到这条标语很自豪，那其他事业部老板呢，他们看到这条标语压力会很大，华帝的老板希不希望给他们压力呢，答案不言而喻。所以**产品事业部有极强的引起企业内部竞争的功能。**

第二节 区域事业部的现实性

一家公司总部在广州市，因为业务需求，它在邻近的番禺区设立了一个分公司，这个分公司要不要独立经营？另一个问题是，一家总部在广州的公司，因为业务需求，要在北京设立一个新公司，北京分公司要不要独立经营？对于这两个问题，很多人都会回答北京分公司要独立经营。这是因为广州与北京：一是地理位置相距遥远；二是气候与消费者的消费习惯差别很大；三是当地政府的产业政策与劳动力薪酬政策不同。如果有了这三个不同点，这个分公司必须独立经营，不然寸步难行。这个分公司就可以称之为区域事业部，它是以地域来划分的（见图 16－2）。

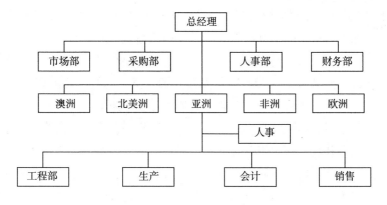

图 16－2 区域事业部（部门化）结构

对于在地理上分散的企业来说，按地区划分部门是一种比较普遍的方法。按地区划分部门，特别适用于规模较大的公司，尤其是跨国公司。这种组织结构形态在设计上往往设有中央服务部门，如采购部、人事部、财务部、广告部等，向各区域提供专业性的服务。这样运作的结果是使总公司领导可以摆脱日常事务，集中精力考虑全局问题。区域事业部实行独立核算，更能发挥出经营管理的积极性，更利于组织专业化生产和实现企业的内部协作。各区域事业部之间有比较、有竞争，这种比较和竞争有利于企业的发展。区域事业部内部的供、产、销之间容易协调，而且可以避免在直线职能制下需要高层管理部门事事过问、层层负责的现象。区域事业部经理会从区域事业部整体来考虑问题，这样也有利于培养和训练管理人才。

说到区域事业部的缺点，公司总部与区域事业部的部分职能机构可能会产生重叠，造成管理人员浪费；区域事业部实行独立核算，各事业部只考虑自身的利益，影响事业部之间的协作，一些业务联系与沟通往往也被经济关系所替代。这样不利于公司总部的统筹，造成局部利益分割，整体利益下降，甚至连总部的职能机构为事业部提供决策咨询服务时，也要事业部支付咨询服务费，变成了经济关系。

我们再分析一下图16-2，从区域事业部的角度来说，广州本田公司可不可以理解为日本本田在亚洲的一个最大的事业部？当然可以这样认为。日本本田有它的职能部门，广州本田也有自己的职能部门。笔者的第一台车是2004年买的，当时引进人才单位给了15万元人民币购车，那时的15万元只能在市场上买到大众的"捷达"汽车。笔者不想购买捷达，想买广州本田。当时广州本田2.0排气量的小汽车最低配置22万元人民币。可是去车行买的时候，被告知要交"5万元的提车费"。这5万元是交给中间商的，就等于客户的成本变成了27万元。笔者当然不满意，最后退而求其次购买了日产的"蓝鸟"。

广州客户在广州买不到广州本田，这对广州本田是好事还是坏事？当然是好事。因为现在的商品市场绝大多数是买方方场，而我们的产品出现了卖方市场，就说明我们的货好，供不应求。当时笔者的家住在广州天河广源东路，广源东路向东就是广州本田，向西就是广州市区。有一天早上，看到十几辆大巴浩浩荡荡从广州市区方向开往广州本田，晚上6点多钟又浩浩荡荡从广州本田方向开往广州市区，非常壮观。后来一问才知道，原来日本本田总部一下来了300余位各行各业的工程技术人员，帮助广州本田在两个月之内再上一条生产线。这些日本人很讲究，吃、住要在广州白天鹅、中国大酒店这些五星级宾馆，中午在广州本田用工作餐，早晚回酒店吃自助餐。这些日本人是从哪里来的，当然是日本本田各个职能部门抽调来的。有一天，这十几辆大巴车突然销声匿迹，说明这条生产线已经建好了，他们回日本总部原来的各个岗位去了。因此，跨国公司的职能部门与海外分公司的关系仍然是全球范围内配置资源的关系。

第三节　流程事业部与成组技术

流程事业部是指按照任务的业务流程来组织业务活动的（见图 16-3）。图 16-3 是一个火力发电厂的生产流程。这个流程由燃煤运输、锅炉燃烧、汽轮机冲程、电力输出、电力配送等主要工序组成。我们可以把每一部分工序看作一个"总成"。流程事业部就是把每个"总成"的人员、材料、设备集中，使业务流程连续化、流水线化。

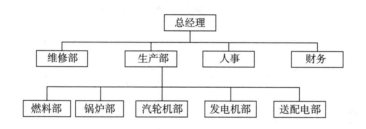

图 16-3　流程部门化结构

流程事业部的优点是：组织能够充分发挥集中技术优势，易于在一个单元组织内协调资源与协调管理。能够对市场的波动做出快速反应，能够降低制造成本。而且由于按照流程来统筹生产资源，比按照职能来统筹生产资源更能提高产品的质量，因为部门都是围绕生产流程转，弱化了职能部门，强化了生产过程。另外，由于单元组织的专业化，有利于员工的专门化操作，简化了培训，容易产生学习经验曲线效益（指通过反复操作熟练，使生产效能提高的、因学习原因而非其他原因获得的效益）。

当然，流程事业部也会带来单元组织与其他单元组织的协调问题，员工工作过于专门化，不利于员工发展并产生工作单调弊病。流程事业部的产生与 20 世纪 80 年代日本汽车制造业的崛起有很大关系，换句话说，与工业产品制造"总成化"有密切关系（见图 16 - 4）。图中是一个生产车间的平面图，例如，加工零件走的路线是刨床—车床—钻床—镗床—铣床—磨床。六台设备必须由六个工人操作，而且零件的搬运路线很长，但是如果变成图 16 - 5，按照 U 形台进行设备排布，恐怕两三个工人就够了，而且大大缩短了工件搬动距离，生产辅助工具也集中化排布，并腾出了更多区域空间，改善了生产空间布局。我们把这种技术叫作"成组技术"，**"总成"只是"成组技术"的结果而已。**

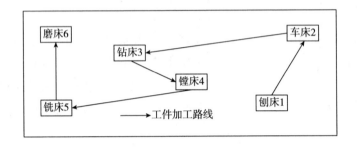

图 16 - 4　工件原始加工行进路线

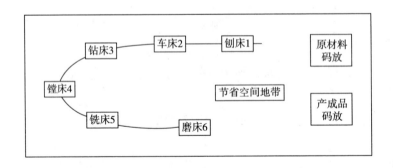

图 16 - 5　按流程 U 形台排布设备的工件加工行进路线

　　如果按照这样的流程和方式，把单个零件在某一个生产组织单元变成"总成"，的确可以大大降低制造成本，提高产品质量。

　　但是事情往往具有正反两个方面。你的小汽车左转向灯发生了剐蹭事故，左转向灯坏了，到 4S 店维修，维修人员包着一个带左大灯的家伙，要全部换掉。你提醒说，我的左大灯是好的，只是左转向灯坏了。维修人员怎么回答你？他会说这是一个"总成"，没办法拆，要换只能全部换掉。所以我们知道，**产品采用**

流程事业部式的"总成"方式，的确可以降低制造成本，但是这个成本并没有消失，而是转嫁给了消费者，消费者必须为那些与你无关的其他零件支付费用。这就是人们经常说的修车贵过买车的问题。其实并不局限于汽车，目前绝大多数工业产品都没有什么修的问题，都是换，换什么，换局部总成。

总成带来的另一个问题就是资源的极度浪费。上例中那个左大灯好的、左转向灯坏的总成，4S店怎么处理，一定是回炉处理。因为如果拆开修，从经济效益上来说是不划算的。所以现在制造业的这种成组技术也遭到了很多人的批判和质疑，地球就这么大，资源就这么多，很多是不可再生的，如果听凭人类这样浪费资源，恐怕自然环境无法承载。但是从目前来看，流程事业部、成组技术、总成由强大的市场经济力量所左右，其地位还是非常稳固的。这也是在不久的将来，人类面临的艰难选择之一。

第四节　超大企业的分权模拟架构

模拟分权结构是一种介于直线职能制和事业部制之间的结构形式。有许多大型企业，如连续生产型的钢铁、化工企业由于产品品种或生产工艺过程所限，难以分解成几个独立的事业部，但是由于企业的规模过于庞大，以致高层管理者感到采用其他组织形态不容易管理，就出现了目前的模拟分权组织结构形式（见图16－6）。

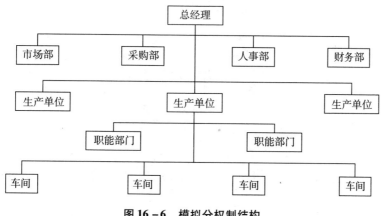

图 16－6　模拟分权制结构

所谓模拟，就是要模拟事业部制的独立经营，单独核算，而不是真正的事业部，实际上是很多"生产单位"。这些生产单位甚至有自己的职能机构，享有尽可能大的自主权，负有"模拟性"的盈亏责任，但是它们之间的经济核算只能依据企业内部的价格，而不是市场价格，也就是说，这些生产单位没有自己独立的外部市场，这也是与事业部的差别所在。

例如，图 16 - 6 如果是一家钢铁企业的话，本来炼钢三大工序，一是矿石的浮选去杂质，二是粗钢冶炼变成钢锭，三是精轧变成型材，如角钢、工字钢、线材等。可是由于这家企业太大了，现在每一道工序都变成了一个分厂，如图 13 - 6 第三排左面的生产单位是浮选分厂，中间的生产单位是粗钢冶炼分厂，右面的生产单位是精轧分厂。原来粗钢冶炼直接向上一道工序调拨浮选后的铁矿石就可以了，现在不行，必须向浮选分厂购买，购买的价格不是市场价格，而是企业内部价格；而精轧分厂也不是无偿调拨钢锭，而是向粗钢冶炼分厂购买，购买价格也是企业内部价格。然后年终核算这个分厂的经济效益。

这种做法除了调动各生产单位的积极性外，就是解决了企业规模过大不易管理和杜绝浪费的问题。其缺点是，不太容易为模拟的生产单位明确任务，造成考核上的困难。而且，各生产单位领导人不易了解企业的全貌，在信息沟通和决策权力方面也存在着明显的缺陷。这种架构适用于超大型企业产品，无法细分，属于同一产品链上不同工序间进行有效控制的情景。

下面我们探讨一下**混合型组织架构**。其实，任何一家企业现实中的组织架构都不是单一架构，都是一种混合式的组织架构。只是我们为了分析方便，将其拆开来分析而已。图 16 - 7 是总部位于深圳蛇口的中国集装箱集团的组织架构。

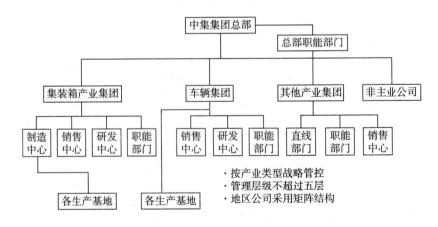

图 16 - 7　混合型组织架构——中国集装箱集团的组织架构

从图 16 - 7 中我们可以看到，中国集装箱集团的组织架构是以产品事业部为核心的组织架构，集装箱集团是一个产品事业部，车辆集团是一个产品事业部（该公司还生产装载运输集装箱的载重卡车），其他产业集团（生产海工设备：海上工程设备，如石油钻井平台等）也是产品事业部。

从中集集团的组织架构中可以看出，各事业部都有二级职能部门，而且都有遍布于全国各地的生产基地。这些生产基地对中集集团各事业部的制造中心来讲，也可以理解为区域事业部。地区公司内部又采用矩阵式结构，可能局部也有扁平化的组织。因此，**现实中任何一个组织的组织架构，都是混合型的组织架构**。扁平化组织里面可能有层级化运作，层级化组织某个局部也可能有扁平化的管理。最终要看局部工作流程对组织架构的要求。

【本章要点归纳】

当产品的原材料和消费者都有很大不同的情况下，为了保证专业化生产和引起企业内部竞争，有必要采用事业部经营，这是产品事业部产生的必要条件。

成立了产品事业部以后，尽管可能存在着事业部中的二级职能部门与公司层面的一级职能部门业务部分重叠的情况，但是一般一级职能部门不要撤销，撤销反而是浪费资源，并且无法发挥出其在企业总部层面调配资源的功能，造成了部门利益的分割。

区域事业部的成立是因为地域遥远，外部自然条件、当地政府政策、当地劳动力薪酬水平等因素不尽相同，导致其必须独立运行。总部的职能部门与区域事业部的关系仍然是宏观上合理配置资源的关系。从此意义上讲，跨国公司的职能部门与海外分公司的关系也是宏观上合理配置资源的关系。

流程事业部来自制造业"成组技术"的应用，导致了半成品"总成"的出现。流程事业部可以提高生产专业化的程度，也可以节约很大的生产成本，由于以产品的流程来配置资源，因此比按照职能部门配置资源更便于专注产品的质量。总成的出现虽然可以降低制造成本，但这个成本并没有消失，而是转嫁给了消费者。由于市场化的经济利益驱动，尽管成组技术、总成浪费了很多物质资源，但是在现代制造业中还是被广泛采用。

模拟分权式组织架构是介于事业部和职能组织之间的一种组织架构。它适应于超大型企业一个生产链上的不同工序之间。这样用内部核算方法（非市场价格核算）调动各生产单位的积极性，解决企业规模过大不易管理和杜绝浪费等问题。模拟分权之关键在于不是真正分权，而是模拟，即模拟外部市场，采用企业内部价格。

几乎所有现实当中的企业组织架构都是混合型的组织架构，事业部与职能组织混合、扁平化组织与层级化组织混合，其关键要看局部如何适应工作流程。

第十七章 营销组织、项目组织与组织效能

第一节 营销组织中的直线与参谋

一般来说，一个企业盈利不一定不倒闭，一个企业亏损也不一定会倒闭，倒闭不倒闭，不在盈利不盈利。例如，一个企业盈利全部是应收账款，账面盈利，货款收不回来，连员工的工资都发不出去，这家企业撑不了几天，员工要闹事的；一个企业亏损，银行认为你的不动产还可以做抵押，愿意贷款给企业，这个企业当然不会倒闭。倒闭不倒闭，取决于这家企业有没有现金流，就是现在账面上有没有可以动用的现金。那么在企业中的哪个部门把企业的产品或者服务变成现金流呢，当然是营销部门。因此，营销的重要性在企业工作中排列首位。

营销与销售是不同的，销售是对客户的终端环节的运作，而营销是从产业链的头到产业链的尾的综合谋划。从产业链的上游开始，企业就要回答为什么给市场提供这个产品或者服务，中游的制造和服务模式是什么，下游的销售给客户什么样的感受。这里面包含供应商战略合作、商誉（品牌）、产品设计与制造、终端客户服务的全过程。

图17-1是大型商业或者超市的组织架构，它是以客户的类型来分的。这种组织架构便于对不同的客户提供专业化的服务，特别是对大客户的服务，便于专业化和系统地维护与大客户的"客户关系"。其中，批发商部与法人团体部不同，购买达到一定数量就可以享受批发折扣和其他增值服务；而法人团体部是社

会法人单位与商场签约长期供货协议，协议价格低于批发价格，不但可以享受到批发客户的增值服务，还有一些定制化的个性化服务。

图 17 – 1　按照客户类型划分的销售组织架构

图 17 – 2 是以直线式和直线参谋式为主体的小微企业的销售组织架构。图 17 – 2 中间虚线长方形中的机构是直线式设置，对于一些微型企业来说，没有单独的推广、策划、品牌塑造等辅助销售的参谋部门。而大一些的企业，这些工作不可或缺。市场调研、广告推广、销售活动策划必须跟上。这些工作可以理解为作为销售工作的后台支持参谋部门。也可以结合直线职能式的结构来理解，中间销售系统是直线式，参谋部门是职能部门，为销售活动在宏观上配置资源。

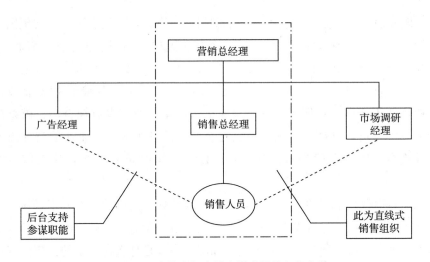

图 17 – 2　直线式与直线参谋式销售组织架构

图 17 – 3 是标准的小型企业的职能化销售组织架构。这种架构以销售为中心，其他处于次要地位，适合产品线不长、宽度有限、营销方式相同的企业。反之，如果产品线过长过宽，则很难协调和专业化，参谋部门的职能经理会争取直线权力，造成多头领导销售团队。

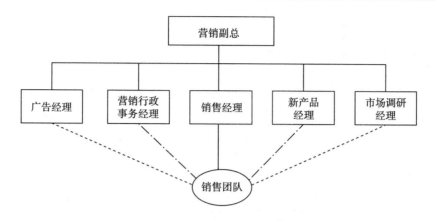

图 17-3　职能型销售组织架构

关于产品线的概念在本书前文中已经有详尽论述，这里不再赘述。职能型销售组织比直线参谋式销售组织增加了更多的参谋后台支持的职能部门。营销行政事务经理的职责在于协调产品与产品间的策划销售活动，使之在组织中体现全局性、有序性和避免冲突。对于一般产品而言（非高科技知名品牌产品，如苹果手机），新产品的销售比老产品困难一些，因为新产品客户还不了解，老产品有一定的知名度和客户群。因此，也许有必要加大新产品的推广力度，新产品经理这个岗位也就应运而生了。总而言之，从图 17-3 中我们可以看到，对销售工作有一个比较全面、强大的职能部门作为后台给予支撑。因此，这种结构在小型企业和部分中型企业中比较常见。

图 17-4 是产品型销售组织架构。这种组织架构突出了产品营销经理的作用，通过产品营销经理协调与其他职能部门的合作关系。因此，这种结构适合企业产品品种多、销售方法差异大的企业。例如，一家生产自行车的企业，既生产各种自行车，还生产残疾人士用的轮椅。我们知道，自行车和轮椅的销售渠道是完全不同的。自行车走超市、商场和专营店，而轮椅主要是通过大型药店和医疗器械专卖店销售。在这种情况下，设置产品线经理协调是非常必要的。

在产品型销售组织中，核心岗位是产品营销经理和产品线经理，这两个人的协调沟通能力要非常强大，不然众多产品很可能在策划、品牌、调研等活动中造成企业内部吵架，甚至互相伤害，给企业整体利益和品牌塑造带来混乱。说到这种结构的缺点，就是各个产品经理容易缺乏整体观念，带来部门冲突和多头领导。

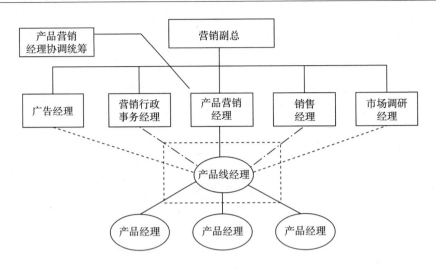

图 17－4　产品型销售组织架构

图 17－5 为产品市场型组织架构。如果让一位顾客在现在的某个大城市"一站式"把眼镜、衬衫、T恤、内裤、外裤、袜子、鞋等全部买到，那应当到哪里去买？恐怕只有这个城市的大型廉价地摊上才可以满足其需求。现在市场卖商品不是这样卖的。例如，一家做鞋的企业，它要划分女鞋、男鞋、童鞋等市场专业销售。即使是男鞋，它要不要分皮鞋、休闲鞋、运动鞋等市场专业销售？

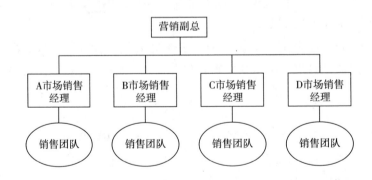

图 17－5　产品市场型组织架构

图 17－5 中 A、B、C、D 对专业市场经理的安排就是这个意图。按照不同市场特性划分领域，根据各类顾客需求组织营销。另外，还可按照消费者消费能力和水平来分专业市场，如城市市场和农村市场等。这种方法的缺点是：市场经理

的权力过大，对销售团队的领导权责不清，并有出现多头领导的可能。

图 17－6 是地区型销售组织架构。如一个销售工程机械的企业，它要分为东北区、华北区、华中区、华南区、西北区、西南区等。

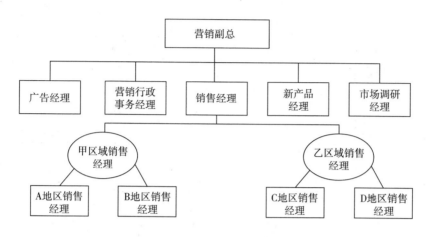

图 17－6　地区型销售组织架构

按照区域进行销售的理由是，这些区域自然条件、气候条件差异大，对设备要求也不尽相同。另外，这些区域的发展水平不均衡，对设备价格的敏感度不同。甚至还有人文风俗习惯的问题，这些都导致了差异化的销售要求。此种结构很好地覆盖了地区市场，但其缺点是：区域经理压力大，要求高。甚至区域经理其实就是一个销售中心，要求必须是一个全才，而人才难找。同时，由于不是由产品的专业市场来划分，可能一个地区经理要销售完全不同种类的产品，因而营销专业化程度比较低。

图 17－7 是矩阵型销售组织架构，这里特别采用杜邦公司的实例来说明这种日益流行的销售架构。

杜邦公司本来是生产化工原料的公司，但是近年来，它也涉及了一些与其生产的化工产品相关的其他行业，诸如服装、家具和一些工业品市场。图 17－7 左边纵向是产品经理，他们的产品是人造丝、醋酸纤维、尼龙、奥纶、涤纶。而横向是市场经理，当市场经理的产品涉及产品经理时，产品经理就会派出该产品的技术人员参加市场经理的销售队伍。如人造丝在女装和某种工业品上有该种原材料，人造丝产品经理就会派出专业技术人员加入女装市场经理和工业品市场经理的销售队伍。当该产品生命周期结束，该人造丝的专业技术人员便又回到产品经理的队伍当中，造就了一个跨组织、跨部门的销售队伍组合。为什么现在企业的产品销售越来越多地把专业技术人员充实到销售队伍中，成为一种趋势呢？

		市场经理			
		男装	女装	家具	工业市场
产品经理	人造丝		●		●
	醋酸纤维	●	●	●	●
	尼龙			●	●
	奥纶	●		●	
	涤纶				●

图 17 - 7　杜邦公司的矩阵型销售组织架构

我们从现实中一位顾客购买的例子来说明这个问题。一位中年妇女家里洗衣机坏了，准备去苏宁或者国美买洗衣机。出门前她对全自动洗衣机有所了解，而且用惯了传统涡轮式洗衣机，不会用滚筒式洗衣机。并且也知道原来家里的洗衣机一次可以洗 8 千克的衣服。曾经看过宣传单，知道这种洗衣机在 1800 ~ 3500 元，她揣了 3500 元就出门了。

进了苏宁洗衣机的摊位，马上就有售货小姐过来，阿姨要买什么？我要买 8 千克的全自动涡轮式洗衣机。售货小姐马上说，阿姨，你看你旁边这台就是 8 千克涡轮洗衣机啊，刚出的新产品多好啊。它哪里好呢？售货小姐问中年妇女，阿姨手洗衣怎么洗，干净不干净啊？手洗衣服就是搓啊，搓多大的劲儿啊，肯定干净啦。那你买这台就对了，这台洗衣机水流是模仿手搓的啊。中年妇女看了看说，我刚进来，我要货比三家。售货小姐说，好啊，您再看看其他的，记得回来哦。

中年妇女再往前走，到了另外一个厂家的摊位，另一位售货小姐迎上来，阿姨，看看我们的，您要买什么样的？我要买 8 千克涡轮式洗衣机。售货小姐说巧了，阿姨，您现在摸的这台就是 8 千克涡轮式洗衣机啊。你看多好看、多实用。怎么实用啊？售货小姐问阿姨，有没有看过《大长今》啊，韩国电视剧。怎么了，韩国人怎么洗衣服？哦，用棒子打啊。打干净不干净？那当然干净了，那得多大的力气。那你买这款就对了，这个洗衣机的设计水流就是模仿棒子打的。

中年妇女听到两位售货员的介绍，她对洗衣机的概念是越来越清晰，还是越来越模糊？结果等她把洗衣机摊位全部转完，她极有可能简直不知道什么是洗衣机了。这时候，这位中年妇女很可能会说，你们不要跟着我，我就买"海尔"的。问她为什么，她会说，我搞不清楚你们什么水流手洗的、什么棒子打的，海尔知名品牌，我邻居就用的海尔，这么多年，没听她说有什么毛病。

当消费者对当代科技含量越来越高的产品判断不清的时候，"品牌"就在购买行为中起到了突出的作用。品牌背后代表八个字：一是品质。中年妇女认为，买了海尔，就买到了好的品质。二是服务。中年妇女认为，海尔是知名品牌，售后服务肯定不会差到哪里去。三是价格。中年妇女说买海尔的时候，一定已经知道海尔 8 千克的洗衣机比其他品牌 8 千克的洗衣机要贵了几百块钱，但是她愿意为海尔这两个字多付出这个价钱。四是情感。也许有的消费者家里冰箱是海尔的、洗衣机是海尔的，连孩子用的电脑都是海尔的，这就说明他们家已经是海尔的"粉"。当然，如果是"粉"的话，消费就是感性的了，这是厂家最希望的。

其实笔者在这里重点要表达的不是品牌的问题，如果第一位售货小姐或者第二位售货小姐能够把手洗或者棒子打的水流方式好在哪里、洗净度提高多少、节省多少升水、节省多少度电、洗衣机的寿命提高多少小时等专业问题给中年妇女讲得"头头是道"，会不会抓住这个客户？这是完全有可能的。

现在的产品科技含量越来越高，普通的消费者无法理解和看得懂。就像我们买了一个电器产品，感到最困惑的就是它的说明书，因为那个说明书厚得像一本书，看起来艰辛无比。

这种情况下，就产生了"专家销售"，因为客户信任专家。杜邦公司的矩阵式销售，从根本上来讲，就是专家销售。目前，有些行业销售人员甚至是博士，如大型医疗设备的销售，因为客户是医生，你怎么能够说服和引导甚至教会医生使用你的设备呢。**从这一点上来看，目前所有行业都应当要求自己的销售人员成为自己产品的专家。**

第二节 项目经理与职能经理的关系是项目成功的关键

所谓"项目"，即一次性、独特性、时间性和占用资源性，"四性"齐在，称为项目。大的项目英文称为"Project"，中等的项目称为"Program"，小项目可以称为"Case"。项目的组织架构与一般的组织架构不同。项目的组织架构一般都是扁平化的,因为项目本身有太多的未知因素,有太多的头绪,项目经理只能"兵来将挡,水来土掩"。例如,一个房地产项目,首先要打地基,项目经理领着队伍开干的时候,已经对地下的情况有了一定的了解,如地下管网、地下水、岩石分布等。但是真的开挖起来,会不会遇到其他情况,如果遇到其他情况项目经理只能根据以往同类项目的经验,现场解决问题了。

在项目的组织架构中,项目经理与职能经理是矛盾统一体。说到矛盾,项目需要人力、物力、财力和时间资源,从项目经理的角度来说,这些资源越多越好。但是职能经理方面是为项目提供本部门资源和专业业务指导的,如果一味按照项目经理的要求配置资源,可能多少资源也不够。这就要求职能经理对项目经理的要求进行甄别,哪些是合理的,哪些是不合理的要求,这样甄别以后为项目配置的资源,刚好满足了项目的需要,这是最经济的、最理想的结果。说到统一,是因为项目经理也好,职能经理也好,他们的责任都是把项目在预算内完成好。从这里可以看出,职能经理对项目经理的约束是一个非常有必要的制衡。也就是矛盾统一体,使组织处于一个动态平衡状态,动态平衡就是最好的管理。

如果在项目的组织架构中,权力向职能经理倾斜(职能经理权力大于项目经理),我们称为弱矩阵组织。也就是说,人员和资源跨部门组合为项目服务比较困难。相反地,如果权力向项目经理倾斜(项目经理权力大于职能经理),我们称为强矩阵组织。也就是说,人员和资源跨部门组合为项目服务比较容易。

图17-8为项目促进者组织架构,是一种弱弱矩阵。在这种组织架构中,可以观察到项目经理处在一个"上不着天,下不着地"的尴尬位置。这位项目经理要向职能部门副总裁工程、副总裁生产、副总裁财务、副总裁市场调动项目所需资源,这些副总裁完全可以不用理睬这位项目经理,而且这位项目经理也无法取得上级的协调和支持。

在什么样的项目上会出现这种组织结构呢?举一个现实中的例子。一位街道居委会的主任来找一位企业领导,某总,你归我管你知道吗?某总一头雾水。居委会主任说,计划生育属地管理。你们企业在我的地头上,你是不是归我管啊。你们企业已经300多人了,可是计划生育的情况我们一点也不了解,你要给我们写个材料。也不是说我跟你要,是上级计划生育部门要,请你们配合一下啊。的确,这位居委会主任说的是实际情况,那企业领导当然要配合工作了。请问,写一份本企业的计划生育情况汇报,对这家企业来讲是不是一个Case级别的项目。一次性、独特性、时间性和占用资源性,它确实是一个项目。由于是这样小的项目,我们不可能因为这个项目去任命一个"项目经理",给予什么特殊的权力。只是让某个人作为牵头人,协调各部门,把各部门计划生育情况和数据收集到,写出这份材料。这个项目经理就处在图 17 – 8 中的位置。

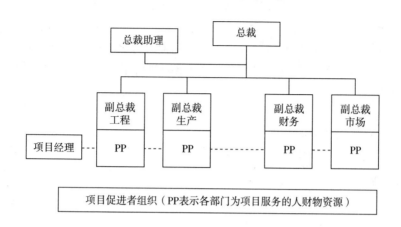

图 17 – 8 项目促进者组织架构(弱弱矩阵)

这家企业的老总把这个任务交给了企业行政办公室,办公室主任把这个任务布置给了一个新来的文笔不错的大学生,你觉得这样的安排合适不合适?一个有经验的办公室主任是不会这样安排工作的,这项任务的完成文笔好不好不是关键,关键是这个"项目经理"能不能把各部门的材料汇总上来。这位新毕业的大学生在企业里面,谁认识他,他又认识谁呢,这些领导完全可以不理会这个新人。办公室主任打电话给一个刚刚退休的副老总,请他出山。老领导很高兴,领着这个新来的大学生,到下面各部门走一圈,一边和部门领导调侃,一边就把下面的情况问出来了,一边问,一边让新来的大学生记,都走完了,数据也就都记完了。老领导问新来的大学生,能不能写出来了,当然可以了,材料都在这儿呢!

因此,**对于项目促进者组织(弱弱矩阵),项目经理必须是一位德高望重的人,他不是靠权力来运作项目的,他没有权力。他是靠人际关系来运作项目的,这是这种组织架构一个非常重要的知识点。**弱弱矩阵中的项目经理,对项目而言,只是一个促进者的作用。这在所有项目类的组织中,对项目实施而言,是最不理想的情况。

图 17 – 9 是项目协调员组织架构,是一种弱矩阵的项目组织。在这种结构

中，项目经理相当于总裁助理的角色。当他向各个职能的副总裁索取项目需要的人财物资源时，各个职能部门的副总裁仍然可以不理睬他（副总裁和总裁助理在组织中谁是正式职务，谁是临时任命？副总裁是由董事会任命的，总裁助理是总裁忙不过来时就可以任命某位做总裁助理）。但是，如果项目经理无法获得各位职能副总裁的资源，他还有一个"尚方宝剑"——向总裁求助，由总裁为其协调副总裁，以便获取项目所需资源。因此，此种结构比项目促进者组织架构更有利于项目的运作。但是由于职能副总裁权力仍然明显大于项目经理的权力，所以称为"弱矩阵"。

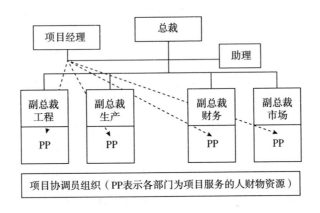

图 17-9　项目协调员组织架构（弱矩阵）

笔者所在的学校，2003 年升本，2007 年第一届本科生毕业。教育部对新升本的本科院校要派检查组，看看第一届本科生的教学大纲、课程设置、学生毕业设计和论文完成质量等事项。教育部把此专项检查称为"回头看"。

这个事情对笔者所供职的学校来讲，当然是一个项目，而且绝非"Case"。学校在副院长的层次上设立了一个"回头看办公室"，对下协调各个系的材料汇总、撰写和申报，对上应对教育部检查组的检查。副院长的层级虽然高于某个职能部门领导和系主任，但是在学校里面有些"大牌的系主任"会不会不理这个副院长？是有这个可能的。如果副院长仍然协调不了各个系部为项目服务，还可以把院长请出来协调，以保证项目的顺利展开。在这个例子里面，围绕"回头看"这个项目，学校采用的就是项目协调员组织，只是比弱矩阵强了一些。

对于一个比较重大的项目，而且不是在组织中经常出现的项目，可以采用项目协调员组织，即弱矩阵的管理方式。这种组织架构的特点是，项目经理遭到职能经理拒绝时，还有"尚方宝剑"，有相当的回旋余地。

图 17 - 10 是项目矩阵式组织架构，我们称为平衡矩阵。什么事情平衡总是好的，因此绝大多数以项目为主要业务的公司，都采用这种组织架构。例如，房地产公司、广告公司、系统集成公司、公关公司、工程公司、建筑公司等。我们以深圳万科房地产公司为例：公司在副总裁的位置上专门设立了一个项目副总裁，项目副总裁下挂项目经理（所有的项目都归项目副总裁管理）。也许项目经理 A 是深圳万科北京楼盘的经理；项目经理 B 是深圳万科上海楼盘的经理；项目经理 C 是深圳万科武汉楼盘的经理。三个楼盘同时开工，项目经理首先横向，向副总裁工程、副总裁生产、副总裁财务、副总裁市场、副总裁后勤等各个职能部门索取项目所需资源，这是第一层次的协调。图 17 - 10 中的横向椭圆圈就是为项目组成的矩阵团队。

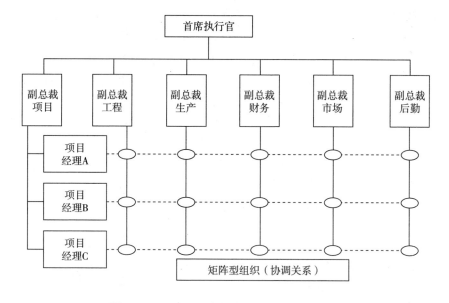

图 17 - 10　项目矩阵式组织架构（平衡矩阵）

如果第一层次的协调在某个职能部门受阻，项目副总裁再横向协调其他职能部门副总裁，为项目获取资源而努力，这是第二层次的协调。当项目副总裁同级协调资源仍然达不到项目合理需求的要求，项目副总裁可以请总裁出面，自上而下再来协调受阻职能部门的副总裁，为项目合理配置资源。

矩阵式的组织架构起码有三个层次的为项目协调资源的功能，经过三个层次的协调，基本可以满足项目的需要。而且，这种组织架构中项目经理的权力和职能经理的权力处于一种"势均力敌"的状态，因此叫作平衡矩阵，如果一家纯项目类公司，或者非项目类公司中某一阶段的项目特别多，就可以采用这种组织架构，它的特点是在副总裁的位置上设立项目部，下挂项目经理。

图17-11也是矩阵式的组织架构，这里举的是中远房地产公司的实例，我们可以把这家国有企业的房地产公司组织架构与图17-10做个详细的比较，看看这两个组织架构中，哪个更有利于项目经理的运作。图17-10中，由副总裁管理项目部，而中远房地产公司是由总经理负责项目部（董事会是议事决策机构，不是项目执行机构）。显然中远房地产公司的组织架构更有利于项目经理。所以我们把这种矩阵式的组织架构叫作强矩阵的组织架构，项目经理的权力已经高于职能经理（因为项目经理有资源调配问题时直接反映给总经理，总经理则指示各个职能副总裁给予配合）。

这种组织架构虽然有利于项目的完成，但是在实际企业中，这种结构并不多见。这是因为这种结构有一个最大的问题，图17-11中几位副总经理和他们分管的部门感觉都被架空了，而且这种组织架构也没有"权力缓冲"，任何项目的事情，哪怕是微小的事情都会反映到总经理那里，违反了层级化管理的原则。

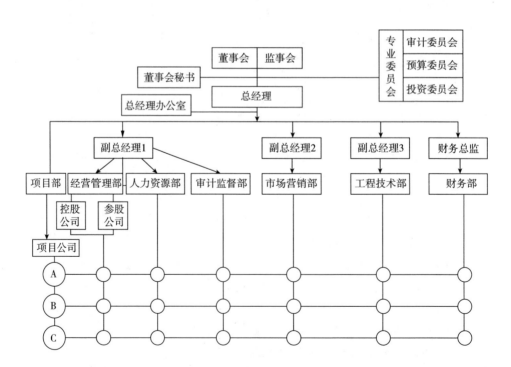

图17-11　矩阵式组织架构（强矩阵）——中远房地产组织架构

但是这种组织架构有时候的确需要。例如，如果中远公司承担了北京奥运会的鸟巢工程，要不要采用这种组织架构，要不要大老板亲自抓具体的某一个项目，这是不言而喻的。

加强型的项目矩阵组织，我们称为**强矩阵**。这种组织架构中项目经理权力明显大于职能经理，有利于项目的开展。但是也有很大弊病，可能会造成企业整体资源的浪费，项目成本上升，也没有权力的缓冲，造成职能经理的无所适从，无法发挥他们专业的业务指导作用和约束项目经理对资源的贪婪。这种组织架构适合于对公司而言的重大项目、重点项目和"唯此为大"的项目。

图 17 – 12 是项目型组织架构，这种结构我们称为强强矩阵。在这种组织架构中，项目经理"万事不求人"，自己有一套人马。这是最适合项目的组织架构。但是这种组织架构过分向项目经理倾斜权力，也导致很多弊病。如机构重叠设置，造成资源浪费；项目经理权力过大，没有任何约束；项目结束以后项目经理下面的机构也就意味着解散，人员安排成了很大困扰；等等。

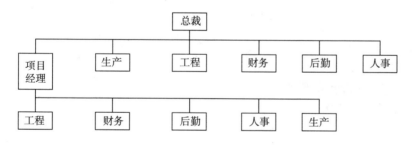

图 17 – 12　项目型组织架构（强强矩阵）

例如，随着 2008 年北京奥运会结束钟声的响起，2008 年北京奥运会组织委员会也就到了解散的时候，从奥运会筹备就成立的奥运会组织委员会共 800 余人，正局级单位，这些人往哪里去？当年北京市国资委召集北京市的国有企业连续召开了几次招聘会，专门针对奥组委的工作人员。然而，几轮招聘会过去，有没有剩下的人员？当然有，那往哪里安排？如果读者有空领自己的孩子家人到水立方或者鸟巢去玩，您问问收票或售票那个人，你原来是干什么的，他可能会很自豪地告诉你，原来是北京奥运会组织委员会的工作人员。所以这种组织架构当项目完成以后，往往都是从工程方的甲方建设单位，变成了乙方的物业管理单位。

项目型组织架构（强强矩阵）适合于特大项目、超大项目的组织架构，如

地铁工程、电站工程等项目协调资源涉及广、难度大的情况。但是轻易不要采用这种组织架构。

第三节　组织架构与组织效能

组织架构与流程的匹配，形成了组织效能。在这一篇前 2/3 篇幅里面我们讨论了：

(1) 扁平化与层级化。

(2) 直线部门与职能部门。

(3) 直线职能式组织架构（适用于多数制造业）。

(4) 产品事业部、区域事业部、流程事业部。

(5) 模拟分权结构。

(6) 混合式组织架构（多数现实企业中的组织架构）。

(7) 销售类的组织架构。

(8) 项目弱弱矩阵的促进者组织架构。

(9) 项目弱矩阵的协调员组织架构。

(10) 项目平衡矩阵的组织架构。

(11) 项目强矩阵的组织架构。

(12) 项目强强矩阵的组织架构。

如果读者能够把以上这 12 个专业词汇搞懂弄清，组织架构与组织效能问题也就迎刃而解了。对于组织架构和组织效能，需要归纳总结的问题是：

第一，组织的协调机制。组织的协调机制包括：互动和调整，即合作者面对面的沟通；直接督导，即由领导者向其他人发布指令；标准化，即建立正式的组织架构，制定规范的工作标准并由各层级领导监督执行。

一般来说，如果工作性质相同，大家都做同样的工作，则 12 人以下是不用成立任何组织架构的，靠拍肩膀管理就可以了。就像一个新成立的几个人的公司，不用设立任何组织架构，解决企业内的问题是在吃饭喝酒的时候解决的。因为成立正式的组织架构是有很大成本的。

同样地，如果工作性质相同，12 人以上、50 人以下也不一定要成立正式的组织架构，领导靠督导来管理就可以了。例如，领导人上午到各个岗位走一趟，下午再去走一趟，有什么问题，现场就解决什么问题，这叫督导制。但是如果超过 50 人，靠这两种方法就不行了，必须建立正式的组织架构，必须分层级管理。这时组织结构标准化的高昂成本是企业长期利益的费用均摊。

第二，组织的专门化与工作的专门化。组织的专门化带来了组织效能的提高。这些专门化包括：工作的专门化、设备的专门化、辅助工作的专门化等，这种效能的提高可以从图 17－13 反映出来。

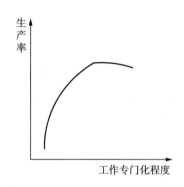

图 17－13 工业专业化的经济性和非经济性

一个制鞋生产线上的工人，他只轧鞋底的三条线，他用的缝纫机也是专门的缝纫机，只有三条固定轨道。轧鞋底一个月以后，恐怕他闭着眼睛都可以轧这三条线。他的工作是高度专业化的，质量是有保障的，效率是明显提高的。另外，他的工作是容易被人替代的，这个岗位的工资不会很高。因此，工业专门化的经济性一方面体现在产品制造成本和质量方面，另一方面体现在工资方面。亚当·斯密很早就指出，专门化可以降低员工的工资。但是我们应当注意图 17－13 曲线中出现的拐点，也就是说随着工作专门化程度的提高，生产率不会无限提高，必将出现拐点。这个拐点的出现有两个原因：第一个原因是，人不是机器，到达一定程度就达到了人类动作的极限，无法再提高；第二个原因是，过度的专门化会引起"不人道"。这位工人一入职上班就轧这三条线，他干了几个月后，会不会非常恨这三条线！这是有可能的，他可能会消极怠工，甚至破坏机器，更有可能会出现生理和神经方面的疾病，简直要疯掉。

这样的例子在中国企业里面有很多，富士康流水线前几年不断有工人自杀，后来富士康加大员工的轮岗、丰富员工的业余生活，但仍然收效甚微。再后来富士康痛定思痛，把那些高度专门化的生产线上的工作，统统换成机械手、机器人，用机器来代替人的操作，这才遏制了自杀的蔓延。但是，从另一个角度来说，也带来了基层员工的大量失业。这是一个问题的两个矛盾方面，但是必须指出的是，过分的专门化对员工是"不人道"的。

第三，组织的部门化。组织的部门化即产品事业部、区域事业部和流程事业部。这些组织的出现，使专业化生产和企业内部竞争良性机制的形成成为可能。事业部极大地体现了组织内分权的态势，使组织更小、更灵活、更贴近于市场。

第四，组织的管理幅度和管理层级。组织的管理幅度是指一个领导有效控制和直接领导的人数，管理幅度的大小取决于工作的性质、领导的能力和被领导的素质，不是一个简单因素能决定的；管理层级是指组织具体分为几个层级管理，层级的设置取决于员工的数量与训练程度、计划的周详性、授权的有效性和任务变动的多少、目标的明确性和沟通交流的难易程度等，是一个比较复杂的问题。**管理幅度越大，则管理层级越少，管理幅度与管理层级成反比。**图 14 – 16 反映了管理幅度与管理层级的关系。

图 17 – 14 中左图管理幅度为 4，即一个领导直接管理 4 个人，企业总人数为 4096 人，则这个企业要分成 7 个层级，包括班小组长在内的管理者有 1365 人。右图扩大管理幅度一倍，一个领导直接管理 8 个人，则这个企业变得扁平一些，变成 5 个层级，包括班小组长在内的管理人员为 585 人，比左图减少了 780 个管理人员，这得减少多少成本！所以从管理幅度和管理层级的分析中，我们也可以得到结论，组织架构能够扁平，尽量扁平。

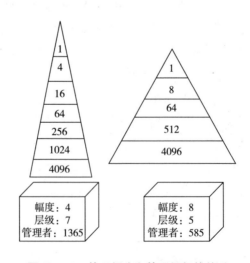

图 17 – 14　管理幅度和管理层级的关系

但是，前面说过，一个领导有效管理的人数不是一个简单问题，它是三个因素的函数：第一个因素是领导者自身的能力；第二个因素是被领导者的素质；第三个因素是组织的内外环境。因此，在这个问题上，不能简单行事。国外有相关的经验可以供我们借鉴，如表17-1所示。

表17-1 企业技术类型分类

	按客户订货进行单件生产	低
	技术复杂的单件产品生产	↑
第一种单件小批量生产	大型设备的分步骤制造	技
	小批量生产	术
	用于不同产品装配的大批量部件生产	复
第二种大批大量生产	大批生产	杂
	大量生产	程
	为销售做储备的大批量连续生产	度
第三种连续生产	化工产品的成批连续生产	↓
	液态、气态、固态的连续流水生产	高

首先我们可以把企业按照技术类型进行分类，第一种是单件小批量生产的产品，诸如大型船舶、飞机、大型变压器等，也就是说有客户订单才生产，没有订单不生产的产品；第二种是大批大量生产的产品，这种产品最多，如我们的服装、家电、日用品等标准化的产品均是如此；第三种是连续生产型企业，如气态企业、液态企业、钢铁企业、化工企业等，开机就24小时不停，工人三班倒。由于这三种技术和生产方式不同，管理幅度和管理层级也是不一样的（见表17-2）。

表17-2 不同技术类型企业与管理幅度和层级间的相互关系

组织结构特征	技术类型		
	单件小批量	大批大量	连续生产
管理层级数	3	4	6
高层领导的管理幅度	4	7	10
基层领导的管理幅度	23	48	15
基本工人与辅助工人的比例	9:1	4:1	1:1

表17-2中单件小批量生产的组织架构的层级数为3层，大批大量生产的为4个层级，连续生产的为6个层级。管理幅度方面，要注意的是基层领导的管理幅度，连续生产管理模式的管理幅度有很大下降，这是因为连续生产方式中生产线上工人很少的缘故。表17-2中辅助工人是指为基本工人供应生产原料的人员，到连续生产阶段，由于生产线特别快，一般而言，一个基本工人就要配备一个辅助工人。以上数据可以供设计组织架构时参考。

【本章要点归纳】

销售工作无论从哪个角度强调它的重要性都不为过，这是企业直接产生现金流的部门。它的组织架构要根据产品和客户的特征来设置。对于小微企业，会注重直线的销售部门，没有精力和能力去做市场策划、品牌建设和市场调研等参谋部门的配置；而对中型以上企业，会加强参谋等职能部门的营销活动，这些部门对产品销售的直线式组织提供了强有力的支撑和指导，与直线的销售部门甚至可能会平分秋色。销售组织架构还有按照产品专业市场的销售和按照区域的销售，这主要考虑的是专业化细分客户市场的问题。近年来崛起的矩阵式销售，是考虑到产品的专家销售给客户带来的体验。

项目的组织架构，根据项目经理与职能经理的权力大小起伏，可以形成五种形态，即弱弱矩阵、弱矩阵、平衡矩阵、强矩阵和强强矩阵。职能经理在项目中起到合理配置资源和为项目提供专业的业务指导的作用，他们与项目经理是矛盾的综合体，起到项目的动态平衡作用，非常必要。

从组织架构理论来看，有协调机制、组织的专门化和工作的专门化、组织的部门化和组织的管理幅度与管理层级的关系等。处理好这些问题，可以使组织有序高效，并且合理控制组织的运作成本。

第十八章　互联网时代的赋能组织

第一节　无边界组织

无边界组织（Boundless Organization）是相对于有边界组织而言的，这并不是一个很新的理论与实践。1981 年，美国人杰克·韦尔奇（Jack. Welch）入主美国通用电气（GE），当时的 GE 总资产 250 亿美元，年利润 15 亿美元，拥有 40 万名雇员，财务状况是 3A 级的最高标准，它的产品和服务渗透到国民生产总值的方方面面。然而在韦尔奇看来 GE 却存在着太多的问题：许多业务部门不具备行业优势，竞争力不强，家电业务正面临着日本企业的严重冲击。更为严重的是，GE 机构臃肿，管理层级多且复杂，灵活性低，僵化的官僚体制使企业上下循规蹈矩，缺乏创新，在日本制造业企业全面实施精益生产和精细化管理的态势下，GE 的竞争力正在快速消失。

杰克·韦尔奇在这种背景下，提出了"无边界"的理念，企图把 GE 与其他世界性的大公司区别开来。他预想中的无边界公司是：将各个职能部门之间的障碍全部消除，工程、生产、营销以及其他部门之间能够自由流通，完全透明；国内和国外的业务没有区别；把外部的围墙推倒，让供应商和用户成为一个单一过程的组成部分；把团队的位置放到个人前面。

经过韦尔奇大刀阔斧地改革，实施组织的重组、收购以及资产处理，无边界变成了通用电器组织结构的核心，也形成了区别于其他公司的核心价值。正是在无边界管理理念的指导下，GE 不断创新，推行"六西格玛"标准，以抗衡日本企业给 GE 产品带来的挑战。

一般来说，组织是要保留边界的，边界是为了保证组织的稳定与秩序，无边界组织当然也需要稳定和秩序。所以它不是要完全否定企业组织必要的控制手段，也不是完全没有边界。所谓的无边界组织是指其横向的、纵向的或外部的边界不是由预先设定的结构所限定的，而是可以随着市场的变化，保持灵活性和非固定结构化。无边界组织力图取缔指挥链，保持合适的管理跨度，以有效、快速地授权团队，来取代传统组织的直线纵向管理。

管理界认为，无边界是一种有机组织。这种组织就像人体器官与器官之间彼此协调联动，如果这种联动僵化，组织就会出现很大问题，甚至死亡。无边界组织中照样需要企业组织的基本控制手段，照样需要工作分析、岗位定级、职责权力等设置，只是避免其僵化。无边界组织实践运作对象是三种边界，即横向、纵向和外部边界。横向边界是由工作专门化和部门化形成的，纵向边界是由组织层级所产生的，外部边界是组织与顾客、供应商等之间不同组织界限而产生的。

无边界组织研究的最新权威成果，是 2001 年在美国出版的，由罗恩·阿什肯纳斯和戴维·尤里奇等四位曾经帮助韦尔奇创造无边界文化的管理专家联合撰写的 *The Boundaryless Organization – Breaking the Chains of Organization Structure*，中译本翻译成《无边界组织——移动互联网时代企业如何运行》（机械工业出版社 2016 年版），实际上该书书名原文为：《无边界组织——打破组织结构的链条》。书中提出：长期以来组织成功的四个核心要素：规模、角色清晰、专业化、控制，现在已经变成了：速度、灵活性、整合、创新。而为了适应新的成功，组织必须对垂直边界、横向边界、内外部边界和全球化（时空边界）进行重构。该书四位作者探讨了如何有序地跨越、渗透组织的边界，实现组织的灵活性、开放性，使企业组织在互联网时代与时俱进（见图 18-1）。

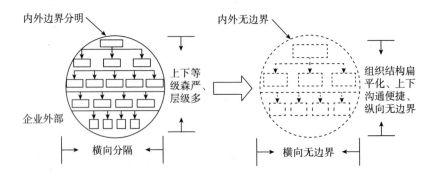

图 18-1　有边界组织与无边界组织区别

第一，纵向边界的重构。这个重构要求组织领导在掌握了一定资源、人力、信息等权力的同时，将相当一部分业务权限下放到下级，以信息、能力、权力、报酬进行组织的纵向边界重新界定。重构前最重要的是权力，而重构后破解组织单纯追求纵向晋升为主导的企业权力定位，通过制度安排提供多种通道，为员工的"发展阶梯"开辟空间，模糊了部分纵向层级边界。从具体操作来说，组织管理者从命令、控制纵向单一领导，走向为下级搭建平台、设置机制，并且通过不断地辅导、培训、团队构建和对有效资源的利用，提升组织的整体效率，进而推进组织的良性发展。

第二，横向边界的重构。横线边界来源于企业内专业分工和职能设计的要求，从人性来看，人类追求同类相聚的安全感也说明横向边界的必要性。横向边界重构则是要求企业组织围绕客户的需求重新定义并整合核心流程，以及围绕核心流程进行资源配置和实施运作，把这部分资源和运作方法，作为整个企业组织的共享服务，并发展整个组织的学习能力，模糊职能部门之间的某些横向边界。现代企业管理理论认为，组织的核心流程是围绕客户的产品和服务，也就是直接从客户端能够感知到的价值流程，比如采购、生产、销售、客户服务等的价值链。企业内其他的支持流程是为核心流程服务的，比如财务管理、人力资源管理、行政管理、生产管理等，这部分支持流程应当在企业内各个部门和层级中达到共享。区分这两类流程有利于认知企业流程的性质，并针对性地提出不同流程管理模式和资源配置方案，真正以任务的流程来运作企业，而非以职能部门来运作企业，彻底改变企业生态链系统各自为政的状态。

第三，跨越组织的内外部边界重构。组织内外边界的打破，是基于企业组织打造生态链、价值链，与客户建立战略伙伴合作关系的要求。重点在于对于价值链的重新认知，站在整个价值链基础上，对组织内外进行战略规划和设计，解决产业链中各协作单位的一致性、资源共享、信息互通等问题。无边界组织还特别指出了地理界限、文化和市场的边界也要开始重构。这一点对中国实施"一带一路"倡议有很强的现实指导意义。之所以能够打破地理和文化边界，是源于国民自尊心、文化差异、市场特殊等。目前"一带一路"实施过程中，已经出现了一些总部与海外工厂、国内市场与当地市场之间的分离和矛盾。另外，人才、资金、材料供给已经向本地化方向推进。将跨国企业定义为某国某地的企业已不再有现实意义，在何处经营，在何处纳税，也就成了何处"公民"。

总而言之，无边界主要是探讨如何穿透边界，让边界更加柔化，组织内部各层级、各部门、围绕组织价值生态链，相互渗透、交换价值，从而实现组织内部之间更好的协作。然而，笔者认为，真正在中国企业实施无边界管理的障碍还不是技术上的，而是文化上的。因为无边界组织必将弱化权力，纵向命令变为沟通服务，横向职能变为横向合作，因此这种无边界或者说模糊边界，是在一定文化背景下，人们主动或被动地接受某些理念，并执行这些理念下的行为规范，无边界组织在企业中的运作才有实质意义。国内很多管理者忽略了这一点，使无边界组织无法落实。杰克·韦尔奇在管理日志里曾经专门讨论了"无边界"的文化内涵，这里有必要再强调一下主要的四个方面：一是清除隐藏在各个角落的官僚主义，让企业文化、管理技术、理念、控制等思想在公司里的流动加快。二是无边界管理要将各职能部门之间的障碍全部消除，生产、技术、销售以及其他任何部门之间能够自由流通，完全透明。三是时刻强调企业理念，在各种场合反复强调公司无边界理念，要检查、督促，再检查，再督促，直到所有的人都能够理解并自觉行动起来。四是将计划与考核结合起来。要让员工们接受一项新的观念，最好的办法就是与他们的新工作规范与绩效考核结合挂钩。这是最直接、最有效的方法。

第二节　阿米巴为何卷土重来

1959 年，日本的稻盛和夫在几位朋友的帮助下成立了京瓷公司，1984 年又成立了第二电信公司 KDDI。这两家公司一直保持了高收益，取得了持续发展，其原因就在于采取了基于牢固的经营哲学和精细的部门独立核算管理，这种运作实践被称为"阿米巴经营"经营手法。"阿米巴"（Amoeba）在拉丁语中是单个原生体的意思，属原生动物变形虫科，虫体赤裸而柔软，其身体可以向各个方向伸展，使形体变化不定，故而得名"变形虫"。变形虫最大的特性是能够随外界环境的变化而变化，不断地进行自我调整来适应所面临的生存环境。

在阿米巴经营方式下，企业组织也可以随着外部环境变化而不断"变形"，成为柔性极强的组织，是一种自组织形态，靠自组织调整到最佳状态，适应市场变化。阿米巴经营方式的兴起，源于 20 世纪 90 年代末期，那时亚洲金融风暴刚刚过去，日本很多大公司都出现问题，原本名不见经传的京瓷公司成为东京证券交易所市值最高的公司。专家学者们纷纷开始研究京瓷公司，后来发现京瓷的经营方式与"阿米巴虫"的群体行为方式非常类似，于是"阿米巴经营"得以受到企业管理界的热捧。阿米巴经营模式的本质是一种量化的赋权管理模式。阿米巴经营模式的两大支柱是"经营哲学"和"经营会计"，是一套完整的经营管理模式，"量化分权"是实现阿米巴经营的手段。

我国企业自 2000 年开始引入并运用西方的管理体系，开始取得了不错的效果。2001 年，年近 80 岁的稻盛和夫带着他的"阿米巴经营"入主日航，一年内使其扭亏为盈并重回世界 500 强行列。该事件所带来的影响，对知晓和在中国打开传播"阿米巴经营"的大门起到了强有力的推动作用。2007 年，稻盛和夫顾问管理公司作为中国盛和塾总部，在中国各地设立分塾并开始推广他的经营哲学，几年时间内，"阿米巴经营"被中国的企业家熟知并接受。

中国实践阿米巴的企业取得比较好效果的案例有：海尔的人单合一模式、华为的铁三角模式、韩都衣舍的自主经营体模式、海底捞的赛道平台模式等，这些企业的局部运作，都可以看到阿米巴的影子，是阿米巴经营的一种变形形态。但是有相当一段时间，阿米巴经营在国内并没有取得普遍的成功，阿米巴模式一直处于不温不火的状态。究其原因，笔者认为主要是中国企业在运用阿米巴经营时，攻于术而疏于道。即对阿米巴的经营会计津津乐道，而把阿米巴经营哲学置于一隅。

2014 年以后，这种局面开始被打破，特别是 2018 年以来，阿米巴热在中国卷土重来，究其原因大概有五个：一是在 2008 年全球金融危机下，中国政府 4 万亿投资与众多产业为就业而非市场的发展，导致产能过剩，企业普遍面临微利或无利，粗放式经营难以为继，企业急需寻找新的经营哲学。二是中小企业普遍存在着传统的管理方式向现代管理方式转型问题，经营的理念与方法被中小企业所重视。三是最近十年股权、合伙人等模式盛行，而实施这些做法的企业，并没有因此带来盈利的提升，亟须在经营实践方面寻找新的方式。四是中美贸易摩擦、国内劳动力成本的上升，逼迫企业更多地转向企业内部节流，关注企业内部成本。五是网络化社会的到来，信息化和智能制造改变了人的交流方式，改变了人与设备、人与企业业务流程的关系，因此也改变了人的组织形态。这种情况下，组织的小型化、细胞化得以靠信息化、网络化获得强大的支撑。

现在看来，阿米巴经营在中国比较成功的导入模式是，从经营价值观导入入手、分部门核算体系导入和经营数字分析三大模块。保障体系则为：组织划分、内部定价、核算报表、经营报表、经营激励五大步骤。

本章在这里关注的只是组织划分部分，实际上，阿米巴经营模式把组织细胞化了。在该模式中，首先把整个组织分割为许多个独立核算经营的小组织（类似细胞），通过小组织（细胞）独立经营、独立核算来运行，在小组织（细胞）内部实施单独的绩效考核，就像一家小公司一样，类似于家庭账本式的一种管理，全员参与企业管理。

组织细胞化的前提是每一个组织必须有一个相对独立的"任务流程"，这就需要把企业的流程按照组织进行切分，甚至将部门的流程再进行组织细胞化的切分。流程越相对独立和清晰，细胞化组织越好运作，这是设计阿米巴组织的前提。图 18 - 2 反映了阿米巴组织的运行情况。

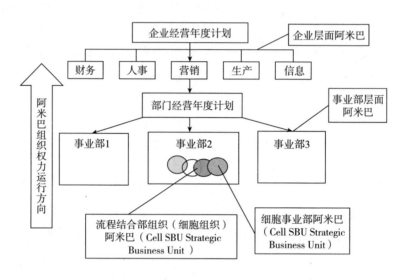

图 18 - 2　阿米巴细胞组织运作图

总结阿米巴组织的特点，一是更加灵活，效率更高。由于阿米巴在经营会计方面着眼于细胞组织，所以细胞组织成员直接面对市场（也可能是企业内部市场），导致阿米巴组织架构的灵活性和多变性，真的就像阿米巴虫一样，迅速依据市场反馈进行策略的调整，整体上提高了细胞组织的效率。二是阿米巴组织更加有利于培养企业人才，实现企业内部创业化。传统组织架构需要较多层级的管理干部，某种程度给了很多人晋升的空间，但当组织稳定时，却制约了基层人才的发展，没有位置可以晋升。而阿米巴组织中，各个"巴"可以根据发展情况进行分拆和组合，对于优秀人才，满足一定条件，企业可以单独为他设立"巴"，让他成为经营者。三是阿米巴组织可以让企业高层更加专注于企业战略层面和经营事务，而不被事务性工作绑架。阿米巴组织架构中，权力的运作是自下而上的,与传统组织相反。这样的运作,所谓"巴长"处于最顶端,他们是决策者,他们要为自己的集体创造利润,责任重大,企业高层反而可以脱离出来,为战略性工作开拓空间。四是阿米巴组织可以比较有效地避免企业内推诿扯皮。

虽然传统组织架构中有相关机制明确各自的职责,但无论你怎么规定,各个部门之间一定有重叠性工作,或者有未规定的工作内容,员工处于被管控地位,对这些工作往往相互推诿。而阿米巴组织是内部市场化机制,相互之间是交易关系,你这个"巴"不行,我可以找别的"巴",甚至可以外包,没有扯皮的理由和借口。有人调侃阿米巴细胞组织是市场经济,企业传统组织架构是计划经济,似乎有一定道理。表 18-1 列出了阿米巴组织与传统组织在管理功能方面的异同。

表 18-1 阿米巴组织与传统组织在管理功能方面的异同

比较内容/ 组织类型	传统组织	阿米巴组织
组织层级与幅度(同级别等级)	层级多,等级少	层级少,等级多
权力结构	集中,单向	分散,多向
等级差异	不同等级差异大	不同等级差异大
沟通方式	上下沟通,平行沟通	上下、平行、斜向沟通
组织责任	部门领导对上级和职能部门负责	组织成员共同承担本部门负责
组织固化程度	基本固定不变	持续适应环境
协调性	规定管理程序	多种方式直接沟通
通信方式	传统通信方式	网络方式
企业驱动力	高层管理者驱动	市场与客户驱动

第三节 具有互联网基因的平台式组织

互联网企业的崛起,是 21 世纪第二个 10 年最显著的经济现象。截至 2018 年 3 月 30 日,中国互联网前十大上市公司,市值全部突破百亿美元,其中,腾讯和阿里市值更是突破 4000 亿美元。全球前六大上市公司,已经全部被中美两国企业占据。而 1995 年 12 月，Top15 的互联网公司市值的总和才 170 亿美元。不到腾讯和阿里的零头。同时，它也正在带来一种全新的组织现象，即组织结构的平台模式。大淘宝平台上卖家数超过了 1000 万户、用户数超过 4 亿人；滴滴平台聚合了 3 亿多名用户及 1500 万名以上的司机（相当于全国城镇居民都曾经使用过）。

互联网平台的这种发展态势，正如索尼前董事长出井伸之所描述的："新一代基于互联网的企业的核心能力在于，利用创新模式和新技术贴近消费者，深刻理解消费需求，高效分析信息并做出预判，而所有传统的产品公司只能沦为这种新型用户平台级公司的附庸，其衰落不是管理能扭转的。"

互联网平台的发展，实际上是一种对多个产业甚至是全社会资源进行开放重组和融合再造的组织方式。同时在微观层面上，海尔、韩都衣舍、阿里巴巴、滴滴等众多的企业，也已经在企业内部积极尝试走向平台化，这也意味着企业平台化组织的兴起，使企业组织变革进入新的实践轨道。

在这个领域，国内研究得比较透彻的是阿里巴巴所属的阿里研究院与波士顿咨询公司（BCG）于 2016 年共同发布的最新研究报告《平台化组织：组织变革前沿》。该报告把平台化组织定义为"大平台 + 小前端 + 富生态 + 共治理"为基础的新型组织形态（见图 18 - 3），该图展现了平台化组织的四大特性：大量自主小前端、大规模支撑平台、多元的生态体系和自下而上的创业机制和创业精神。

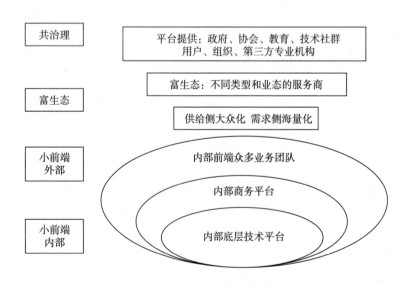

图 18 - 3 平台化组织运行内外机构

一是存在大量自主的小前端。"小"是针对团队规模而言的；"前端"是指团队必须直接接触市场和接触用户。小保证了团队足够的灵活性和敏捷性，能够针对外部环境快速做出反应；而前端则保证组织可以最大程度上获得外部信息。这类小前端团队，多由原来跨职能部门的人员组成，使小团队麻雀虽小五脏俱全。同时组织内部赋予该团队极大的自主权，从而保证其活动的自由度；随之，这些团队也要承担全部或部分盈亏权责。

二是建立大规模支撑平台。一方面要在平台上建立资源池，便于资源共享；另一方面，为了资源能够有效利用，需要建立标准且简洁易用的界面，使每个平台提供的资源类型模块化。除了支持前端运行之外，平台还能够依托收集到的资源信息进行大数据分析、机器深度学习和创新辞典等衍生工作，为后续业务提供有价值的挖掘和经验（这部分涉及企业知识管理，在本书第五篇中有专门论述）。

三是具备多元的生态体系。组织的业务多元化，相应地，组织所在的生态体系也更加多元化、复杂化。组织应借力多元生态体系，使体系内的企业和团队能够互相影响、互相合作、协同创造，形成更大价值的协同机制。

四是产生自下而上的创业精神。项目、产品、创意等都由小前端来发起；平台不发起项目，使用风险投资型机制和内部自由市场机制来配置资源；领导层的权责也发生变化，不再是事无巨细的管理，而是更多的赋能与赋权。

目前的平台组织可以分为三种类型：实验型、混合型和孵化型（见图18-4）。从图中可以看出，实验型平台架构是由完全自治的前端，以风险投资的模式和机制进行管理的。其中企业的中间赋能平台非常重要，为前端项目提供强大的采购、物流、制造、检验、包装等功能性支撑。与传统企业不同的是，这个平台不限于企业内部，项目前端团队对资源的选择有相当的话语权。而混合型平台结构与实验型不同的是，由企业领导层而非风险投资委员会选择项目，赋能于前端项目组使用企业内资源，依靠企业现有职能部门比重比较大，同时与企业内赋能平台功能对接，可以容许应用企业赋能平台以外的开放架构获取资源，这方面与实验型不同点还在于，实验型企业基本没有自己的职能部门，只有内部低层技术平台和内部商务平台，这也导致了在混合型平台组织内，前端项目组权力没有实验型平台那么大。这种组织架构比较适合于企业的大型组织，或非完全互联网基因的组织。而孵化型平台型组织是在企业传统职能组织不变的情况下，开辟出一个孵化器，在孵化器中的项目经企业批准，即给予前端项目组赋能。这种组织架构中平台型组织与传统职能型组织共存，传统企业组织为孵化项目提供赋能平台。

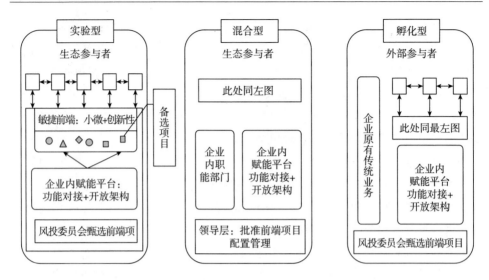

图 18-4 三种类型平台化组织及其特点

实验型平台的典型企业的例子是韩都衣舍。其组织本身就具有互联网基因，从原来的在互联网卖服装，到接单、设计、制造、销售互联网化。最大的特点就是赋予前段的产品小组全权负责产品设计、产品生产和品牌运营，它们对以上事务都有决定权。管理层只是设定业务方向和宏观目标，而不会提出详细的行动要求。中层管理者在不同前端团队间相互协调，保持内部的战略协同（见图 18-5）。产品小组内部责权利对等，权利被下放到最小单元，靠组织自驱动，加快面对市场的决策进度。

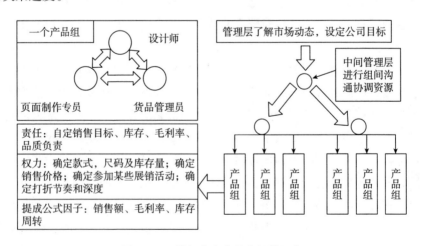

图 18-5 韩都衣舍产品小组的运作

图 18 - 5 右部分的企业中层管理者，负责围绕项目小组所需资源的协调、沟通，并在宏观上避免资源配置的浪费。实验型平台组织架构是一种完全没有传统组织形态的全新组织，乍看起来似乎没有什么"架构"。韩都衣舍 CEO 赵迎光认为，如果这家企业没有互联网基因的话（韩都衣舍最早是靠网上卖其他企业生产的服装的一家互联网电商企业），是很难做到这种完全平台化的。笔者认为这个认识非常重要，可惜很多企业忽略了这一点，而盲目采用完全平台化，使企业管理处于混乱不堪的局面，又被迫退回实行原来的组织架构运作。

目前，基于互联网的实验型平台组织，有如下几个关键问题，需要注意和逐步完善：一是平台组织之间的企业内部市场机制建设。由于所有相关团队（或小微企业）都在一个平台上，接受一个平台服务提供商的服务，平台服务商形成内部市场的单一性，很难出现公平的价格，反而容易出现垄断，所以必须在平台上建立"开放架构"，以使创业团队获取资源不局限于平台组织所能提供的资源。二是平台组织与企业内利用平台资源的团队（或小微企业）怎么能够充分利用平台的公共资源。随之而来的是，这些团队（或小微企业）在平台上，变成了透明人，越来越多的团队（或小微企业）担心自己的隐私在平台组织上无法得到保护。三是平台组织与团队（或小微企业）的交互，使企业或许可以找到眼下的局部市场，但靠此登上创新云梯的想法是不现实的。企业技术创新和组织创新需要持续专注，才能实现组织建设的核心。

混合型平台化组织比较适合能大幅提升价值但实验成本高的市场（风险大、失败成本高），其前端仅有部分自主权，内部采取自下而上与自上而下相结合的组织形式，领导层需要对前端进行约束，以控制实验成本。混合型还需领导层加大对资源配置的管控力度。这种类型的组织需要设立四大关键机制，即分配与审批机制、自由市场机制、P2P 伙伴对伙伴（Peer to Peer）的直接沟通机制及人才管理机制。这方面企业典型的例子来自阿里巴巴（见图 18 - 6）。

从图 18 - 6 中我们可以观察到，阿里巴巴在确定整体的大战略之后，也会时常更新其不同业务线的战略方向，并且通过内部的协同机制保证整个公司内的沟通效率。在阿里巴巴战略制定的过程中"自下（一线员工）而上（高层管理者）"和"自外（客户和合作伙伴）而内"的逻辑发挥着重要的作用。其前端业务部门会首先产生最初的战略方向，并逐步向上汇报；领导层会根据上报的战略方向，定期更新相应的战略目标，并且通过定期的会议和人员安排，保证内部的战略规划统一。自下而上和自上而下并重，形成某种反馈闭环，从而让战略既有高度，又符合一线业务的实际，是一个反复试错、迭代优化的过程。例如，电商的"农村淘宝"和本地服务的"饿了么"都是经过上到下和下到上沟通而产生的事业部,而且事业部一旦成立,就开始独立运作,并享受支付与金融、物流、营销与数据平台和云计算等阿里巴巴共用资源平台。

阿里巴巴主营事业		
电商	移动媒体及娱乐	本地服务
淘宝网	优酷土豆	淘票票
聚划算	阿里影业	阿里旅行
天猫国际	阿里音乐	饿了么
农村淘宝	阿里游戏	
1688	阿里体育	
LAZADA		
All Express		
蚂蚁金服	支付与金融服务	
菜鸟网络	物流	
阿里妈妈	营销服务、数据管理平台	
阿里云	云计算	

自上而下
自下而上
互相结合
反复试错
优化迭代

领导层更新战略目标
使命:让天下没有难做的生意
行动:与一线反馈意见,不断更新战略目标

与公司沟通并统一战略目标
定期会议制度:
战略部门负责人一半时间用于与事业部主管及一线工作团队沟通

把战略部门人员分派至一线工作
如战略部门人员与一线团队同去中国农村市场考察,以便更好地制定农村淘宝战略

图18-6 阿里巴巴的混合型平台结构

孵化型平台化组织适合实验能带来部分增量价值,而且实验成本低的市场。孵化型针对创新型业务,利用赋能平台来孵化新业务。这种创新模式需要四个关键机制支持:独立核算机制、协调机制、风投型投资委员会机制及人才管理机制。这方面企业的案例来自海尔集团的内部资源市场化核算的孵化平台模式(见图18-7)。

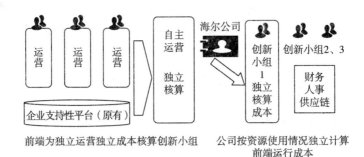

图18-7 海尔集团内部资源市场核算的孵化平台

从图18-7中可以看到海尔内部的小微独立核算,使用的平台资源要独立核算。一方面前端小微各团队可独立核算其运营成本,另一方面资源平台也进行小微化,市场化核算为其提供服务,并交换价值。小微化使前端能最大化提升资源的

使用效率，充分利用海尔资源在平台上快速变现价值；也使与业务相关的各部门能够相互协同，基于共同的目标运行，真正实现全组织的"人单合一"。平台在小前端与组织之间建立协调机制，根据小前端的孵化状况，调整平台能力的供给，平台在小前端孵化的不同阶段，提供相应的支持，小前端会对平台部门提供的资源和支持进行评价，从而协同平台与各前端的关系。孵化型平台的风投型投资委员会机制及人才管理机制与实验型平台化组织相似。孵化型平台组织适合那些传统企业，利用企业庞大的职能机构和基础平台，为局部小微组织提供孵化器。

　　总结：在平台化组织的运作中，组织为员工赋能最充分的是实验型平台组织，次之是混合型平台组织，最后是孵化器型平台组织。平台组织的运作涉及企业的各个方面，即组织结构、员工绩效、领导力、员工管理、企业文化、运行机制、价值评估等。一种平台化组织形态无法适应所有的市场环境，对市场环境的评价所有企业都体现了动态性，这个不难。难的是有时存在着两个方面的矛盾取舍，一是进行企业创新可能带来的预期价值，二是企业实施创新的尝试成本。企业创新价值的取得大多取决于市场不确定性、市场可塑性、业务起点三个因素。而在考量企业进行创新尝试的成本时，主要考虑"用户数量"和企业资产结构（例如，是轻资产状态还是重资产状态）。

　　在创新成本较低，且通过实验能够大幅提升业务价值的环境中，会建立起"实验型"的平台化组织，通过全面尝试来获取市场致胜机会（韩都衣舍本来就是轻资产公司）；若在创新成本较高，且实验能够大幅提升业务价值的环境中，应建立起"混合型"的平台化组织，前端业务的发展将更加具有选择性（阿里平台）；若在创新成本较低且实验只能带来有限的增量价值的环境中，则应采取"孵化型"平台化组织（海尔人单合一平台）。最后要指出的是，笔者认为，若在创新成本较高，且实验只能带来有限的增量价值的环境中，并不适宜采用平台化组织，而是采用传统组织比较适宜。

第四节　互联网时代的新型社群组织

　　社群组织并不是一个新概念，社会学家与地理学家所指的社群（Community），广义是指在某些边界线、地区或领域内发生作用的一切社会关系。它可以指实际的地理区域或是在某区域内发生的一些社会关系，也可以指存在于较抽象的、思想上的关系（例如，某人思想研究会）。从广义的社群来看，社群可以被解释为地区性的社区，用来表示一个有相互关系的网络。社群可以是一种特殊的社会关系，包含社群精神（Community Spirit）或情感社群（Community Feeling）。

但是自从进入互联网社会以来，由于互联网的出现，快速、有效打破了形成社群的各种地理边界和社群的各种封闭性和进入社群的门槛。从而使社群组织不论在精神领域还是情感领域都得以大发展，而且在商业领域出现了五花八门的社群组织和商业社群经济。

互联网商业社群组织形成的必要条件有三个：一是社群成员需以一定纽带或平台开展联系；二是社群成员之间有共同目标和持续的相互交往欲望和机制；三是社群成员有共同的群体意识和规范。目前互联网很多 APP 平台满足了第一个客观条件，如微博、微信等，而第二条可以认为是主观能够实现的，第三条则属于现实的社会存在，只是需要社群组织挖掘出来即可。互联网社群结构决定了社群组织的存在，这个社群的营运决定了社群的活跃与消亡，社群的最终输出，体现了互联网社群对群成员是否存在价值，群的复制又决定了互联网社群的规模。

一般来说，社群组织首先要社群化，即通过互联网各种平台聚人聚流量，俗称吸粉阶段，最大限度地获取群成员。其次促进互动，形成比较统一的群内价值观，提升群的活跃程度。再次建立群运作机制和奖励机制，促使社群成员向商业化转化，最终形成组织与组织成员互动、意见领袖引导、组织运作商业机制、组织架构支撑、核心团队沉淀等。

一个好的商业社群组织的成功，往往具备七个普遍特征，即共同价值观、共同目标、行为规范、组织架构、内部链接、榜样力量、稳定的产出，而其中的组织架构，决定了社群的运行效率和效益。商业社群很难靠一两个人带着一群人就能运营好，社群作为一个社会化组织，需要有一个比较完整的组织结构。除了社群的发起人外，还要有意见领袖及助理活跃气氛、处理矛盾，甚至线下运营某些项目，这些事项导致社群内产生了各种流程，都需要有适当的组织架构支撑和设置相应的人员。如果社群的组织结构不够完善，社群的运营就很难维持下去。社会化的组织结构存在着其本身固有的运营技巧，一些比较成功的商业社群对这种规律有比较充分的了解。下面我们以一个健康饮食社群组织架构为例，探讨一下互联网商业社群的组织营运（见图18-8）。该社群运营的组织架构设计为社群发起人（董事长）、社群管理员（总经理）、社群运营主管（营销策划经理）、社群产品运营（生产供应经理）、社群内容运营（社群运营经理，图文、直播和小视频制作）、团长（销售业务主管）、团员（销售业务员）和消费者（潜在团长团员）。

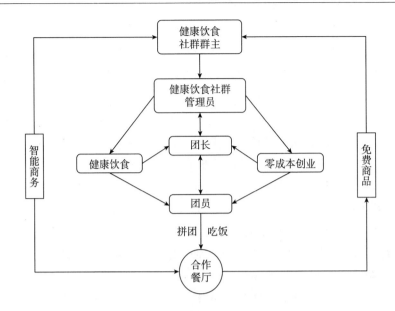

图 18 – 8 饮食商业社群组织运作图

一般而言,商业社群发起人(社群主,可以理解为董事长),又是社群管理员(总经理)。如果是分开的话,他的职责是,制定社群规则,根据社群绩效考核去除社群里不稳定成员(广告蝗虫、谣言散播者、鸡汤文转发者)和"僵尸群员",简单地说就是群平台的管理。他的另一些职能是帮助管理员(总经理)和团长(销售业务主管)在一定周期(如每周)管理线下健康饮食产品体验和每月团聚活动。管理员(总经理),目前大多数是由电商区域合伙人担任,可以是合作餐厅老板、实体店老板或者创业者,他们的主要职责是对当地饮食资源整合,找餐饮和实体店合作,举行线下产品体验会,对代理区域的合作伙伴根据后台绩效考核数据拉新团员和去除"僵尸团员"。另一方协助团长(业务经理)开展每周健康饮食产品体验和每季度团聚活动。社群运营经理一般由社交电商后台平台技术人员担任。他们将生产设计社群每天发布的内容,按时提供到社群供团长(业务经理)和团员(业务员)分享。商务社群组织外围的智能商务系统,将对经营数据进行收集整理和计算,并将计算结果分享给各个合作伙伴定制生产,利润则根据贡献值,每周结算并分配到各个利益相关人。而在线客服的任务是协助团长和团员工作。社群内容运营主要负责图文、直播和小视频制作,并分发到社群和各个自媒体平台。

在商业社群中,团长(业务经理)是社群电商组织最重要的人员,他们负责社群分享链接和定制生产。并且每天分享社群有价值内容到自己的各种自媒体朋友圈，做健康饮食义工，传播健康饮食理念，为他的圈子的人群解决健康饮食问题，提供健康饮食知识和培养健康饮食消费。另外，他们鼓励和辅导零成本或微成本创业，解决消费者没钱消费和实体店东西卖不出去的问题。例如，拼团到社交电商合作餐厅吃饭，他们是组织运营者。从消费买食品到拼团吃饭送东西，顺应需求，创造需求，精准链接供需关系，创造消费，创新就业，维护社群持续消费，给参与者带来稳定收入，实现零成本或微成本创业。他们的另一项重要任务就是定制生产。团长（业务经理）每天统计第二天本社群团员的健康营养餐订单，按照流程下单付款，通知产品运营（餐厅）按时按质生产供应，并根据团员和消费者变化（突然取消订单）及时和生产供应（餐厅）沟通，保障订单的确认和取消的确认。同时团长（业务经理）做出结算服务，根据智能商务系统提供的每周 KPI（关键指标）考核表，按单核算并查收款项，做好团员（业务员）、平台和生产（餐厅、实体店）之间的链接。并对社群进行日常维护，例如，每天分享、每周体验、每月促销、每季度团聚活动等做出安排和实施。显而易见，团长（业务经理）层级是社群组织架构中的核心中层，承上启下，最为关键。

团员（业务员）和消费者很可能就是下一拼团的团长和团员（团员变成了团长，消费者变成了团员），负责社群分享链接。他每天分享社群有价值内容到自己朋友圈，做健康饮食义工，传播健康饮食理念。很多人成为了零成本或微成本创业的实践者。团员（业务员）还要协助团长（业务经理）组织消费者参加每周线下产品的体验活动。

总结：第一，社群组织架构保障了社群要做有态度、观点鲜明、价值观与时俱进的内容；第二，社群组织架构聚集起社群的人气和共鸣，社群上下左右全方位互动，帮助消费者和创业者价值得到反馈和身份转换；第三，社群组织架构让社群参与者在共享中互利。每个人在社群中既是一个获利者，也是一个贡献者。通过共享和互利，让这个社群变得更加长久。社群组织架构从根本上来说，也是一种平台式的组织架构，平台中的层级非常扁平，去中心化明显。

第五节　企业的共生组织

著名企业管理理论和实践教授、博士生导师陈春花指出，在个体与组织的关系中，因为互联网技术，个体价值的崛起速度，远快过组织崛起的速度。由个人服从组织目标的"服从关系"，转变为个人与组织的"共生关系"。个体因为技术所拥有的能力超乎想象，这种变化和不确定性既是组织的挑战，也是组织的机遇，驾驭不确定性成为组织管理的核心，而路径和方法就是构建"共生型组织"。

陈春花教授列举的第一个例子海尔人单合一模式，将市场的"单"和员工的"人"的利益和用户需求融合在一起，解决了在组织管理当中之前没有办法解决的问题——大规模定制化（2B 的定制化），即订单和人在制造过程和需求之间形成"共生"关系。

第二个例子来自华为，华为目前有接近 20 万名员工，华为最重要的是它的财富分配计划，还有一个很重要的分享计划，即权力分享计划。财富和权力共享，这是一种新的个体和组织"共生"的组织形式。

第三个例子是农业领域内的温氏股份集团。这家企业经营至今已经 20 多年，它的商业模式叫作"公司＋农户"，今天这家企业的养猪量逼近全球第一，市值2000 多亿元。公司和农户"共生"组织模式，走出中国农业企业在养殖领域的创新之路。

第四个例子是云南白药的混改，云南白药混改的模式已经是哈佛商学院的教学案例，如何让民营资本和国企资本采用全新模式，回归到有效的治理结构、寻求市场化的竞争力，云南白药提供了民企和国企"共生"的模式。

从陈春花教授的研究中，我们可以看出，与其说共生组织有一种固定的组织架构，不如说共生组织是一种制度安排下的机制创造，在这种机制下，产生了新的组织元素的组合，如个人与市场、个体与组织、公司与农户、民企与国企等。这些组织的新元素，打破了组织的原有组织要素（流程、组织、岗位），只有把这些新要素放在更宏观的视野里，才能观察到它们的"组织功能"。

陈春花教授认为，组织现在无法靠过去的理论解决今天面临的问题，经典的管理组织理论解决了分工、分权、分立问题和权利的冲突，解决了技术对于组织开放系统的要求，回答了组织系统的可持续性，但今天，组织遇到的是表面无序，但深度关联，组织以往经验无法应对不确定性，组织的生态在发生以前没有人能预测它的状态。陈春花教授用四个词描绘她认为的共生型组织，即共生信仰、顾客主义、技术穿透和"无我"领导（见图 18-9）。

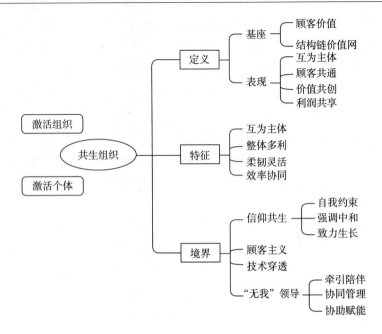

图 18-9 共生型组织的关键概念与内容

所谓共生型组织的定义是，组织以"顾客价值"与"跨领域价值网"为核心价值。体现为互为主体（都是主体）、资源共通、价值共创和利益共享。这种共生型组织的特征就是主体共生共存、利益多元、组织柔韧灵活（多种主体缓冲），效益协同创造。

信仰共生，是组织共生的前提。在信仰一致的基础上强调自律、强调中与和，强调利他主义共同致力于组织增长。如果知道自己的命运与其他成员休戚相关，确信商业文明本身，确信彼此拥有相同的价值，组织内新要素就会不断地努力学习和应变并开发自己。

顾客主义，是把组织的战略起点从企业本身目标转移到顾客端来，这是因为在不确定的商业领域，唯一确定的就是顾客价值。"顾客主义"是共生组织成员之间价值取向的检验标准，是一个组织的新要素整合与合作的过程。

技术穿透，21世纪以来，行业领先企业往往借助于关键资本与市场要素，一是技术进步的速度（我们早已知道，技术进步本身已经成为除了资金和劳动力以外的第三资本），二是市场要素，它是指行业市场成长的速度（是否在风口）。那些获得领先优势的公司都是有能力组合这两个资本和要素的。

"无我"领导，陈春花教授引用《道德经》来解释互联网时代，万物一体和独立个体套在互联网时代，就是万物互联，个体独立。作为共生组织领导人，应该连接更多人，无为而治。把注意力放在与他有关联的人上，放在一起做事方面形成生态，然后就可以授权、赋能、迁移、协助组织内新要素充分成长。

笔者认为，应当说陈春花教授提出的企业共生组织并没有一个唯一的组织架构，而是集合了新组织要素和现有组织要素与各种企业原有组织架构的综合体。宏观来看，共生组织是不同新组织要素等整合形成的企业生态链，微观来看，仍然是企业传统组织当中的要素，诸如平台组织、细胞组织、扁平化组织、职能组织等。只是说这些传统组织要素是按照共生组织理念来排布运作的。共生组织还有很多讨论空间，是一种对现实和未来的组织形态的描述和抽象概括，换句话说，并不存在着一种确定的"共生组织的组织架构"。

【本章要点归纳】

无边界是一种有机组织。这种组织就像人体器官与器官之间彼此协调联动。无边界组织实践运作对象是三种边界，即横向、纵向和外部边界。横向边界是由工作专门化和部门化形成的，纵向边界是由组织层级所产生的，外部边界是组织与顾客、供应商等之间不同组织界限而产生的。

阿米巴经营模式的本质是一种量化的赋权管理模式。阿米巴经营模式的两大支柱是"经营哲学"和"经营会计"。"量化分权"是实现阿米巴经营的手段。

平台化组织是一种"大平台＋小前端＋富生态＋共治理"为基础的新型组织形态，根据企业给团队赋能程度的不同，平台型组织可以分为三种类型：实验型、混合型和孵化型。在创新成本较低，且通过实验能够大幅提升业务价值的环境中，建议建立"实验型"的平台化组织（如韩都衣舍）；若在创新成本较高，且实验能够大幅提升业务价值的环境中，应建立起"混合型"的平台化组织（如阿里巴巴）；若在创新成本较低且实验只能带来有限的增量价值的环境中，则应采取"孵化型"平台化组织（海尔人单合一平台）。

好的商业社群组织的成功，往往具备了七个普遍特征，即共同价值观、共同目标、行为规范、组织架构、内部链接、榜样力量、稳定的产出，而其中的组织架构决定了社群的运行效率和效益。

所谓共生型组织的定义组织是以"顾客价值"与"跨领域价值网"为核心价值，体现互为主体（都是主体）、资源共通、价值共创和利益共享的一种宏观上的组织形态。并不存在一种固定的共生组织架构。这种共生型组织的特征是主体共生共存、利益多元、组织柔韧灵活（多种主体缓冲）、效益协同创造。

第五篇　企业的知识管理

第十九章 企业知识管理与知识产权

第一节 企业知识管理的三大板块

据美国麻省理工学院斯隆管理学院教授 Eric von Hippel 进行的一项调查显示，在当代企业的利润增长中，技术创新因素占40%，资源因素占20%，人均资本的增加因素占15%，规模经济因素占13%，劳动力素质的提高占12%。这个调查结果曾经引起许多人的关注。一般认为，规模经济和人均资本的增加是创造利润的主宰，然而在当前，它们两者之和在西方发达国家也只有28%，而创新和劳动者素质的提高之和却占了52%。这个结果对我们固有观念是很大的"颠覆"，的确令人震撼。因为它等于宣告，与人的知识直接相关的因素，或者说许多知识本身已经不需要任何"载体"，直接变成了资本。

实际上，随着技术进步引起的经济环境的变化和企业经营的变革，推动企业管理的理论也在加速演进。从最初大工业时代泰勒（Tyler）的科学管理，演变到目前"知识经济时代"的知识管理。这是因为，倘若企业把知识视为利润增长的主要资本，那管理的重点当然就是知识本身。

企业知识管理是指企业利用现代信息技术，开发企业知识资源，调动人力资源的学习潜能，并建立与之相适应的组织模式，推进企业现代化进程，提高企业核心竞争力和经济效益的过程。换句话说，**企业知识管理以管理知识为核心，不同于信息管理，是通过知识共享来实现的当代企业主要管理活动之一**。

为什么会出现企业的知识管理需求？这是因为自20世纪90年代以来，企业遇到来自市场和客户的空前挑战。在市场方面，由于信息化、互联网和移动互联网广泛深刻的应用，每时每刻都会涌现出大量信息，而且，这些信息互相连接、互相碰撞、互相矛盾、互相依存。海量新鲜信息对企业核心管理层的每一个人来说，如同不在同一地区的人们感受不到天气变化一样，对问题的看法可能会南辕北辙，甚至有的人在某些方面根本就感受不到。然而，这些信息中，也许的确包含着对企业来说是重大的、决定性的创新源。甚至这些原始的信息表面看不到什么，但是经过企业中知识员工的"解盘"，立刻会使企业决策层豁然开朗。

另一个重大信息源来自客户方面。客户的信息是最重要、最直接的市场反应，这些信息的宝贵程度不在董事会决议之下。进入 21 世纪以来，市场客户高度细分，客户需求高度小众化，现在利用许多大数据可以比较模糊地定义或界定这种需求。虽然这些信息与市场信息相比，不难收集，但是难以传递给企业技术层和决策层。

在企业管理中，往往遇到这样的情况：当企业开发了一款产品，并且成功地推向市场以后，很少有人去对这个项目的开发经验和市场反应做系统的总结。当面临一个新的项目开发时，这个开发组的人员极有可能不是上一个项目组的人员。即便是同一个项目组的人员，也很难对上一款产品开发成功的经验和共性的知识做出系统的借鉴。原因是，没有人整理这些东西，企业也没有"地方"找到这些东西。结果是，一切又重新开始，许多实际上已经解决的问题又一次重复出现和重复解决。

因此，源于这两方面的挑战，加之信息化技术、移动互联网、物联网技术、云数据库技术的不断深化及现实的应用，企业知识管理出现了比较大的刚性需求和现实的紧迫感。

企业知识管理体系总体上分为知识管理制度和知识管理的软硬件两大部分。图 19-1 是企业知识管理基本构成，其中，知识管理制度分为企业制度设计和企业文化两个方面。企业制度设计包括确立企业的知识资产和制定员工激励机制，从而加强管理者对知识管理的把握，并鼓励员工积极共享和学习知识。企业文化包括企业共享文化、团队文化和学习文化，帮助员工破除传统的独占观念，加强协作和学习。

知识管理的硬件对应的是知识管理平台，它是支撑企业知识收集、加工、存储、传递和利用的平台，通过互联网、内联网、外联网和知识门户等技术工具将知识和应用有机整合。知识管理的软件对应的是知识管理系统，它是一个建立在管理信息系统基础之上的实现知识获取、存储、共享和应用的综合系统，通过文件管理系统、群件技术、搜索引擎、专家系统和知识库等技术工具，使企业的外显知识和内隐知识得到相互转化。

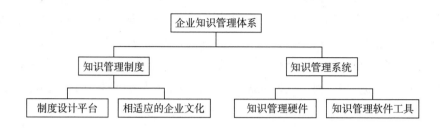

图19－1　企业知识管理基本构成

对于一家企业而言，企业的知识管理包含三大领域：一是怎么样以最低的成本保护好自己企业的知识产权产品和利用别人的知识产权产品；二是怎么样最大限度、以最低成本、最有效地使用好"有用的"外显知识；三是怎么样在企业内部挖掘对企业最有用的内隐知识，使之尽快在企业内转化成外显知识，以便在企业内得到开发和共享。关于"内隐的知识"和"外显的知识"将在第二十章进行详尽的介绍和分析。

简单来说，企业知识管理是要把与企业有关的知识加以收集、整理、评估，找到那些真正对企业"有用的知识"，并且低成本、快捷、有效地取得，使其在企业内流通、整合，把企业的技术创新活动、知识的保护和知识产权战略等纳入企业主要日常管理范畴，这些均属于企业知识管理。具体说来，**将个体的知识团体化，将隐藏的知识外显化，将外部的知识内部化，将组织的知识产品化，就会形成企业知识管理的有效机制。**

目前，国内中小企业在知识管理方面还处于盲目状态，基本上没有几家企业主动地、有意识地在制度层面实施知识管理。这是因为，先抛开企业家和公司上层的认识问题不谈，从中小企业目前运作状态上看，也存在很多技术层面的挑战，这些挑战主要有：企业内每个人的经验和诀窍，或者每个团队的经验和诀窍，很可能都是通过很多教训才取得的，因此，如果企业内没有一个"内部的市场"，没有给这个经验和诀窍"标价"，谁愿意贡献出来呢？即便前面的问题解决了，企业内部有人或者团队愿意贡献出他们的经验和诀窍，那么需要者又是谁呢？企业通过什么样的途径找到需要者呢？还有，企业内许多知识散落各处，大多没有进行过分类、整理，那么怎样能够最方便地查找呢？很多时候，由于不能及时整理，这些经验和知识随着时间而流失、遗忘或失效，错过了使用的最佳时机，其对创新的价值也降低了。企业内有很多宝贵的对企业创新有用的直接知识，随着人的流动，如离职、调动、提升、退休而流失。员工知识水平的均衡性不好，很多员工不知道另一些员工在讲什么，有什么具体的意义。这种状况使有些企业虽然建立了公司内部的网站，也认为建立起了内部知识交流共享的平台，却发现有很多人不觉得上面有什么重要的资料，去看的人也不多，使企业的知识管理处于尴尬的境地。对于这些问题的解决，我们在后面的章节中将继续探讨。

第二节　从 GATT 到 WTO

　　回答这个问题可能要追溯得远一点。中国为恢复自己在关税与贸易总协定（GATT）中的缔约国地位努力了很多年，后来中国不存在"入关"了，因为关税与贸易总协定不存在了，中国又开始为加入世界贸易组织（WTO）努力了几年，中国终于在 2001 年成为 WTO 的正式成员。

　　问题是，为什么 GATT 要变成 WTO 呢？因为 GATT 主要针对的是有形贸易，而目前无形贸易量早已在世界贸易中与有形贸易平分秋色。所以 **WTO 与 GATT 相比，多了两项内容：一是服务贸易，它包括银行、保险、零售与批发、运输、法律服务等；二是世界范围内知识产权保护的相关贸易。**

　　为什么知识产权保护的相关贸易会被列入 WTO？因为目前有形贸易产品的市场卖点多半是由知识产权保护的技术和商业秘密支撑的。而且，产品创新为了能够保持市场的竞争力和对企业开发技术本身的投入的公平性，也必须寻求世界范围内的知识产权保护。对企业来说，所谓"有用的信息"，就是那些被知识产权保护的技术、商标或者其他市场商业秘密。

　　确切地说，知识产权是指人类智力劳动产生的智力劳动成果的所有权。它是依照各国法律赋予符合条件的著作者、发明者或成果拥有者在一定期限内享有的独占权利，一般认为它包括版权（著作权）和工业产权。版权（著作权）是指创作文学、艺术和科学作品的作者及其他著作权人，依法对其作品所享有的人身权利和财产权利的总称；工业产权则是指包括发明专利、实用新型专利、外观设计专利、商标、技术秘密、服务标记、厂商名称、货源名称或原产地名称等在内的由权利人享有的独占性权利。

　　我国自 2008 年《国家知识产权战略纲要的通知》颁布之后，陆续出台了

《商标法》《专利法》《技术合同法》《著作权法》和《反不正当竞争法》等法律法规文件。从宏观层面上讲，国家已经在法律制度层面为企业知识产权权益的保护提供了较强的法律依据，为企业制定知识产权保护制度及具体实施方法指明了方向。

知识产权保护有这样几个鲜明特点：一是知识产权的保护范围在不断扩大。如在专利领域中，美国已对含有计算机程序的计算机可读载体、基因工程、网络上的经营模式等发明给予了专利保护，发展中国家的技术创新空间受到了极大的遏制。二是某些发达国家近年来极力推行专利审查的国际化，提出打破专利审查的地域限制，建立"世界专利"，即少数几个国家负责专利审查，并授予专利权，其他国家承认其审查结果。所谓"世界专利"，实质上是世界各国的专利审查工作由美、日、欧等少数几个发达国家和地区的专利局来进行。三是知识产权已被纳入世界贸易组织管辖的范围。知识产权与货物贸易、服务贸易并重，成为世界贸易组织的三大支柱，并且将货物贸易的规则、争端解决机制引入知识产权领域。按照世贸组织的规定，世贸组织任何成员将因知识产权保护不力而遭到贸易方面的交叉报复。知识产权已成为国际贸易中的前沿阵地，随着关税的逐步减让直至取消，知识产权保护在国际贸易中的地位和重要性将更加突出。四是以美国、日本为代表的发达国家纷纷调整和制定新的知识产权战略，并将其纳入国家经济、科技发展的总体战略之中。

实际上，由于经济全球化的深入和移动互联网的不断开发，企业知识产权的范围就是国际知识产权保护的范围。我国已经建立起了基本与 WTO 规则相对应的知识产权保护体系（见图 19-2）。

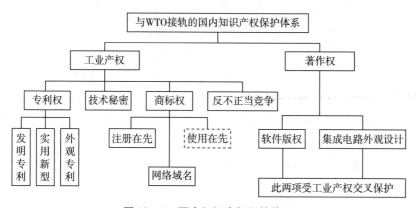

图 19-2　国内知识产权保护体系

图 19 – 2 中工业产权部分是企业有用信息最主要的来源。目前，关于工业产权的立法框架已经建立完毕，右面著作权部分只列出了与企业产品创新关系密切的软件保护和集成电路外观设计两项，它们既受著作权保护，又受工业产权保护，是受交叉保护的项目。目前，我国现行的制度框架基本与 WTO 在这方面的法律制度框架接轨。

从主流知识产权理论和实践来看，知识产权具有如下特性：①专有性，又称独占性、垄断性、排他性等；②时间性，保护有期限，可以续展或不容许续展，保护期外任何人可以自由应用；③地域性，一国法律保护的知识产权，原则上只限于在该国地域内发生法律效力；④授予性，只有按照有关国家法律申请程序进行申请，并得到相应的授予，知识产权才能够得到保护。尽管以上规则已经面临着很大挑战，但是 WTO 组织目前仍然按照以上原则运行。

第三节　专利、商标、软件版权与企业创新

在知识产权中，专利是企业最熟悉的部分。专利可以理解为"发明创造所有权"。应当说，企业如果有自己独特的产品创新，如果这种创新处于无法保密的状态，企业要享有这种产品创新的独占权，唯一的办法就是申请专利保护。

我国的专利制度申请有三种类型，即发明专利、实用新型专利和外观专利。其创新程度也是发明专利最高，其次为实用新型和外观专利。由于外观专利的非技术性，许多国家没有设置外观专利的申请，我国为鼓励发明，在专利基本制度里设置了这种专利。对于专利的其他问题，有许多专著介绍，不是本书的目的，本书主要是分析企业如何保护自有专利和获取别人的专利，以实现产品创新的问题。

独有知识产权是企业核心能力的一部分，在企业有这些技术，又无法保密的情况下，应当积极地申请专利保护。如果企业预计要出口产品到国外，由于知识产权的"地域性"，那首先就要了解出口国的知识产权保护制度，并在该国申请专利保护。如果企业没有这方面的技术，用的是模仿的技术，甚至是用"反求工程"得到的仿制技术，那在加入 WTO 以后，就有被别人控告侵犯其"知识产权"的可能。实际上，企业通过"反求工程"而得到的产品创新，一般都有自己的改进和心得，企业要重视这种改进和心得，在一定情况下，把改进方案重新在国内申请适当的专利，这样改进型的产品创新就有可能成为有"自主知识产

权"的产品。当然,如果没有办法达到上述改进,就应当采取其他策略,例如,和拥有知识产权的一方采取合资、合作,甚至买断的方法获得使用权。另外,企业使用别人的专利技术是否已经在该国过了保护期,或者是对方有没有继续交费"续展"。如果没有的话,企业使用并不违法。

商标也是工业产权的重要组成部分,商标与产品创新的关系不如专利那么直接,但是关系十分微妙。因为商标就是一个产品的品牌,品牌起码表达了这个产品的四种内涵,即品质、服务、价格和情感。关于价格问题,据权威咨询公司市场调查,同档次和功能的著名商标商品与普通商标商品相比,市场可以接受的价格差约为30%。

需要指出的是,商标制度在国际上有"注册在先"和"使用在先"两种,我国采用的是注册在先的制度。美国等一些国家采用"使用在先"原则,这与这些国家的法律体系有关。一般而言,采用案例法的国家和采用条文法的国家中,前者多采用"使用在先"原则,后者多采用"注册在先"原则(见图19-2中商标权虚线框部分)。由于商标的地域性对产品的直接影响要大于专利,所以要充分注意在产品销售国的商标保护问题,防止被他人抢注,避免出现自己产品要被别人许可才能销售的尴尬局面。凡是好的产品创新都应当注册商标,但应该是用企业的通用商标,还是为产品创新单独申请商标,这是一个经营战略问题,不是本书产品创新所要讨论的问题,建议有兴趣的读者参阅相关书籍。

在商标和企业创新方面,有了互联网和移动互联网以后,一个新的商标形态出现了,那就是网络商标——"域名"。"域名"在计算机网络世界里,其实质就是一个地址。如同普通的邮政地址用来在世界上标识每家每户一样,域名就是在国际互联网中标识每一台连在网上提供信息服务的计算机(包括移动互联网设备终端)。从技术上来说,域名就是IP地址,由于IP地址是一个枯燥的数字,无法被人们记住,人们才发明了域名的概念。例如,IBM公司的IP地址是:129.34.139.30,这串数字很难被人们记住,而其域名是ibm,任何人在计算机键盘上敲www.ibm.com,就可以把自己的计算机连接在该公司的计算机主机上。

1992年注册域名刚刚兴起的时候,申请者寥寥无几,目前人们了解了域名对企业产品的重要性以后,每季度域名的注册量都达到百万个以上。那么,域名注册与企业商标注册和产品的关系是怎样的呢?域名和商标一样,都有专有使用权,是受法律保护的知识产权。但是域名是虚拟网络世界的产物,商标是附着于现实产品的产权,两者还是有区别的。第一,对不同种类的产品可以注册相同的商标,如熊猫电子和熊猫毛毯可以同时成为不同企业的商标,但是域名不同,它是唯一的，如果某家公司用 PANDA 注册域名，那不论企业的产品与这家公司差别多大，都不能再用这个域名。第二，一个企业可以注册多达几百个商标，但是域名只能注册一个。第三，域名因为没有字体和图形的区别，所以没有相似性的限制，例如，哈娃哈商标，对娃哈哈而言就是相似性侵权，但是域名 www. wahaha. com 和 www. hawaha. com 就没有关系，不构成侵权。第四，注册商标有地域性，域名是国际性的，没有地域之分。

域名的价值与企业产品的价值密切相关，随着电子商务介入普通消费者的生活，域名的价值越来越和产品的价值联系在一起。这里介绍一个著名的案例：美国快餐业龙头老大"麦当劳"（英文名：Mcdonald's），也是世界上最大的快餐公司，但是当它想在网络上注册域名 www. Mcdonalds. com 的时候，却发现这个域名已经被一个网名叫作 Quittner 的个人抢先注册了，麦当劳为了买回这个域名，不得不答应 Quittner 放弃此域名的条件，即捐款 3500 万美元，在互联网上建立一所叫作"纽约城"的学校。

为什么麦当劳一定要用 www. Mcdonalds. com 来做域名呢？这与麦当劳的产品密切相关。第一，必须维护麦当劳公司统一的形象。第二，要让公司的名称在网上同样好记，便于开展电子商务。第三，更为重要的是，用公司或公司缩写的域名是互联网上的"二级域名"，这与目前互联网上用户检索信息的方式息息相关。也就是说，当客户要找有关公司的信息时，只要在任何的搜索工具中敲入 Mcdonalds，都可以方便地找到麦当劳。试想，当一个客户敲入这个名字的时候，找到的是风马牛不相及的另外一家公司，这对麦当劳公司形象和产品来说是多么大的损失。

软件版权受著作权和工业产权交叉保护，也就是说，如果诉讼中著作权条款有利就可以依据著作权，工业产权有利就可以依据工业产权的相应条款。一般著作权是不需要登记的，只要"作品"出来，著作权自然就存在。但是一般软件版权还是希望企业尽早登记，这主要涉及法律"取证"问题。如果没有进行软件登记，被对方诉讼，取证的责任在自己，如果登记了著作权，取证的责任在对方。侵权取证是一件非常复杂、烦琐和艰难的事情。

第四节　技术秘密与企业创新

技术秘密在工业产权里占有极其重要的地位。技术秘密在国内有很多叫法，如技术秘密、专有技术、技术诀窍等，英文统称 Know - how。笔者认为，从英文字面上理解技术秘密最为贴切，即"知道如何做"。

例如，美国"可口可乐"的配方、中国"景泰蓝"的烧制工艺、瑞士手表的制造工艺等都属于技术秘密。技术秘密与专利最大的区别在于，专利基本上是公开的，而技术秘密是完全不能公开的，也是无法测度的。例如，以中国"景泰蓝"的烧制工艺来说，国外可以知道中国"景泰蓝"在某某温度区间，烧结某某分钟左右是比较好的"景泰蓝"，但是如果没有人告诉他，他可能永远都不知道，"正宗的景泰蓝"是在某个温度下，烧结某分钟的结果。因此，技术秘密如果申请专利，将马上失去其巨大的商业价值。所以可以确切地说，技术秘密与企业产品创新的关系在知识产权保护体系中最为密切，它是最具市场价值的技术。

从这点来看，技术秘密是产品保持竞争力的根本，如果企业有某种技术秘密，我们就可以认为该企业有了某种"核心能力"。但是，技术秘密本身却非常"脆弱"，甚至不堪一击。因为技术秘密往往在工业上表现为特殊的制造工艺或技巧性的东西，站在同行业、相同水准的开发人员的角度看，一旦有所泄露，做到并不困难。然而，如果得不到任何提示的话，对这种技术秘密无从去想、去猜、去试，因而也就无从知晓。

企业有技术秘密一般不会去申请专利保护，尽管从法律角度来看，专利保护比技术秘密保护的力度和操作性要好。但是基于技术本身的脆弱性和能为持有人和企业带来直接的、大量的经济收益的特性，企业根本不会也不应当申请专利保护，而是转为在企业内部采取措施保护。

另外，如果企业自身没有某项技术秘密，但是又确实需要从其他人或者企业获取此项技术秘密的时候，在贸易中就要引入一个新的名词，即"许可证贸易"。在许可证贸易下，技术秘密只是被对方授予你使用的权利，而永远也不会卖给你。转让的方式，在制造业中，往往是以成套设备"关键组件"卖给客户的，而这些"关键组件"正是这套设备的"易损件"或者"耗材"。也就是说，使用了这套设备，也就同时购买了这套设备中最核心的技术秘密的使用权，客户在使用中会不断地遇到对"关键组件"再购买的问题。

例如，我们可以设想，一瓶"可口可乐"为什么会要那么多钱，它的成本是多少？如果知道了它的配方，带来同是"正宗的可口可乐"的竞争，会是什么局面？或许我们可以比较准确地测度每一瓶"可口可乐"中技术秘密占据了多少钱，但是我们的确无论如何也无法从"可口可乐"的咖啡色液体中准确地分析出都有哪些成分和各占有多少比例，以及它们是如何调配的。

企业拥有的技术秘密无疑是企业"核心能力"中最宝贵的部分，具有技术秘密支撑的产品是特殊产品，要把它当成"大宗宴席"的"调料"用，一般不应单独使用，往往采取"捆绑销售"的方式。技术秘密对企业来说当然是多多益善，然而操作起来，最重要的就是技术秘密的形成、完善和保护。就保护而言，目前国家已有专门的法规对技术秘密进行保护。技术秘密保护包含两个部分：一是技术本身；二是技术信息。在技术信息中还包含一些特别的企业管理流程和方法，从本书的角度出发，我们更为关心的是技术本身的问题。

技术秘密的保护前提是：第一，要确定企业内，哪些技术和信息需要保护；第二，企业要与技术秘密的知悉者，或者可能知悉该技术秘密的有关人员签订技术秘密保护协议；第三，企业要把该技术秘密保护要求明确告知相关人员；第四，企业对该技术秘密的存放、使用、转移等环节采取了合理、有效的管理办法等；第五，企业要健全保密制度，指定专职、兼职的管理人员；第六，对企业认定的技术秘密要加上明确的技术秘密保护标识；第七，如果企业人员有涉及技术秘密的，要在其与企业签订的劳动合同中签订相关的技术秘密保护条款，技术秘密保护协议要注明保护内容、保护期限、双方权利义务和违约责任等。

实际上，在企业的经营运作中，最令人担心的就是由于开发人员的流动，可能把企业的某项技术秘密带到与本企业有竞争关系的、同一种核心技术产品的生产单位，或者此人利用某项技术秘密直接与企业竞争。如果这样的事情发生并得以成功，对本企业的产品创新将会是致命的打击，因为创新产品的卖点可能变得一文不值。

为了使企业产品创新得以保持竞争力，法律容许企业与知悉技术秘密的开发人员或其他有必要的人员签订"竞业限制协议"。所谓"竞业限制"，就是企业与知悉技术秘密的人员约定在解除劳动关系的一定时间内，被"竞业限制"的人员不得在生产同一种核心技术产品，且有竞争关系的其他单位任职，或者自己从事与原企业有竞争关系的同一种核心技术产品的生产经营。但是，历来权利与义务是对等的。现行法规规定竞业限制时间不得超过三年，在竞业限制期间，企业必须向被竞业限制的人员支付一定的竞业限制补偿费用。

从以上对技术秘密的解读中，我们知道，在企业的核心能力中，工业产权部分，最具商业价值、与产品创新最直接相关的就是技术秘密，其次是商标，最后是专利（某些企业自主开发的专利则不然）。但是，在法律保护方面地位最弱的也恰恰是技术秘密，企业要对其给予特别的关注。

【延伸阅读】

20世纪90年代末期，广州一家"大排档"的老板找到省工商局，状告另一家"大排档"侵犯了自己的"技术秘密"。事情的原委是这样的：这家"大排档"的老板很有创意，别人把厨房放在营业厅的后面，他把厨房放在营业厅靠近马路的前面，由于厨房的大厨操作技巧和刻意把火苗搞得很高，走在马路上的行人，马上发现这里成了一道"亮丽的风景线"。当行人看到大厨炒出色香味俱全的佳肴时不免也会进店里来消费。一时间，这家"大排档"生意很是兴隆。

后来，这家店的一名员工离职，在马路的对面也开了一家"大排档"，而且也把厨房放在前面，同样大厨的身影成了另外一道"亮丽的风景线"，两家店形成了"对着干"的局面。这家店的老板很恼火，认为那名原来在他店里工作的员工带走了他的技术秘密。结果工商局的官员去现场查看后，告诉这位老板，你不要告了，告了也没有用，我们不能受理。工商局的官员答复如下：第一，老板的技术秘密到底是什么，不清楚，如果说是这种经营方式，那么这种经营方式不要说对有心人，就是对任何一个路人都是公开的；第二，这家店没有和任何员工签订过保护技术秘密的协议，也没有把任何事项列为这家店的技术秘密，所以不存在那位离职员工的侵权行为。

【本章要点归纳】

进入21世纪，许多知识本身已经不需要任何"载体或杠杆"，直接转化为资本。企业知识管理就是利用现代信息技术，开发企业知识资源，调动人力资源的学习潜能，建立与之相适应的组织平台和组织模式，借以提高企业核心竞争力和经济效益。企业知识管理是以知识为核心的，通过知识共享来实现的企业管理活动。

企业知识管理包含三大领域：一是怎么样以最低的成本保护好自己企业的知识产权产品和利用别人的知识产权产品；二是怎么样最大限度、以最低成本、最有效地使用好"有用的"外显知识；三是怎么样在企业内部挖掘对企业最有用的内隐知识，使之尽快在企业内转化成外显知识，以便在企业内得到开发和共享。

由于经济全球化的深入和移动互联网的不断开发，企业知识产权的范围就是国际知识产权保护的范围。我国加入WTO后，已经建立起了基本与WTO规则相对应的知识产权保护体系。

知识产权具有如下特性：①专有性，又称独占性、垄断性、排他性等；②时间性，保护有期限，可以续展或不容许续展，保护期外任何人可以自由使用；③地域性，一国法律保护的知识产权，原则上只限于该国地域内发生法律效力；④授予性，只有按照有关国家法律申请程序进行申请，并得到相应的授予，知识产权才能够得到保护。

第二十章　企业中内隐知识与外显知识的挖掘与应对

第一节　外显知识与内隐知识的相互转化

目前，包括中国在内的整个亚太地区工业经济正处于深刻的结构调整之中。一般工业品出现了比较明显的"滞胀"局面。20世纪90年代到21世纪初，我国企业在产品的固定与可变这两种成本中，后者有明显优势，特别是在可变成本中最大的成本"人工成本"方面，具有非常明显的比较优势。但是目前，"人工成本"优势尽失，普通工业品生产成本和营销价格优势尽失。供给侧改革声势趋紧，这就逼迫绝大多数中小企业转型升级，这种局面也使很多中小企业到了生死边缘。

鉴于此，现阶段企业组织对知识的需求在以下几个方面表现得最为迫切：一是支撑产品新设计和新工艺的知识，这类知识的取得和得以应用将使企业从产业链上游取得竞争优势，属于产品差异化方面的优势。二是支撑新的营销方法的知识，这类知识将使企业通过自己的产品直接获取利润，因此受到几乎所有企业领导人的高度关注。三是市场满意和客户满意的知识，市场满意包含市场开拓、适时开发消费领域的"潜在需求"。客户满意包含产品质量、价格、款式、品牌因素之外的情感等诸多"非理性"因素。因为只有客户满意，在产品充斥的市场上才能使客户光顾自己的企业。四是"节流"的知识，当企业"开源"比较艰难的时候，"节流"就成为增加企业利润的有力措施，现代企业的"节流"，最得力的举措就是利用现代信息技术和管理技术，使企业的内部管理比同行业竞争对手更经济。这四类知识的迫切需求，可以说正是工业经济向知识经济转型时期企业的最主要特征。

堪称知识管理之父的日本组织学家野中郁次郎（Ikujiro Nonaka）在知识管理经典著作《知识创新型企业》一书中指出，知识本身并不是像西方管理者大多数认为的那样，知识都是"可计量的"，如果都是可计量的，那企业成为"处理信息"的机器就可以了。野中郁次郎认为，除了可以计量的知识以外，还存在着另外一种"不可计量的"知识。**可计量的知识称为"外显的知识"，不可计量的知识称为"内隐的知识"。**

一般认为，外显的知识可以用文字、数据、资料、科学公式、标准等方式表达，是可以量化、可以编码的知识。这种知识有较强的客观性和理性成分，而且是连续性的，通过学习可以被人们掌握的。企业知识管理对外显的知识就是要把企业组织作为知识处理器——也即变为我们通常说的吸收知识的"学习型组织"。

内隐的知识是主观的、经验性的，而且是与事物同步出现的，也即这类知识的产生是需要类比的。这种知识更多地具有洞察力、直觉、预感的成分，并且强调直接经验与尝试错误的方法，这种知识是没有办法通过系统学习得到的，这点与学习型组织显著不同。企业的知识管理对内隐的知识就是要把企业作为一个挖掘场，对内隐的知识以各种方式使其外显化。

外显的知识中，有很多垃圾知识，这些垃圾知识给社会和企业也带来不少困扰。企业组织对外显知识，首先就要排除那些垃圾知识，用学习型组织应对那些企业真正需要的知识。讲到学习型组织，首先要讲一下"组织学习"。组织学习有三个要点：一是企业出钱出力，请员工来学习；二是学习的内容是由组织精心挑选的，学什么不学什么员工没有决定权；三是员工学习完成后回到企业，广泛传播、广泛应用，在整个企业里面达到"共享"。如果一个企业组织把这样的组织学习经常化、制度化，规范化，那么这样的组织就是"学习型组织"。学习型组织主要应对的是"有用的外显的知识"。

另外，医生看病的过程就是典型的内隐知识运用的过程。例如，一位患者来看医生，医生问他怎么了，他说拉肚子。医生问他吃过什么不干净的东西没有，患者说没有。发烧不？不发烧。一天几次？三四次。结果医生不问了，唰唰唰开了处方，去拿药去。患者一看，痢特灵、泻立停。结果患者吃了几天不好，又来看，这次接诊的不是上次那位医生。医生看了病人的病历本，问这些药吃了吗？吃了。怎么样啊？还不好。怎么不好？还是一天三四次。发烧吗？不发烧。看看喉咙。第二位医生自言自语，也没有什么炎症，又不问了。唰唰唰开处方，拿药去。患者一看，拉肚子药还有，但是多了一种抗生素的药。第二位医生特地指着这个药说，这个药要认真吃。倒霉的患者吃了几天还是不好，又来医院看。这次接诊的是第三个医生，结果这位医生看了病历本，上来就问那个抗生素有没有吃。患者说认真吃了，医生又唰唰唰地开起了处方：去验血去，去验便去，去照个彩超。

在上面的事例中，我们知道医生用的是"排除法"。第一位医生认为，患者抵抗力差，别人吃了某种东西没事，但他还是坏了肚子；第二位医生认为，患者还不好可能是有一些炎症，不然不会不好；第三位医生认为，如果吃了抗生素还不好，应当有其他原因，所以让患者做进一步的检查。

患者彩色 B 超发现有影像显示异常，应患者要求，三位专家来会诊。当患者的彩色 B 超底片在灯箱上显示的时候，其中一位专家说，这种片子我看过（其实他说他看过，是指以前这位医生接诊的患者曾经有和这张彩色 B 超相似的片子），那位患者后来确诊是什么什么病，我看这张片子也是；另一位医生说，我原来也有一位患者与这个很相像，但不是那种病。最后几个专家讨论，初步确诊了是什么病和接下来的治疗方案。

在这个事例当中，首先那张彩色 B 超底片是外显的，如果没有这张底片，几位专家也无法说出他们的意见。这张底片就是"的"，有的放矢。然而，几位专家说出来的意见却是"内隐的知识"，那是他们长年经验的积累，他们把这些宝贵的内隐知识通过讨论外显化了，并得以应用。还应当指出的是，这位患者的彩色 B 超底片已经进入三位专家的脑海里。那什么时候又放出来呢？有没有可能某位专家再也没有把这张底片放出来？这种情况肯定是有的，因为这位专家也许再也没有遇到合适的"的"了（与事物同步出现）。这种知识不外显出来，就不能被应用，对其他医生真是很大的损失。另外，本次三位专家的讨论也进入了三位专家的脑海，很可能形成了新的内隐知识。

从以上分析中，我们可以看到，外显的知识和内隐的知识之间并没有鸿沟，相反它们是一个相互转化的动态过程，当然转化的"媒介"也各不相同。讨论这个问题的意义在于，了解转化过程及其转化媒介，我们在企业的知识管理过程中就可以遵循这个规律，设计知识管理的一般方案，进而有效、准确地进行知识管理。在知识运用过程中，一般有四种形态的转化：

共同化——共鸣性知识：可以称为**"从内隐到内隐"**。这类知识转化的特点是，分享个人经验，形成创造内隐知识的过程，从内隐的知识到形成新的内隐的知识，这类知识需要组织"挖掘"，即企业必须尽量设立互动的讨论范围作为转化的"媒介"（上述的那个患者看病的案例中，医生会诊就存在着从内隐到内隐的情况）。

外显化——观念性知识：可以称为**"从内隐到外显"**。它的转化特点是从隐喻开始到观念创造（开发观念）最后进行模式化表达，把内隐知识外显化。这类转化称为观念性知识，其"媒介"是对话和集体思考，这是最有益、最有用的方式，所以我们请有经验的人上课，请有内隐知识的人写书，就是希望他们的知识能够外显，只有外显对企业组织才有意义。

再次内隐化——操作性知识：可以称为**"从外显到内隐"**。一般来说，当新的外显知识应用于企业时，新的经验就形成了，这种新经验再次融入人们头脑中，就形成了新的内隐的知识，称为操作性知识。它的"媒介"是边作、边学、边形成经验。

组合的外显到外显——系统性知识：可以称为**"从外显到外显"**。这种转化是对各类外显知识进行组合，形成新的外显知识，引起创新，一般我们称之为系统性知识，其"媒介"是对外显知识的多种借鉴，并且围绕主题进行系统思考和概念整合。这种情况也可以称为"组合创新"，组合创新是最普遍的一种创新。也即把已有的知识和知识进行组合、碰撞，得出新的东西，有些人称之为"跨界"的东西，就可以归纳到系统性知识的范畴。

这四种知识的转化过程，除了"共鸣性知识"比较费解外，其他观念性知识、操作性知识、系统性知识我们都能够直接感受到。然而，从知识的真正价值来说，内隐的知识由于需要企业挖掘，必须付出更大成本，往往其商业价值也比外显的知识要大得多。笔者在这里不厌其烦地四次使用"媒介"二字，就是希望引起读者注意，企业知识管理的路径应当沿着"媒介"指引的方向进行设计和运行。

第二节　企业摄取外显知识的路线图

企业摄取外显知识的路线图，如图 20－1 所示。外显的知识在企业内可分为两个层次：一是针对本企业生产技术、工艺流程和管理技术的知识，对于这部分外显的知识，企业从低层员工到中层管理人员，乃至技术人员都有大量需求，属于维持企业日常经营的知识；二是针对本企业产品重大技术改进乃至创新产品、企业战略制定、财务运作、特别营销技术等所需的知识，这部分知识是企业内高层和企业少数"核心员工"要不断学习和掌握的知识。

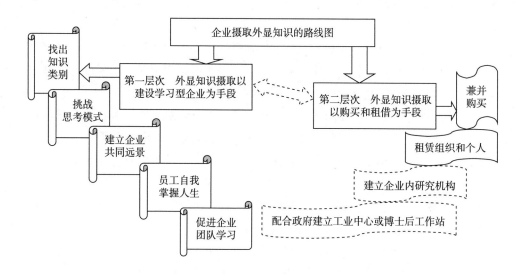

图 20-1　企业摄取外显知识的路线

对于第一层次，企业采取最好的办法就是把企业建设成为一个学习型的组织。理论和实践都已经证明，企业建立"学习型组织"，是有效吸收"外显的知识"的好方法。在建立学习型组织过程中，可依以下步骤进行：

步骤一：找出企业当前最需要的知识类别。这里推荐企业家采取"系统思考"模式。所谓"系统思考"，就是把企业作为一个封闭系统，全方位、逻辑性地思考企业的发展问题。具体来说，可以在每隔一定时间（如半年），企业家自问自答以下五个问题：企业目前在向何处去？企业如何达到目的？企业达到目标主要需要什么？企业如何组织？企业如何检测进程和更改进程？实践证明，这五条对企业的定位具有很好的操作性。

步骤二：挑战企业组织现有的思考模式。这种思考挑战可能是针对企业的管理模式，也可能是针对产品的生产模式，甚至是针对产业的看法。企业家要重视倾听和鼓励员工对管理模式和产品发表不同看法，不能把这些看成是自己在工作中遇到的"麻烦"。这些有益的冲突和矛盾可能就是企业需要的知识之源。企业组织有一套员工反映意见和处理意见的机制和办法，有利于企业把学习的结果用于组织需要的部门。

步骤三：建立企业组织的共同愿景。这个"共同"是指企业家和普通员工共同拥有的愿景。为达到此目的，对企业家最低的要求是，要不断建立一个清晰的、鼓舞人心的阶段性企业目标，采用令大多数员工感到兴奋的手段，指出达到目标的明确途径。

步骤四：鼓励员工自我掌握人生。现在越来越多的人认识到优秀员工的培养和流动对企业的重要性和严重性。但是与其在员工做出成绩时给予激励，不如在企业中提供一个员工能够设计自己生涯规划的场所。

步骤五：有效促进企业团体学习。可以考虑充分使员工能够利用移动互联网这个"管理平台"；有可能的话建立企业内部局域网，并开发企业员工应用的APP，把与企业运作的常规知识放在该网络上，让各级员工能够方便地调用。要积极开展企业内部培训，为培养和开发人力资源量身打造课程，开发员工"专业性智力"；争取建立一些吸收行业内特有知识的专门渠道，包括：定期邀请行业内权威人士来企业指导和交流；与科研机构和大学订立合作项目；等等。

对于第二层次外显的知识，我们必须采取另外的办法，因为这部分外显的知识是"高端"知识，必须本着以最低的成本获取它们的原则进行。

首先，可以采取购买与租借的方法获得。当然，最直接而且有效的办法可能就是购买。目前，购买整个组织在国内外商界流行，中国企业也越来越多地"走出去"参与国外企业的收购已经成为比较普遍的现象。很多情况下，是企业为获得某种知识而专门收购其公司。中国国内一些有实力的大公司在购买知识方面向那些朝气蓬勃的国内外中小型科技型企业伸出双手，结成行业"战略联盟"，的确是获取高端外显知识的重要捷径之一。

除购买外，租借也是目前的一个较好选择。这种方式有两个层面：第一就是中国企业对国内重点高校和研究院所的经费支持，以获取研究成果的首先商用权。但是，对研究开发做出的任何努力总是有风险的，很难预测研究在何时或是否有报偿。然而，从研究开发的性质来看，报偿随时都可能来临，对其的估价也应当从该项研究最低的收益来总计所租用知识的价值。第二就是企业可以租聘拥有知识的个人，租借知识的来源。

其次，企业可利用专有资源，在组织内部创造"有用的知识"，最常用的方法就是成立企业的研究开发机构。但是，从研究到获得经济效益都是需要时间的，而且可能较难知道何时才能取得结果。因此，企业往往在强调近期利润和经营成本的压力下，对本企业的研究开发机构减少费用支持。对于这一困境，中国企业要从两个方面加以考虑：一是争取政府投入的行业工业中心或博士后工作站设立在本企业，这种做法可以减轻企业的利润压力，又可以获得较有价值的成果。二是提高企业经理人个人的素质，避免目光短浅或"有料不识"。

第三节　企业挖掘内隐知识的路线图

企业挖掘内隐知识的路线图，如图 20 - 2 所示。对于内隐的知识，首先，必须靠有效挖掘才能获得，企业要有一套挖掘企业内隐知识的制度和模式。其次，企业还必须建立某种"管理平台"，把有价值的外显的知识置放在这个平台上，供全体员工学习使用。这样的管理平台是挖掘内隐知识必须依靠的场所，是一个基础平台。一般认为，企业不同岗位人员之间的脑力激荡，就应当在此平台的基础之上进行并表达，它是将内隐知识转变为可操作的外显知识的必经阶段。

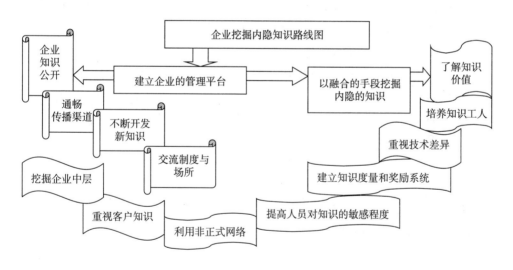

图 20 - 2　企业挖掘内隐知识的路线

具体的企业管理平台的操作可以考虑以下几点：一是要把企业的知识公开，使企业所有员工能利用与本企业目标直接相关的知识；二是企业保证员工在某地某时可以不费太多精力就能获得这些知识，并在企业内部广而告之；三是企业必须不断推动新知识的学习和研究开发，新知识的学习有多种方式，而且新知识不能只限于极窄的本专业领域；四是要制定企业内部的定期交流制度，有固定、优雅的交流场所。我国知识分子不论在人文交流还是在学术交流方面，均有一定"文人相轻"的倾向和被动性。因此，有制度规定的集中交流是必要的，这种群体的交流有助于内隐知识的外化和传播，也有助于企业家获得创新思想。

关于以融合的手段挖掘内隐的知识，有一个经典案例来自松下公司。松下公司曾经成功开发了自动面包机。当时松下公司请来三个群体的"知识分子"：一是原来制造米饭机的人员；二是制造面包烘烤机的人员；三是制造食品加工机的人员。这个自动面包机综合了第一群体的计算机控制专长、第二群体的感应加热经验和第三群体的回转马达技术。这种有意创造复杂性和矛盾性，在融合中开发的新产品，使已有的同类产品概念发生了根本动摇。在面包机开发过程中，三个群体共涉及 1400 人，起初这些人说的是"几乎完全不同的语言"，很难沟通，但他们最终完成这个产品的开发，制造出完全不同于同类产品的革命性产品。

总结这个案例可以看到，融合可以有目的地把创新的复杂性甚至矛盾引入创新过程，有意进行企业核心人物的"思维碰撞"，激发他们的经验积累，创造类比的环境，使他们主观的宝贵经验能够表达出来，大家一起形成一种新的协同。也即融合可以使具有不同见解的人来到一起，共同研究一个项目，迫使他们在一定的时间内得出一个共同的答案。

然而，这种融合需要在时间和精力上大量投入，而且群体成员要能共享知识，合作共事，这的确是不容易的事情，这里有八条建议可供企业参考使用：

第一，企业经理人必须懂得所寻求知识的价值，愿意为其产生的过程投资，如果连这一必要的投入都不能理解，则融合无从谈起。

第二，有意识地培养和物色企业中的"知识工人"，要对这些人的工作及时给予回报，以资激励。

第三，对一个技术问题的差异看法予以积极的对待，而不是看成企业工作中的麻烦，因为这可能是创新之源。

第四，企业管理者要明确产生知识的需求，鼓励和协同所有相关人员目标一致，方法尽量不同，采用不同于一般的"资产负债表"来度量知识的实际价值，以便更好地利用和保护本企业"自主的知识"。这包括对创造知识的员工采取不同于一般的奖励办法和对公司的知识价值的度量给予相当力度的奖励。

第五，提高企业的适应能力。企业的适应能力有两个基本因素：一是能够用新的组织和策略利用自己的内部资源，以适应外部知识和市场的变化；二是整个企业组织对变化有较高的吸收能力。企业家一定要多培养担任过不同角色和拥有多种技能的知识分子，也鼓励思维敏捷的员工改变他们的工作，以积累和发展他们自己的技能，使企业整体组织对"有用的知识"充分适应和吸收。

第六，组织和利用非正式网络。这里指的是企业内自我组织的非正式网络。当然，这些网络由于有共同利益的不同方面的人才可能走到一起，使网络变得"有型"和正式。企业家的责任就是使这个网络能够吸引企业人员，变得较为正式，使那些本企业的精英们有经常聚会和漫谈的机会和空间。

第七，重视可能从客户方面获得的知识。来源于客户的知识可能是客户对销售人员的一条意见，甚至是一句牢骚，然而这种意见也许带有改进产品的市场真谛。因此，必须建立某种营销人员的定期简报制度，迫使营销人员注意来自客户的信息，并使信息在其脑海中过滤、加工，进而通过一定途径和场合传达给企业领导和整个组织。

第八，也是最重要的一条，企业要关注内部的"关键少数"。帕累托分析（Pareto Analysis）和企业长期的经营实践都已经有力地证明，企业内 20% 的核心员工承担着企业 80% 的日常工作，其他 80% 的员工都是辅助这 20% 的人工作的。这些"关键的少数"就是企业内部的中层管理者。从野中郁次郎的研究结果来看，企业中层领导是企业知识的主要来源和传播者。

【本章要点归纳】

当前企业迫切需要以下四类知识：一是支撑产品新设计和新工艺的知识；二是支撑新的营销方法的知识；三是市场满意和客户满意的知识；四是企业"节流"的知识。这四类知识的迫切需求，可以说正是工业经济向知识经济转型时期企业的主要特征。

企业知识可以分为外显的知识和内隐的知识两类。一切可以编码量化的知识、一切可以用各种媒体表达的知识，称为外显的知识，企业对待"有用的"外显的知识最好的方法就是"组织学习"和"学习型组织"。内隐的知识是经验性、诀窍性、尚未用任何媒体表达的知识。内隐的知识的商业价值往往远大过外显的知识的商业价值。内隐的知识必须靠企业挖掘。

知识有四种转化模式：从内隐到内隐；从内隐到外显；从外显到内隐；从外显到外显。这四种模式中，最具有应用意义的就是从内隐到外显。

企业的知识管理可以借助"企业知识管理路线图"来厘清思路和具体做法。

第二十一章　知识员工管理与
企业知识管理的制度设计

第一节　知识管理与知识员工

企业知识管理的重要对象之一就是知识员工。这些人是内隐知识的拥有者、外显知识的传播者。一般来说，知识员工与其他员工有如下主要区别：

一是知识员工"具有知识特长"。这种知识特长是经过社会认同的，比如科学家和工程师，他们的称谓是社会权威机构授予的，所以知识工作者往往不过分担心在小范围或局部组织内的认同问题，换句话说，他们比较"牛"。

有一个很好的案例是，2016 年 8 月，笔者在浙江宁波授课时得知，宁波市政府给予全市技术工人提供申报考评技师类职称的平台，这种职称在宁波各企业中是"通用"的，政府给予他们津贴，也不受企业约束，具有权威性。这一举措，不论对高的技术工人的激励和促进知识的流动，还是促进他们所在企业对他们的重视和开发，都起到了实实在在的制度保障。

二是知识员工有"专业判断"。这种判断一方面要求管理者给予相当的尊重和信任，另一方面也很难理解管理者所处的"政治环境"，从而引发一些冲突，也就是说他们可能"不懂事"。

三是知识员工往往要求"独立运作"。他们与其他员工的关系是"接口"的关系，而"接口"是管理者必须解决的问题，他们认为这不是他们的问题。因此，对他们的工作性质必须给予组织上的保障，这也是矩阵式组织结构在知识员工密集组织中流行的原因之一。另外，由于独立运作带来的弊病是知识员工与其他人互相沟通的困难，因此，企业管理者必须运用相应的工具与技术解决这个问题。

四是知识员工往往特别"注重实力"。这部分人的特质是很难心甘情愿地在比自己专业知识逊色的领导人手下工作，与他们的沟通和对他们的管理往往成为企业管理者头痛的事情。这一方面需要领导者能够提高自己的专业能力，另一方面也需要找到带有普遍意义的工具与方法，缓解运作中的此类冲突。

五是知识员工"对自身前途的关心和对公平的感知"远比其他员工要强烈。对知识员工提供合理的待遇（包括激励）和相应的工作条件，就成为企业管理者主要的经常性工作。

综上所述，针对知识员工的特点，这里提出几条企业对知识员工管理的建议：

第一，帮助员工理解企业的战略方向，增强知识员工的目标性。这包括公司最需要的是什么，未来几年会有什么变化，面临的最大挑战是什么，以及这些战略如何紧密地与他们所做的工作相连。让知识员工理解了企业的战略方向，才有可能发挥所长，产生与企业战略方向一致的想法，使知识员工兴趣方向与企业目标尽可能地一致。

第二，允许知识员工从事未经企业许可的工作，保护知识员工的创新性。乍听起来，这是一个错误的建议，甚至和第一条相反，许多公司反对这么做，他们的理由是，不是每一个员工的想法都会转化成利润。但是，如果能给出一个更大范围的自由空间，就有希望产生伟大的创意。这样就要求企业管理者和企业领导对知识员工的特性有充分的认识，有充分的尊重性和一般的忍耐性，因为知识员工不是一般员工，他们值得你忍耐。

第三，用心倾听"专家的建议"，把知识员工当作专家。新知识的产生不是一件容易的事，有些知识员工的研究可能的确没什么价值，但对其发明创造的否定，时间点的选择非常重要。否定过早不利于企业创新，也会打击大多数知识员工。如果要否定，也要以事实和有说服力的事例进行。在此之前，应把知识员工作为专家对待，鼓励知识员工有自己的想法，鼓励他们更深入地思考。

第四，及时终止无效的想法，避免企业无谓损失。知识员工有知识分子的部分特性，有时候他们的兴趣代替了他们在企业中的任务。如果发生了这样的情况，而且可能会给企业造成损失，企业就要适时地终止对他们的支持，但是要妥善谈话，鼓励地终止，而不是消极地终止他们的尝试。当企业领导说"不"的时候，让知识员工明白你是就事论事，而不是要否定所有的新观点。你扮演的角色＝企业领导者＋"新知识的推进者"。

第五，不惩罚失败是保证知识员工成功的前提。许多导致失败的原因，恰恰来自我们希望知识员工们具有的特征。为了产生创新，企业管理者应该关注的是失败的原因而不是失败的程度，不应当把错误的严重性作为评价失败的标准。

第六，赞扬犯了错误及时改正的知识员工，避免别人重蹈覆辙。有些时候，可能企业管理者非常清楚某些人或某件事错了，但是却找不到错误的原因，知识员工往往知道错误所在。因此，企业要形成一种机制，对承认错误的人给予奖励。如果有知识员工主动承认错误，就有可能采取措施避免别人重蹈覆辙。

第七，承认领导者自己的错误，让知识员工不认为你只是有钱、有权的白痴。有研究表明，组织中持有不同意见的人太多或太少，都会给组织带来同样的效果，即都会使组织陷入泥潭而无法前进。当异议太多的时候，组织会瘫痪；但若不允许人们提出异议，那么它会以一种更隐秘的形式出现，如阳奉阴违，或者不完全投入智力资本。领导者应该具有承认错误的勇气，让你的员工不走弯路，自由地探寻企业成功的有效途径。

第八，领导对比自己更专业的下属只有充分授权和放权。授权和放权是把管理者作为教师角色重新定义：教师是帮助学生进行选择，并创造一种宽松环境，鼓励他们仔细斟酌这些选择。说白了，就是帮助知识员工鉴别什么是他们需要思考的问题。这就是企业领导与知识员工最重要的关系之一。另外，除了教师角色，还有环境。保护员工免受外来的干扰，也注意组织内部是否出现问题，企业家好像是知识员工的保姆，激励、引导知识员工，使知识员工理解并认同公司的价值取向，对易流动的知识员工而言，这种认同和归属感是他们保持对组织忠诚的重要保障。知识员工普遍都不喜欢传统的权威和操控式管理，而成就和赏识才是他们最佳的推动力。

第九，"隐蔽式管理"，有意失去部分决策权。一般来说，企业领导对技术决策权下放的程度可适当加大，而行政决策与管理决策下放的程度则要适当降低。不是一切决策都下放（经营权、财务支配权、人事调动任免权不可能下放），也不是所有决策都牢牢抓在管理者手里。管理者表面上身居前线，但有时应退居幕后，让知识员工有足够的自由空间发挥所长。一般来说，知识越多的员工对"你管他"越反感。

第十，高薪留人，人性关怀，留不住也衷心祝福。这是最后也是最有力量的一招。有时候明明知道留不住了，但是的确需要将此人留下工作一段时间，那就要以诚相见，人性关怀，希望他们能留下来帮助我们。同时，的确在这个时候要两手准备，一旦有接替者，要立即做出调整。对知识员工而言，留不住也衷心祝福，这是非常有必要的。

第二节 企业知识管理的制度设计

实际上，知识管理并非新生事物。数百年来，家族企业的商业智慧世代相传；工艺大师呕心沥血，精湛技艺世代相传；工人们在一起交流心得和手艺也由来已久。但直到 20 世纪 90 年代，企业管理者才开始谈论知识管理。原因有两条：第一，知识管理对企业创新太重要了，现代产业的基础已经从自然资源转为知识资源，这种变化迫使管理者回过头来审视自己企业的知识基础及其利用情况；第二，移动互联网全面普及，也使企业所有员工更加便捷和经济地利用知识，并且使企业对知识进行编码、存储和共享成为可能。

总体来说，企业的知识管理方案有两种：第一种是把大量外显知识精心编码，建立企业知识储存数据库，并把编码的知识放入其中，使企业员工都很方便地调用和填充。这类知识管理可称为编码方案。第二种是主要针对内隐知识诉求的，因为知识本身跟开发知识的人员密不可分，内隐知识主要是通过人员之间的直接接触实现共享的。在这一过程中，电脑和网络的主要作用是帮助人们交流，而非储存知识。这类知识管理可以称为知识管理的个人化方案。企业选择知识管理方案时不能随心所欲，而必须考虑企业服务客户的方式、企业的经济状况以及员工的具体情况。表 21 - 1 列出了企业知识管理方案的适应性分析。对不同企业产品类型和员工依靠的知识类型，给出了不同的选择方案。

表 21 - 1 企业知识管理方案的适应性分析

企业产品类型	类型的基本特征	员工依靠的知识类型	知识管理推荐方案
标准化产品	销售产品几无变化	程序的知识	编码方案
定制产品	满足特定顾客的独特需求	程序化知识非常有限	个人化方案
成熟产品	可以从重复模式中受益良多	重复模式可以编码	编码方案
创新产品	新的体系必须建立	个人经验	个人化方案

知识管理编码方案的主要特点是：知识的编码是通过"人员到文档"的方

式实现的，即知识首先从开发者那里提取出来，使其与开发者分离，再被广泛用于各种用途。它的运作步骤是：第一，首先剔除那些只适用于企业内特定人员的信息；第二，从文档中抽取共性知识，诸如企业招聘员工面谈指南、项目开发流程、工作日程、借鉴基准数据、市场细分等关键知识，把它们存储在电子数据库中以供调用；第三，建立"知识对象"，让许多人能搜寻并调用经编码的知识，而无须接触该知识的最初开发者；第四，通过知识再利用实现规模效应，并使企业产品创新得以在较低成本上进行。

知识管理个人化方案的主要特点是：注重人员间的直接交流，而不是数据库里的知识对象。未经编码，可能也无法编码的知识，通过人员的头脑风暴和一对一的交谈得以传播。它的运作步骤是：第一，投入较大资金构建人员局域网络，包括微信群、微信公众号、QQ群；第二，通过电话、邮件和视频会议实现人员互动；第三，倡导立即回复同事信息的企业文化；第四，建立专家目录，以及利用公司内部的"咨询督导"来帮助项目小组进行交流；第五，建立电子文件系统，把企业内做过的项目建档上传，其目的不是提供知识对象，而是让企业管理者通过查询相关文件，迅速掌握特定领域的相关知识，并由此了解公司内部谁曾从事过某一课题或涉及某些技术，然后直接与其联系，促进交流。

当然，知识管理编码方案与知识管理个人化方案相比要容易得多，成本也低得多。因为知识管理编码方案基本要求是建立共享数据库，而知识管理个人化方案基本要求不但是数据库，更重要的是个人交流网络。但是从知识本身价值来说，内隐知识比外显知识对产品创新的作用大得多，所谓付出越多，可能的回报也就越多。

那么企业能否把两种方案混合起来应用呢？实际上，混合应用的实质是把内隐知识变成外显知识。这当然不是没有可能，但是实践经验表明，这样做会有比较大的麻烦。例如，施乐公司（Xerox）一度尝试把服务和维修技师的相关技能进行"编码"，植入专家系统，安装在复印机上。这样接到维修服务电话的技师可以让客户打开该专家系统，并且电话遥控，让客户自己完成维修任务。但最终结果是，技师和客户都无法单纯靠该系统解决问题。复印机设计人员进一步研究后发现，技师们是通过分享自己维修机器的实例即"内隐知识"来互相学习的，专家系统并不能再现面对面交谈过程中的微末细节（这点有点像一个电脑菜鸟，通过计算机中的帮助信息，甚至专家的远程指导，仍然无法解决电脑问题一样。最终这个菜鸟，还是把电脑交给远程控制者处理才能解决问题）。

另外，企业应当清楚，孤立对待知识管理的企业不可能有理想效益，这样的知识管理能带来的只是一句用昂贵金钱换来的漂亮口号而已。只有当知识管理与人力资源、信息技术和企业战略相协调时，企业才能收到最大效益。知识管理与企业其他管理的协调主要在以下三个方面：

一是与企业管理协调：要实现这种协调，需要企业家的领导。如果行政总裁和总经理积极投入，选择知识管理策略以支持明确的竞争战略，企业竞争力将大大提高。如果高层管理人员未能做出相应的制度安排，那么在企业组织内部，员工很难遵循知识管理程序，企业出现的产品创新问题和企业知识资源的关系就将变得要么相当复杂，演变成企业内部人员为争夺资源而不顾大局，要么死水一潭，与搞不搞知识管理关系皆无。企业知识管理只是浪费金钱与精力而已。所以，只有强有力的领导和企业高层积极参与，企业实行知识管理才有必要和可能。也只有如此，企业家方能指明企业的前进方向，带领企业克服阻力、选定和实施知识管理方案。

二是与有效激励协调：企业员工需要激励，才会参与共享知识的过程。两种不同的知识管理方案，要求不同的激励体制。在编码模式的知识管理方案中，管理者必须建立制度，鼓励员工，特别是重要岗位的员工，写下自己了解的东西，并把所生成的文件存入电子数据库。要促使人们采取这些行动，需要真正有效的激励方式。因为，显而易见的事实是，员工向文件数据库所供内容的水平和质量，关系着这个企业共享管理平台的水平高低和成败。所以，开展知识管理的企业必须有对员工参与知识交流和共享的制度安排，而且应当量化这个指标，使之成为他们年度绩效评估的一部分。例如，"对公司知识资产的贡献和利用"这样的指标设置与量化。在采用个人化知识管理战略的企业中，鼓励知识共享的激励手段不尽相同。管理者必须奖励那些直接与别人共享知识的员工。在美国贝恩公司，每年都会在各个方面对员工进行考评，其中包括他们给予同事多少直接帮助。公司员工高达1/4的年度薪酬取决于他与公司其他人员进行了多少高质量的人际对话。

三是与相应的信息技术协调：企业所需的信息技术支持水平，取决于它所选择的知识管理方案。对知识管理编码模式的方案来说，强大的信息技术支持非常重要，因为必须建立数据库，以数据库为核心的企业管理平台是实行编码方案的运作基础。而对个人化知识模式来说，这种重要性就要小得多。采用编码模式战略的管理者应该准备比较大的电脑存储系统。两种知识管理方案需要信息技术提供不同的软硬件设施和支持。在编码模式的战略中，原来企业管理者需要采用与传统图书馆非常相似的系统。它必须带有很大的文件存储空间，并兼备搜索引擎，以便员工查询和使用所需的文件，现在这个问题由于有了云储存空间，已经解决。而在个人化模式的战略中，最重要的是必须有一个系统，人们通过它能够找到别人从而获得帮助。因此从此意义上说，企业真正实施知识管理，必须建立一系列数据库，而数据库的形式和方案是由不同的知识管理软件提供的。尽管已经有许多公司推出了自己的知识管理解决方案，为我们提供了许多知识管理工具，但实际上，这些管理工具往往仅针对知识管理的某一方面，而且有的人至今还觉得知识管理似乎只能停留在概念层次上，操作性很差。其实知识管理是需要一系列信息技术的支持的。

第三节　国内外目前流行知识管理软件之比较

笔者虽然不是软件方面的专家，但还是认为，企业知识管理除了进行制度设计做知识管理平台工作外，就是工具选型问题。如果一个企业离开了知识管理软件的应用，这个企业的知识管理将大打折扣，因此笔者提供了这篇文章给企业，以下内容来自百度文库，可供企业在选择此类软件工具时做适时参考。

1. 为知笔记（Wiz）

为知笔记是始于早期一个网络保存的软件网文快捕（Cyber Article），2009年开始研发基于互联网的个人知识管理软件。该软件是一款高效率的云笔记类应用，除了常用的笔记功能保存的网页、灵感笔记、重要文档（支持 Office Word、Excel、Power Point）照片、便签等外，为知笔记重点关注"个人工作笔记"和"团队协作"这两个方面，解决团队记录和团队协作沟通的需求。可以随时随地记录和查看有价值的信息。所有数据在电脑、手机、平板、网页可通过同步保持一致。为知笔记提供免费和收费个人用户模式，还有企业级团队应用。

2. Mybase

Mybase 是一个功能强劲且可随心所欲自定义格式及层次关系的通用资料管理软件，可用于管理各种各样的信息，如各类文档、文件、资料、名片、事件、日记、项目、笔记、下载的精华、收集的各种资料等，即使毫无规律的资料，经过精心组织后，也一样可以管理得有条不紊。Mybase 通用资料库软件的用途比较广泛，通常可以被用作：日记本、记事本、通信录、相片簿、文档索引、电子书籍、学生笔记、教师备课、工作计划、学习研究备注、项目管理、知识库管理、客户资料管理等。其数据资料组织能力足够灵活，用户还可以自定义更多的适合具体情况的各种用途。

3. 针式 PKM

针式项目知识管理（PKM），是国内第一款专业的 PKM 软件，2002 年开发出第一版供内部团队成员使用。以"知识分类体系""知识点关联""全文快速搜索"等为核心。用于本软件管理很方便，提供了很多 Explorer 没有的功能，比传统的目录管理模式方便和强大很多。对于 Office 的支持也很好，对于文档格式的保留非常好。软件用户友好性相对较复杂，但能对文档进行全文搜索，并且具备单个文件多联在多文件夹下，方便文件的不同分类方式而不产生冗余。支持遗忘复习曲线功能，能将知识内化到头脑，但不具备云功能。

4. 麦库记事

麦库是由盛大创新院开发的一款永久免费的个人云中记事本。可以方便地随手记事、记备忘、拍照、录音，并方便地进行分类整理。同时，信息还安全地存储在云端的私密个人空间，永不丢失。其应用不仅有 PC 客户端，还有安卓和 iOS 平台客户端。能够保持全平台同步，支持笔记共享（通过微博和邮件方式）。

5. 印象笔记（Evernote）

Evernote 是一款多功能笔记类应用，于 2008 年正式发布。印象笔记支持所有的主流平台系统，某处如果进行了编辑，全平台之间可以同步。印象笔记是 Evernote 专门为中国用户推出的云端笔记服务，印象笔记在国外获奖无数，能为用户在各种平台上提供相同的良好体验。我们可以将文字、图片、音频、视频等内容添加至印象笔记，其主打功能就是可以搜索图片中的文字。此外，印象笔记还有付费的高级账号，高级账号的功能包括每月上传额度 10GB，单条笔记大小增加至 100MB、离线笔记、协同编辑和添加密码锁等。同时，允许不同用户之间共同编辑一个笔记本，实现团队协作办公。印象笔记很强大，但本土化做得还差一些。目前印象笔记只支持用户注册账户，不能选择 QQ 或微博登录。

6. OneNote

OneNote 是微软出品的一款优秀免费的笔记工具，用于快速记事或收集组织生活及工作上的各种图文资料，如今 OneNote 的云端同步功能可以让用户在任何设备上，都能互通使用自己的所有资料。目前 OneNote 跨平台支持 Windows、Mac、Android、Windows Phone 以及 iPhone、iPad，支持触摸屏操作，支持录音、拍照等方式记录笔记。用户还能通过网页版访问到自己的笔记，并且可以与他人共享笔记等，能够在云中保存和同步。但在国内，笔记同步速度比较慢，有待提高。

从上述几款软件对比分析来看，为知笔记、麦库记事、印象笔记、OneNote对于平台支持较多，且支持网络云同步，易于随时随地地收集、整理、记录、分享和查询利用知识。但总的来说，对于 Linux 平台支持会有限。另有一个特点值得注意，就是支持云功能的笔记知识管理软件基本都驱向于支持录音、照相等多媒体功能，其中 OneNote 支持简易绘图，与 Office 联系比较大。在共享方面，支持云端分功能的软件明显有便捷性，其中为知软件最为丰富，而本地化知识管理软件则在安全性上高于云端软件。具体哪一类软件更安全，取决于软件公司的生命及本地软件安装的硬件安全性。在知识利用内化方面，针式 PKM 有一个明显优点，即可以自行订制学习 KPI，按照遗忘复习曲线规律，加强知识学习。而印象笔记和为知软件则用不同方式对于笔记进行二次应用提供弱支持。知识管理工具是一个重要工具。在网络无处不在，人人都成为一个网络上的节点的今天，面对着信息洪流，我们可以借助于工具来辅助我们管理自己的知识。从上面几个具代表性的软件分析来看，每一款软件都有其被广泛使用的优点和一些不足（见表21-2）。

表 21-2　六种知识管理软件知识管理功能比较

功能	对比项	为知笔记	Mybase	针式 PKM	麦库记事	印象笔记	OneNote
知识学习	云支持	支持账号登录，多终端跨平台同步	不支持	不支持	支持账号登录，多终端跨平台同步	支持账号登录，多终端跨平台同步	支持账号登录，多终端跨平台同步
	跨平台	Windows，Mac iOS，Android，Linux	Windows，Linsx	Windows	Windows，MAC iOS，Android，WinPhone，Web	Windows，MAC iOS，Android，WinPhone，Web	Windows，MAC iOS，Android，WinPhone，Web
知识存储	便捷性	支持邮件、手机录音、照片、文件附加（类型不限）	支持本地化的有文件类型	支持本地化的有文件类型	支持邮件、手机录音、照片、文件附加（类型不限）	支持邮件、手机录音、照片、文件附加（类型不限）	支持邮件、手机录音、照片、文件附加（类型不限，大小不限）
	网页保存	支持多终端跨平台在线保存	本地化可保存	本地化可保存	所有安装软件的终端支持在线保存	所有安装软件的终端支持在线保存	支持多终端跨平台保存、在线保存

续表

功能	对比项	为知笔记	Mybase	针式 PKM	麦库记事	印象笔记	OneNote
知识共享	共享形式	全网链接、文件、微博、图片、企业群组纳、微信共享	备份发送，局域网内只读访问	局域网内只读访问；单个文件分享	全网微博、微信、邮件共享	全网邮件、企业群内共享	邮件共享
知识处理	编辑	内置编辑器，可进行轻量级文档编辑	内置编辑器	借助本地机器文字处理软件进行	内置编辑器	内置编辑器	内置编辑器
	重组	1. 同文不同版本可比较；2. 可标签；3. 类资源管理器文件操作；4. 笔记内链接	1. 可分类；2. 标签化；3. 单文件多关联；4. 重复检测	1. 可分类；2. 标签化；3. 多文档关联	1. 支持标签化；2. 类资源管理器文件操作分类	1. 类资源管理器文件操作；2. 可标签化；3. 结构化	1. 可标签；2. 类资源管理器文件操作
知识利用	搜索	关键字多选项搜索；可群组搜索	可按时间、分类或关键字搜索	全文搜索	标题、内容、标签搜索	关键字多选项搜索；可群组搜索	关键字多选项搜索；分类查找
	内化	可对已存知识进行评论，以利后期查看	无相关功能	支持遗忘复习曲线，支持制定学习 KPI	无相关支持功能	可设置笔记提醒功能	无相关支持功能

资料来源：胡发兵．云环境下知识管理软件对比分析［J］．计算机时代，2016（10）．

对于软件的选择，从需求来看，如果是用于随时记录，尤其是多媒体形式的记录，可能为知笔记、麦库记事、印象笔记、OneNote 较适合。如果是对个人文档式（包括云笔记同步到电脑的文件）的知识进行管理和二次整理应用，可能针式 PKM 是更好的选择。每个软件都不可能完全满足所有人的需求，建议遵循以下几点原则：一是适合自己就好；二是这类软件更新很快、升级很快，甚至有公司提供更好的知识管理软件平台；三是知识管理贵在坚持。工具只是节约我们的时间和精力，提高我们效率的手段，目的还是知识管理，这是最终检验的标准，而需要我们自己去努力才能达到理想效果。

【本章要点归纳】

企业知识员工是企业知识管理的主要动力。知识员工有一些明显有别于其他员工的特点，这些特点决定了企业管理者对待知识员工的态度和做法。

企业知识管理从大的思路上来看有两种方案：一种是"编码方案"；另一种是"个性化方案"。前者是一些"共性知识"，后者是"专业分享"，两者缺一不可。实践证明，把这两种方案混合起来设计效果并不好，应当分别来做。

企业知识管理离开相关的工具软件是不完整的，也是不可持续的。因此，知识管理软件工具的选择与应用就显得非常必要。

第二十二章　互联网协同时代的企业知识管理

第一节　当前国内外企业知识管理发展的三大趋势

目前互联网技术早已发展到基于移动的 Web 3.0 时代，随着 5G 技术的到来，网络的使用将呈现新的不可预测的改变。全民化网络的使用，从固定位置至随时随地应用，从场景化应用到智能化应用，从独立互联应用到多元系统整合，给知识管理在企业管理实践方面，提供了广阔空间。总结国内外目前企业知识管理发展的趋势，可以归纳为以下三点：

1. 知识管理应用价值从关注基础应用转移到高级应用

不同类型的企业在知识管理价值点选择上各有侧重（见表 22 - 1）。随着知识管理理念和技术发展的日趋成熟，以及企业知识管理应用逐渐深入，知识管理在企业中的价值也发生了很大变化。大多数企业在开始应用知识管理时，往往是以解决目前最紧迫的问题为导向，例如，保护知识资产，防止知识资产流失；期望某项经验通过知识管理可以快速复制；或是期望通过知识管理提升人才培养能力等，这些都可以归纳为知识管理的初级应用。而从现在的企业管理实践来看，企业知识管理已经发展到进入企业战略决策层次的高级应用。

表 22 - 1　国内外企业知识管理应用的价值视角

基础应用	应用企业	中级应用	应用企业	高级应用	应用企业
保护知识资产	IBM	解决复杂问题	华为	决策支撑	福特

基础应用	应用企业	中级应用	应用企业	高级应用	应用企业
经验快速复制	麦肯锡	促进团队协作	西门子	文化传播	华润
人才培育	中移动	支持集团管控	越秀集团	辅助创新	腾讯

IBM 是一家不断进行变革的公司，它的价值观是"成就客户、创新为要、诚信负责"，"创新"是引领 IBM 不断变革的基础，其每年专利、技术创新在全球排名第一。因此，IBM 在知识管理应用时更多地关注知识资产的保护，在 IBM 服务部（IBM Services）知识门户中排在第一位的分类就是"智力资本和资产"（Intellectual Capital and Assets）。还有一家国内企业的例子是中国铝业广西分公司，这家企业启动知识管理项目的原因是承接中铝运营转型项目的成果，运营转型项目是中国铝业广西分公司战略层项目，由麦肯锡公司负责咨询。随着中国铝业广西分公司运营转型工作的开展，形成了成百上千的运营改善、技术改善、能效提升等项目。这些项目成果对于企业是一种宝贵的资产，麦肯锡顾问建议企业通过建立知识管理平台来承接运营转型项目的大量成果，其实质价值应用，不言而喻也是一种企业知识资产的保护。

2. 知识管理发展从关注"知识结构化"发展至关注"知识场景化"和"知识智能化"

当企业知识管理工作刚起步时，用户在工作过程中需要查找知识，面对的可能是杂乱无章的资料，或者是没有被加工过的文档，这是一般企业普遍存在的问题，此时员工最大的期望就是能够将这些知识进行结构化，很清晰地展示出来，能够方便找到。这个时期就是知识结构化阶段，此阶段的用户聚焦于知识结构化沉淀和基于业务流程的知识展示。企业完成知识结构化阶段后，用户期望又发生变化，期望知识不需要自己再从管理系统中去查找，而是在于知识能够在某一个工作场景时主动得到推送。例如，用户正在进行产品设计制图，是否可以将产品制图的历史图纸推送过来，是否可以把用户反馈的产品设计缺陷推送过来；又如销售部在项目进行至投标阶段时，知识管理系统能够将投标的客户背景、行业研究资料，以及类似项目的投标案例资料推送过来。这就是"知识场景化"应用阶段，主要特征是不再是我来找知识，而是获得相关"知识推送"。实现这种转变，目前可能的方法是：把知识管理系统与设计软件或项目管理软件进行集成处理（这种方法难度比较大）；另一种是通过知识管理专员根据不同用户角色的工作场景将所需要知识编辑成知识快报（Knowledge Flash）推送至用户邮箱或其他用户平台。

当企业完成"工作场景化"阶段后，员工的工作效率已经大大提升，此时用户会期望知识管理能智能识别基于员工能力短板提升所需的知识主动推送。当然智能识别的前提是知识管理与员工能力评估系统行进行数据对接。另一种是基于用户阅读习惯将用户感兴趣的知识推送到员工邮箱或知识管理系统的个人知识界面。还有一种需求就是能够在编写的文档内容不符合标准要求时，知识管理系统可以进行自动提醒，使知识管理系统具备防错、纠错功能，通过知识管理智能分析功能使知识的应用体验更加友好，也将会更多地用于处理复杂性高、数据量大、容易出差错的工作场景。这种功能叫作"知识智能化"。

3. 知识应用终端从 PC 端转移至移动端

广州越秀集团知识管理系统运作一年后，曾经发现一个比较大的问题，基层员工使用知识管理频率较高，而中高管理人员使用知识管理的频率很低，这是什么原因呢？原来企业中高层长期不在电脑前办公，经常出差，这种非固定工作场所的工作方式，使知识管理工作遇到了推动的难题。另外，随着智能手机及 4G 的普及和 5G 时代到来，手机上网人群数量和手机上网使用频率，已经远远超过 PC 端，同时手机 APP 应用程序功能也日趋多样，APP 技术应用已经非常成熟，从"业务需求"和"技术支撑"两个方面决定了知识应用终端将从 PC 端发展到移动端。另一个例子是位于深圳南山的中兴通信公司，其知识管理成功的主要原因之一，就是开发了一个叫 MOA 的移动应用 APP，这一举措让员工可以更方便地应用知识管理，让中兴通信知识管理系统应用在全球 6 万员工中迅速推广，并带来良好的用户口碑。

现在更多企业会借助成熟的大众应用 APP 平台作为入口，如微博、微信、易信等。利用移动 APP，用户就可以按个性功能进行设置，订阅自己需要的知识文档，技术实现上通过 API 接口将 PC 端知识管理系统中的知识按需进行推送，从而让用户可以随时随地学习和重复使用这些知识。更多的企业是在微信平台上注册一个微信公众号，将此公众号作为知识管理微信平台，将知识管理系统与微信系统通过 API 接口进行数据对接，确认知识管理系统中哪些知识文档需要传递至企业知识管理微信平台，企业用户关注该微信平台后，即可以通过微信进行知识获取。移动 APP 平台的应用前景非常好，它让知识管理与用户无缝地连接在一起，让用户体验更加友好，更容易快速产生应用价值，同时也可以让企业知识管理推广更加方便快捷。

第二节 中国企业知识管理案例

企源科技（AMT）是国内比较早涉及企业知识管理服务的公司，这家公司定位为"管理+IT"。这家公司发现，往往在推动某企业知识管理时，发现流程还不是很顺畅，所以就先做流程优化；在做流程优化时，又发现流程的上层是公司战略导向，如果做操作层的流程优化，没有和企业的战略对接，就会造成战略和运营"两张皮"。因此，AMT认为企业管理体系一定要实现集成和一体化，这也是很多大型企业管理的趋势。这家公司在企业知识管理方面积累了很多案例，从这家公司发展脉络上，我们可以看出企业知识管理在中国的发展方向（见表22-2）。中国企业的知识管理从最初知识管理概念的推广，到知识管理的实践探索，再到知识管理的平台依靠，最终知识管理走向了企业战略平台和创新实践。

表 22 - 2 企源科技提供企业知识管理服务的发展脉络

	知识管理引入（1998~2002 年）	知识管理实践（2002~2004 年）	知识管理提升（2004~2008 年）	知识管理创新（2008 年至今）
内部知识管理发展	1. 1998 年开始，开展内部知识管理工作，建立网站 2. 2002 年引入开发平台，进行系统知识管理平台建设 3. 2002 年重建内部知识管理，设计知识体系，大量进行外部知识内部化工作	1. 2002 年建立以共享为核心的企业文化 2. 2003 年建立 AMT 研究院，知识管理常态化和流程化 3. 2004 年以后进入知识管理收获期	1. 2004 年启动导师全程相伴计划，项目全生命周期的知识审计机制 2. 2006 年知识管理系统重新升级改造	1. 2009 年"流程管理，知识活水"获专利认证 2. 2010 年全面打造学习型组织生态系统 3. 2013 年移动互联网时代的知识管理到来

续表

知识管理理念推广 （2000～2002 年）	知识管理实践探索 （2002～2004 年）	知识管理深度合作 （2004～2008 年）	知识管理引入 （2008 年至今）
外部 知识 管理 服务	知识管理开始在国内进行推广、培训、演讲	1. TCL 集团 2. 金地集团 3. 新世纪（中国）地产 4. 广州国税 5. 上海电信技术研究院 6. 佛山华国光学器材 ……	1. 宝钢股份 2. 长安汽车 3. 万科地产 4. 中建国际 5. 华东建筑设计院 6. 锐珂医疗 7. 上海广电 8. 珠海移动 9. 浙江电力 10. 李宁服饰 ……	1. 华润集团 2. 越秀集团 3. 招商证券 4. 上汽集团 5. 中车株洲 6. 中国商飞 7. 新华社 8. 中国电力设计院 9. 国核电力院 10. 厦门烟草 11. 龙岩烟草 12. 南方航空 13. 中船重工 14. 如家酒店 ……

华为公司早在 2008 年就开始意识到知识管理的重要性，建立了 3MS 知识共享平台，在华为知识管理应用至纵深阶段时，华为已经成为了一家全球化的公司，业务规模庞大，在华为业务发展中不断遇到新型的复杂问题，基于个人经验和单个组织的力量已经无法解决此类问题。于是华为在 2013 年提出"利用群体智慧，促进组织创新和解决企业复杂问题"的知识管理价值应用，深化推广应用"HI 社区"功能。企业对知识管理应用达到一定程度时，就会考虑知识社区性和互动交流功能，期望通过知识社区来解决企业复杂问题，华为认为此时的知识管理应具有"解决复杂问题"的价值（见图 22－1）。

腾讯是互联网 BAT 三巨头之一，技术创新是腾讯的企业核心竞争力。腾讯利用知识管理把创新的创意和创新的产品纳入知识管理范畴，通过创新平台及时将外部用户及内部员工的创意收集起来放在创新平台上，由企业员工对此进行投票，管理委员会根据投票结果评选出可行的项目，并转化为成熟产品进入一线业务平台，从腾讯的创意平台我们看到知识管理可以作为"创新辅助"手段（见图 22－2）。

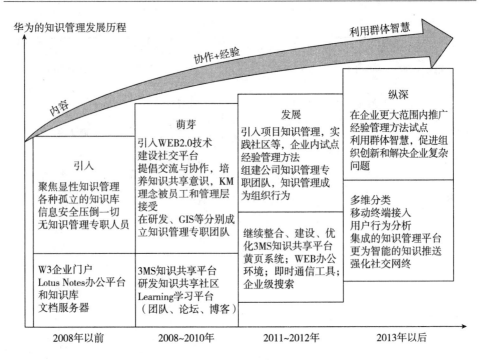

图 22 – 1　华为知识管理发展历程

资料来源：华为技术有限公司知识管理部《知识管理简介》。

Tencent腾讯

· 受启发于"谷歌实验室"，腾讯公司的技术创新平台方便员工将自己的创意及时发表出来供大家参考；为加强与用户的沟通，公司还推出对外的创新平台——腾讯实验室（labs.qq.com）

· 把腾讯公司的创新创意产品放到这个平台上，供用户试用，以此收集用户对于产出的意见和更多的创意，丰富产品内容，完善产品体验

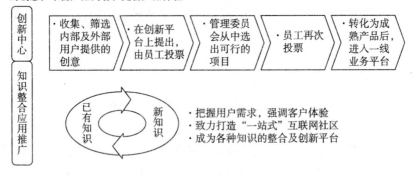

图 22 – 2　腾讯辅助创新解决方案

资料来源：腾讯实践室（labs.qq.com）。

深圳万科集团作为房地产行业的翘楚，很早就引入了知识管理的系统，其做法，一是把知识管理与企业战略挂钩。营销是房地产企业的第一要务，万科第一个发布的知识就是怎么卖车位。现在万科把质量控制、客户服务与知识管理结合起来。二是确定知识地图。万科的知识地图有两种：一种是按照专业、部门构建的；另一种是按照流程构建的，即可以通过流程找到知识，也可以通过专业找到知识。三是成立知识管理组织。知识管理是一个持续动作，必须由机构来运作，才能持续提炼、更新。四是制定知识管理的流程和衡量指标、激励机制、宣传与文化建设。五是搭建一个技术平台，流程要有一个承载的平台，不管对专业知识、流程知识、各种知识体系，都有互动社区讨论形式的平台，最终建立一个有效传播和沟通的知识管理机制、组织、考核激励和运营机制，并使它不断循环。表 22 - 3 是万科企业知识管理运作表。

表 22 - 3　万科集团企业知识管理运作表

万科企业门户规划和整合服务（顶层）				
门户规划		门户基础整合服务	门户深度整合服务	
数字品牌规划	门户技术规划	统一代办	数据整合	
门户内容规划		单点登录	流程整合	
门户功能规划		用户整合	内容整合	
			多业务门户	

应用实践（中间层）				
专项管理支撑系统或门户实施服务			知识管理规划和专项深入服务	
高管门户			面向高管的知识支撑体系标准化	
项目主线管理	产品资产管理	人力资源管理	项目成果体系梳理	产品知识资产体系梳理	专业知识体系梳理
业务流程管理图像输出（BMP）实施服务				
业务流程体系梳理和规划				
财务体系流程IT化实施	HR 体系流程IT化实施	其他体系流程IT化实施	知识管理基础产品平台服务	

协同办公基础平台服务（低层）			
公文管理	会议管理	文档管理	资源管理
计划管理	任务管理	项目管理	日常办公

第三节　新媒体与个人知识管理

所谓新媒体（New Media）是指与传统四大媒体（报刊、户外、广播、电视）相对应的媒体，因此新媒体被称为"第五媒体"。新媒体的产生源于媒体领域对新技术的洞见，是新技术支撑体系下出现的新的媒体形态，如数字报刊报纸、数字广播、手机短信、移动电视、网络、桌面视窗、触摸媒体等，还有一类就是移动互联网下的网络社交媒体，如微博、微信、公众号、QQ、脸书（Facebook）、推特（Twitter）以及一些特定的移动端APP，如抖音等。新媒体是一个宽泛的概念，一切利用数字技术和网络技术，通过互联网、宽带局域网、无线通信网、卫星等渠道，以及电脑、手机、数字电视机等终端，向用户提供信息和娱乐服务的传播形态都可以称为新媒体。

新传媒最大的特点是互动传播，以及不分对象地向所有人的传播。它在满足大众的同时，提供个性化的内容。使传播者和接受者成为对等的交流者，而无数的交流者相互间可以同时进行个性化交流。传统媒体价值在于，这个信息载体具备一定的受众，具备信息传递的时间，具备传递条件，以及具备传递受众的心理反应的空间条件等，这些因素形成传统媒体的基本价值。而新媒体是去中心化的，个体可以是信息和知识的发布者，因此，绝大多数新媒体发布的信息和知识具有原创性。这个原创性，很可能是区别个人或个别团体单独的原创性。这种去中心化的媒体（包括自媒体）给社会带来的全新效应，以微博为例。微博始创于2007年，它成为很多中国人的社交平台，微博是通过一种快捷简单的方式作为大众传播的"广播台"而引发人们的关注和共鸣的。微博的信息传递方式，与打电话、发邮件有极大的区别。在这个公共的信息平台上，对话是开放式的，发布信息和知识者与感兴趣的接受者接触是零距离的。一个出名的发布者，可能由上千万的"粉丝"关注他说了什么，干了什么。例如，崔永元截至2019年5月6日，有2049万关注他的粉丝，这是传统媒体望洋生叹的数字！

图22-3是微博在个人知识管理中的应用模型，该模型将个人知识需求分析作为基础，通过知识获取、知识加工、知识表达与交流，达到知识创新，知识创新之后又促进了新知识的获取。在图22-3中清楚地标注了微博在各个部分功能的实现。

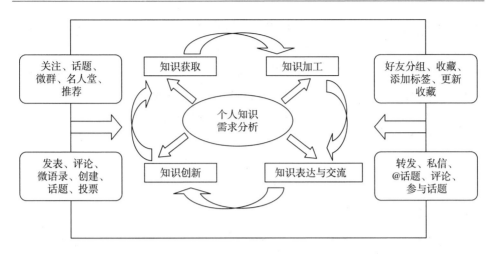

图 22 – 3 微博在个人知识管理中的应用模型

微博目前的用户通过多项微博功能获取知识类型呈多样化趋势，但知识获取者的共享意识方面普遍比较低，只获取无贡献或者获取很多贡献极少，是目前微博作为个人知识管理中一个非常明显的现象。另外，微博大多数用户有利用微博存储知识的良好习惯，但利用微博转发功能来存储的比较多，利用收藏功能来存储的较少，转发的功能相当于发表微博，而收藏可以起到收集精华知识的作用，让收藏者多次重复使用该知识。目前多数微博用户对微博内容的管理还很不够。在微博用户中，提供多种知识表达和知识交流的方式、类型丰富多样，用得最多的功能是发表微博，私信的功能用得较少，在促进个体与个体人之间深度交互沟通还很欠缺。微博中达到知识创新，实现个人知识管理是比较理想的目标，虽然微博有些诸如"添加标签""微语录"等可以进行知识管理的功能没有受到现在用户的重视，但微博中的交互留言功能，从某种意义上来说，仍然是达到知识创新很好的途径，如果能更好地利用这些微博功能进行个人的知识管理，那将是理想的情景。

【本章要点归纳】

目前国内外企业知识管理发展的趋势，可以归纳为以下三点：知识管理应用价值从关注基础应用转移到高级应用；知识管理从关注"知识结构化"发展至关注"知识场景化"和"知识智能化"；知识应用终端从 PC 端转移至移动端。中国企业的知识管理从最初知识管理概念的推广，到知识管理的实践探索，再到知识管理的平台依靠，最终知识管理已经走向了企业战略平台和创新实践。

　　新媒体是去中心化的，个体可以是信息和知识的发布者，因此，绝大多数新媒体发布的信息和知识，具有去中心化和原创性。这个原创性，很可能是区别个人或个别团体单独的原创性，对各领域的创新具有非常大的意义。

结束语

读完本书，您可能体会到了企业管理的博大精深。

从科学管理的角度来说，从制度化管理、标准化管理、精细化管理和个性化管理延伸过去，本书只是揭开了精细化管理的一角，个性化管理尚未触及。

从管理科学的角度来讲，ERP只是管理科学的一个工具性的中间成果。由于移动互联网、物联网、云数据库作为管理科学实践的重要支撑，可以说对管理科学而言，也出现了"一对多"的可喜局面（管理科学实践是一，各种信息化技术手段是多）。这种强大的技术支撑，为管理科学实践的进一步发展提供了无限遐想的空间。

从行为科学的角度来说，社会的多元和社会的宽容使基于人性的发展日益被重视，对人的心理的呵护成为企业对待员工的主体部分。因此，人的发展是最根本的发展，发展生产力也是为了发展人类自身。

从组织效能的角度来说，组织与流程的关系是讨论组织效能永恒的主题。从现代企业管理来看，由于生产工具和管理工具的专业化和不断改进，给企业流程变革提供了越来越多、越来越大的机会，组织如果要提高效能，就要厘清各种组织与工作流程搭配的适应性。

从企业知识管理的角度来说，知识员工的开发是人力资源开发的首要任务。对他们"有用的知识"的管理，就是让他们的知识在企业里能够得到有效传播，以便使知识在企业内共享，转化为生产力。把知识员工的内隐知识外显化，成为了企业知识管理的核心任务。

以上五方面的问题，随着时代的发展均无止境，还有无限的讨论、深入、变革甚至重新实践的空间。企业管理是应用学科，讨论这些问题都是着眼于企业管理在这五大领域的市场化实践，这也是笔者在写作过程中时时提醒自己的宗旨。如果您读完以后，觉得对您的企业管理工作有些用处，也就达到了笔者写作的目的。

感谢您的阅读！

参考文献

［1］姜磊．精益管理对企业成本管理分析［J］．现代经济信息，2018（3）．

［2］钱平．基于精益管理的企业成本管理体系构建［J］．财务审计，2018（8）．

［3］每日综述．日本如何制造业做强［J］．JMI，2015－5－21.

［4］宋琪．没有完美的管理方式——丰田成本管理的分析［J］．研究与探讨，2018（6）．

［5］赵小伟．日本企业的质量管理特色［J］．企业改革与管理，2014（1）．

［6］徐婷，王益宝．员工幸福感研究综述［J］．理论纵横，2011（5）．

［7］陈丽莹．先进制造业新生代员工幸福感影响因素及影响机制研究［D］．西安：西安交通大学硕士学位论文，2018.

［8］坂本光司．日本最了不起的公司［M］．银川：宁夏人民出版社，2010.

［9］吴启迪．大数据环境下管理科学领域相关问题探讨［J］．科技促进发展，2014（1）．

［10］冯吉军．云计算模式下的 ERP 企业管理信息系统探究［J］．经贸实践，2018（24）．

［11］刘军军．云技术平台在企业中的应用［J］．电脑编程技巧与维护，2018（4）．

［12］袁谊生．浪潮云打造数字中国基石［A］．中国 IT 市场年会，2019（2）．

［13］何小东，易积政，陈爱斌．区块链技术的应用进展与发展趋势［J］．科技前沿与进展，2018（12）．

［14］罗恩，阿什肯纳斯（Ron Ashkenas）等．无边界组织［M］．姜文波等

译．北京：机械工业出版社，2016.

[15] 许玲玲，马婉芳．阿米巴经营管理模式研究文献综述［J］．管理会计，2018（4）．

[16] 波士顿咨询公司（BCG），阿里研究院．平台化组织：组织变革前沿［J］．商业评论，2016（10）．

[17] 白景坤，张贞贞，薛刘洋等．互联网情境下基于平台的企业创新组织机制研究——以韩都衣舍为例［J］．中国软科学，2019（2）．

[18] 杨洋．社群生态——引领移动互联网时代的商业法则［M］．北京：科学出版社，2017.

[19] 陈春花，赵海然．共生——未来企业组织进化路径［M］．北京：中信出版集团，2018.

[20] 朴勇梅．实现企业知识管理的场景化路径［J］．知识管理论坛，2017（10）．

[21] 杨真珍，欧阳艳妮，姚传荣．微博在个人知识管理中的应用研究［A］．计算机与教育：新技术、新媒体的教育应用与实践创新——全国计算机辅助教育学会第十五届学术年会论文集，2012（8）．

[22] 王玥．微博在个人知识管理中的应用策略——基于关联主义理论视角［J］．南京邮电大学学报（社会科学版），2013（3）．

后 记

十六年来，这门课程伴随着自己对管理学认识水平的深化，内容不断地增删，到现在形成了脉络比较清晰的五大部分，即科学管理的创新应用、管理科学的创新应用、员工管理的创新应用、组织架构的效能和企业的知识管理。

我是在暑假的时候开始动笔的，具体时间是 2016 年 7 月 22 日，在云南昆明。这期间还不断地外出，在几个城市中飞来飞去讲课，难得连续坐下来几天。然而，一旦坐下来便很快进入写作状态，码字码得非常快，最快一天码了将近 8000 多字，最后手在笔记本的键盘上都处于僵化状态。真的要感谢昆明的气候，在其他城市烈日炎炎，进入三伏之际，昆明仍然凉爽宜人。到 2016 年 9 月 2 日，暑假结束的时候，我已经完成了第三篇。最后两篇，"组织效能"和"企业知识管理"是我回到广州以后完成的，到 2016 年 9 月 12 日，第五篇也已完成。至此，五篇十七章共计 20 多万字的书，在暑假 53 天的东奔西跑中，终于脱稿。

能够在如此短的时间内完成此书，实在是因为思考这本书用了漫长的十六年。这么多年奔波于不同城市、不同大学、不同学员之间，课程不断调整、不断变化，唯一不变的是课程的主要领域，以及内心对管理知识孜孜不倦的追求。每年，当南方航空公司把它的会员贵宾卡寄到我手中的时候，才知道自己给南方航空做了多少贡献。真是春夏秋冬，冷暖自知，没有遗憾，只有感叹。

在此书的写作过程中，刚开始有些担心：如果把讲课的语言表达在纸面上，会不会太口语化，但是写了几章以后回头看，这种讲课语言的书面表达，仍然生动、自然，反而可读性强。怎么想就怎么说，怎么说就怎么写，成了这本书如此快速完成的利器。

这本书在我年近 60 岁，还有半年就退休的时候写成并出版，算是送给自己的一个人生礼物。同时，也希望这本书是送给听过我的课程的 10 万余学员和学

生的一个礼物，还有那些即将听到我的课程的学员和学生，以及没有听过我的课
程的学员和学生的一个礼物。希望这本书能够在您时间不多的情况下比较轻松地
阅读，期盼对您的企业管理工作起到一点作用，甚至是受到一点启发。倘若真能
如此，我的辛苦就很值得。同时我也肯定地说，这本书会伴随着我的讲课人生，
跟随我出现在全国各地的讲台上。

丘磐
2016 年 12 月 25 日圣诞节于广州家中

再版后记

　　再过一个月我就退休两周年了，估计这本书再版真正印刷出来，我已经奔 63 岁了。但是过去的两年，闲暇时光并没有比在学校当教授的时候多多少，其中主要原因还是在自己。一是不断有机构、企业和朋友来找，邀请我给他们上课；二是自己认为身体还可以，就继续讲吧，这样也可以保持与社会的紧密接触，防止过早进入到街边看下棋、欣赏广场舞的阶段。

　　我观察我身边的老人，好多都很固执，说好听的是很认真，表现在一点小事就和年轻人理论，得理不饶人，倚老卖老。我看到这种现象，时时提醒自己，不能像他们那样啊，不知道那是不是人老了的标志。我现在讲课，与年轻人接触、和社会接触是不是可以防止或者延缓老年痴呆啊。

　　然而岁月在人身上的痕迹是无法抹去的，有时候我也有讲课突然忘词、体力不够、非常疲倦的时候，在职的时候这种情况极少。所以自己也开始注重养生，把握节奏，推掉了一些邀请，尽可能地不要连着几天讲课，给自己一个停下来休息的时间。或者以后讲不动那么多课程了，可以改做一两家企业的管理顾问，把自己的有限知识和能力尽可能地提供给社会。

　　听过我课程的全国各地的学员少说也有十万人以上，这么多的学员，是我人生的骄傲。深圳野文投资文字传媒董事长余来文博士鼓励我再写一本书，这样我就出版了三本书，成为一个系列。真是感谢他，没有他的鼓励，也可能没有这本书的再版，他也许忘记了我的年龄，我不知道还能不能再写第三本（第二本是《协同创造：人力资源业务合作伙伴》），是否已是黔驴技穷。

　　广东广州是我大学教师生涯起步的地方，云南昆明是我走出大学步入社会开启人生的地方，这本书再版的完成，仍然是在昆明，那里的气候真是没得说（除了紫外线强点）。端坐昆明家中，倒一杯红茶，敲着电脑的键盘，偶尔抬头望望蔚蓝天空缓慢翻滚的白云，抓一把昆明本地出产的蓝莓放入口中，人生惬意，不过如此。

在此我要再次感谢深圳的小兄弟高峰，他介绍我认识余来文博士，真是绝妙的一件事。当然也要感谢余博士的鼓励和大力支持，使我的两本书的出版如此顺利，并带给我很多的欢愉。同时要感谢经济管理出版社，他们的努力保障了本书的文字质量和出版周期。

丘　磐

2019 年 7 月 10 日生日前夕于广州家中